书山有路勤为径，优质资源伴你行
注册世纪波学院会员，享精品图书增值服务

Harvard Business Review
Project Management Handbook

哈佛商业评论项目管理手册

如何推动、领导和发起成功的项目

[西] 安东尼奥·涅托-罗德里格斯 著 / 傅永康 吴 江 陈万茹 译
Antonio Nieto-Rodriguez

How to Launch, Lead, and Sponsor Successful Projects

電子工業出版社
Publishing House of Electronics Industry
北京·BEIJING

版权贸易合同登记号　图字：01-2022-1510

图书在版编目（CIP）数据

哈佛商业评论项目管理手册：如何推动、领导和发起成功的项目 / （西）安东尼奥·涅托-罗德里格斯著；傅永康，吴江，陈万茹译. —北京：电子工业出版社，2022.8（2025. 8重印）

书名原文：Harvard Business Review Project Management Handbook: How to Launch, Lead, and Sponsor Successful Projects

ISBN 978-7-121-44121-9

Ⅰ. ①哈… Ⅱ. ①安… ②傅… ③吴… ④陈… Ⅲ. ①项目管理 Ⅳ. ①F224.5

中国版本图书馆CIP数据核字（2022）第144239号

责任编辑：卢小雷
印　　刷：北京七彩京通数码快印有限公司
装　　订：北京七彩京通数码快印有限公司
出版发行：电子工业出版社
　　　　　北京市海淀区万寿路173信箱　　邮编100036
开　　本：720×1000　1/16　　印张：19.75　　字数：263千字
版　　次：2022年8月第1版
印　　次：2025年8月第5次印刷
定　　价：89.00元

凡所购买电子工业出版社图书有缺损问题，请向购买书店调换。若书店售缺，请与本社发行部联系，联系及邮购电话：（010）88254888，88258888。

质量投诉请发邮件至zlts@phei.com.cn，盗版侵权举报请发邮件至dbqq@phei.com.cn。

本书咨询联系方式：（010）88254199，sjb@phei.com.cn。

FOREWORD

致中国读者

中国的读者朋友们，大家好！

中国是一个热爱项目和项目管理的国家。非常高兴，我的新书能被翻译成中文并在中国出版。在中国，有一些令人印象深刻的大型项目，如上海临港新城、深圳前海金融区、成都创意中心等。很显然，中国的企业非常认可项目管理的价值。最近，有机构进行了一项有关经济与项目关联程度的研究，研究表明，中国在项目驱动方面是领先国家。中国经济总量的42.7%是通过项目交付的，而德国只有34.7%，这表明中国正在发生巨大的变化。当然，就经济规模和行业而言，两者可能不具备可比性，但不可否认的是，在过去20多年的发展中，中国已成为世界上项目驱动程度最高的经济体之一。

这再次显示了项目的重要性，同时也表明高层领导者重视项目管理的价值——项目管理是组织的核心技能和战略能力。在欧洲、北美、非洲，高层领导者并不那么重视项目管理，他们认为这不是战略层面的必要技能。在中国和其他亚洲国家，中层管理人员认可项目管理，这使得管理人员和年轻毕业生对学习项目管理并获得PMP认证有着浓厚的兴趣。从某种角度来看，中国正在引领项目和项目管理的发展。

诚然，在项目管理方面，中国也面临着世界范围内其他国家所面临的相同挑战。

- 第一个挑战是，鉴于人口数量和组织规模，我们如何围绕项目和项目管理培训组织中的每个人。在我倡导的“项目经济”中，组织中的每个人都需要学习项目管理，而不仅是项目经理。为此，我在本书中介绍了“项目画布”，以帮助所有人了解项目的基础知识。那么，我们能以多快的速度培训每个人并提高他们的项目管理技能呢？这当然是一个挑战，因为培训机构需要先具有这种看待项目的全新方式，然后再培训成千上万的学员，以使他们能更好地交付项目。
- 第二个挑战是，确定项目的优先级。在许多组织中，启动的项目远多过完成的项目，组织管理的项目数量远超出自身实际能够交付的数量。这意味着，员工可能同时在做2～5个项目，这是非常具有挑战性的。如果只在一个项目中工作，专注于该项目，那么按时完成项目并产生收益是相对容易的。但如果同时在多个项目中工作，就会非常混乱，这只会带来压力并形成不健康的工作环境。因此，这里的巨大挑战是，高层领导者是否能确定项目的优先级，并决定哪些项目是组织希望在未来一两年内交付的。这也是高层领导者经常忽视的战略一致性问题。我在本书中提供了一些工具和技术，并展示了确定优先级的重要性。我很喜欢一句话：少即多。在项目管理上，我们拥有的项目越少，我们就能越好地交付项目。
- 第三个挑战是，新技术的引入。仍在使用的旧技术必须得到改进，我们需要更多地使用人工智能、大数据、智能学习来帮助我们实现报告的自动化，例如，在项目管理中的风险分析、项目规划等。目前，有些初创公司已在尝试，将人员从填写报告等管理任务中解放出来，使他们能在干系人参与或项目的收益实现等增值工作中投入更多的精力。因此，有必要在项目管理中引入新技术，但我们还没有实现，所以这是一个挑战。对于那些决定投资新技术和项目的组织来说，这是一个机会，他们一定会从中受益。

- 第四个挑战是，我们需要以身作则（这点非常重要）。我们既使用预测型的传统项目管理方法，也接受敏捷项目管理方法，同时，我们还希望应用混合型项目管理方法。在进行重大转型的领域，某些环节需要使用传统的项目管理方法，某些环节需要使用敏捷项目管理方法，而在一些流程中则需要使用精益或六西格玛。因此，拥抱这些工具吧！这很重要，当然也并不容易。请记住，拥抱新工具有一个前提，即领导者需要以身作则。

在本书中，我引入了“项目经济”的概念，展示了如何利用不断变化的世界所创造出的新机会，以及未来世界将如何由项目驱动。因此，转变焦点就成了做好项目的前提。“项目经济”带来的最大挑战是，组织中的个人变成了项目中的项目经理、项目团队成员，组织中的大部分工作变成了项目。很显然，人们需要一本通俗易懂的书来更好地理解项目，这也正是我写本书的原因。通过阅读本书。你可以快速学习项目管理的基础知识，高效地培训团队，并借助“项目画布”这一简单的工具来查看项目，从而使每个团队成员都能了解项目，从干系人处获益，聚焦收益。你会发现，本书不仅为项目经理、高层领导者、中层管理者、年轻的专业人士提供了学习项目管理的基础知识，而且它所运用的概念、框架都与《PMBOK®指南》（第7版）是一致的。

据悉，项目管理协会（PMI）的《PMBOK®指南》（第7版）将很快在中国出版。本书与《PMBOK®指南》（第7版）联系紧密。与《PMBOK®指南》（第6版）侧重通过技术、工具驱动的过程不同，《PMBOK®指南》（第7版）侧重通过团队技能和资源驱动来交付基于价值的成果，强调更为重要的管理原则。在本书中，你会更加清晰地看到这种转变，即组织从对项目过程的管理转向对成果、收益、价值和干系人的管理。

通常，项目管理的书籍都是复杂的、技术性强的，由资深的项目专家撰写，供项目管理专业人士阅读。这往往忽略了日常处理项目的更广泛的人群。本书提供了现实生活中的案例，从局外人的角度探讨了相关话题，为每位干系人展现了一个共同的愿景、一个简单的框架和一种通用语言。我希望传递这样一个观念：项目经理应像高管一样思考，而高管应像项目经理一样思考。

很多经典项目管理方法论都有着这样一个误区：只要在预算内，按时、按要求完成项目，项目的收益、价值和影响就会实现。在很多项目管理方法论中，项目可交付物转化为收益的过程是个“黑盒”。本书将帮助项目从业者以项目目的和收益为一切工作的基础来启动项目。本书将帮助高层领导者和项目经理解决所面临的挑战，为每个角色提供实用的方法和适用的工具。

如果你是高层领导者，本书将帮助你更好地理解项目。你将了解项目发起人这一角色的重要性，学习如何使项目具有坚实的基础，如何与项目干系人达成一致并获得收益，以及如何更好地支持项目经理成功交付项目。如果你是CEO，本书将帮助你了解项目的重要性，使你能从战略的角度调整并优先考虑各个项目组合，更好地支持项目团队，并创建更敏捷和项目驱动的组织，从而取得更大的成功。如果你是项目经理或正在从事项目工作，本书将为你提供全新的视角，使你的工作更具战略性，使高层领导者看到项目和项目管理的价值。你将学习如何使用“项目画布”来更清晰地定义项目，掌握一种技术基础较低的通用语言，以便与发起人、项目团队、其他干系人就项目的状态进行沟通，从而增加他们的参与度和积极性。“项目画布”还将帮助你维持项目发起人的参与，这通常是项目成功的决定性因素。

非常感谢电子工业出版社将本书引进中国，非常感谢中国项目管理领域的三位专家翻译本书。正是由于大家的共同努力和付出，才使本书得以高效的出版，并在第一时间呈现给中国的读者。由衷地感谢你们！

安东尼奥·涅托-罗德里格斯

2022年8月，西班牙

FOREWORD

推荐序

收到电子工业出版社卢小雷编辑发来的信息，约我给本书作序，理由是“该书的内容与您之前在项目管理高峰论坛中演讲的观点不谋而合”。感谢卢编辑的恭维和推举。我阅读了书稿，深受启发。本书作者一针见血地指出了传统项目管理的误区，剔透地分析了企业面临的变革，清晰地展示了实现变革的方法论及其人力资源能力的需求。同时，本书的思想也是对项目管理学科内容的深刻反思和变革。

作为组织战略落地的重要抓手，项目是驱动组织变革的原动力，同时也是组织提升价值和收益的主要方式。随着组织乃至全球经济越来越依赖于项目而发展，项目成为组织管理不可或缺的基本单元。但在实践中仍存在诸多问题，例如，缺乏对项目创新与组织运营机理的认知而选择了无效或低收益的项目；项目资源、能力和职权错配导致项目执行效率低下；知识资产沉淀不足带来了智慧化缺失等。正如本书作者所说，“全球每年有48万亿美元投资于项目，只有35%的项目被认为是成功的”，其他65%的项目所浪费的资源和未实现的收益无疑是惊人的。

本书是对项目管理学科的认知和内容的根本性变革，它指出了传统项目管理误区所导致的项目失败，并给出了解决对策。

1. 过度关注文档、流程和输入。传统项目管理侧重于输入——规划、估算、成本、时间、范围和风险管理，而忽视输出——目标、合理性、价值、收益、影响和战略。这种“向内看”的视角不仅导致大量项目没能实现预期收益，也是项目管理学科在过去三十年偏离主流管理的重要原因。项目的宗旨在于提升价值和交付收益。

2. 僵化的“一刀切”的方法论。一方面，传统的项目管理认为，标准的项目管理方法可以确保项目的成功，如果将其固化于组织则能保证所有项目的成功。另一方面，在过去十年中敏捷方法的兴起和实践为管理项目提供了一种新方法。然而，不少组织视两者相互对立，认为只能采取其中的一种。事实上，项目的成功依赖于将正确的方法应用于正确的项目类型，本书提出的“项目画布”简洁明了地给出了应用导引，并配合了工具、技术、建议、清单和案例。

3. 能力结构残缺的项目管理人才。自20世纪90年代以来，项目和项目管理的焦点已经从硬性技术元素（如进度、范围、财务和风险）逐步转向软性的元素（如人员、行为、文化、沟通和变更管理）。然而，当前项目管理人才的能力结构是残缺的，一方面，项目经理需要培养项目领导者的能力；另一方面，为了提高项目在VUCA时代的成功率，也需要将项目管理作为战略家和领导者的基本技能。战略与项目交付是相互依赖的，必须成为高管发展的一部分。

本书以“项目经济”的视角审视并规划项目管理，其思想具有前瞻性，也符合《PMBOK®指南》（第7版）引入的项目管理新思想。认真阅读，领悟和践行本书的理念与方法，无论对于项目管理的研究者和实践者，还是组织的高层管理者，你都将体验到一种前所未有的震撼、一种彻底的觉悟和变革，并进一步可期收益的颠覆性增长。

最后，我想由衷地感谢本书的作者——PMI前主席安东尼奥·涅托-罗德里格斯教授，感谢他的慷慨分享及对项目管理学科的卓越贡献，感谢编辑卢小雷和译者傅永康、吴江、陈万茹将本书引入中文读者圈。在茫茫书海中“千里马常有，而伯乐不常有”，而作为后者的你们就是伯乐。让我们一同迎接项目管理的春天。

强茂山

清华大学国际工程项目管理研究院副院长、教授、博士生导师

中国管理科学学会项目管理专业委员会主任

FOREWORD

译者序一

项目管理作为一门管理学科，已经问世几十年。项目管理从项目实践而来，经过全球众多专家和志愿者的提炼，逐渐形成了系统化、科学化的管理体系，从而使其成为一门管理专业。但专业性和通用性往往又是一对儿矛盾。事实上，在我从事项目管理的教育和培训工作的多年间，一直苦于没有一本面向企业管理层，尤其是高管层的项目管理通用入门书籍。太专业的项目管理书籍往往可读性有所欠缺，而太通用的项目管理书籍在专业度上又略显不够。所以，当我第一次看到本书的原著时，便顿感惊喜，这确实是一本非常难得的能够很好平衡专业性与通用性的项目管理书籍。

本书作者安东尼奥·涅托-罗德里格斯曾任项目管理协会（PMI）的主席（2016年度），是一位非常资深的具有项目管理行业全球影响力的专家。正是在他的影响和倡导下，“项目经济”这个概念在PMI逐渐从想法变成了现实，成为引领项目管理未来发展的重要理念。在“项目经济”时代，项目不再只是临时性和独特性的任务，而是创造价值的载体，其关注点从可交付物转向价值，从而引发了对项目管理的全面再认识和重构，也引发了《PMBOK®指南》（第7版）的颠覆性变化。

本书冠名“哈佛商业评论”，其核心内容以文章的形式发表于2021年11月份的《哈佛商业评论》杂志。《哈佛商业评论》是全球公认最有影响力的管理类期刊（其读者通常都是企业的中高层领导者，他们大多具备较丰富的商业知识和较高的商业敏锐度），几乎所有最重要的商业理念和管理知识都会经由《哈佛商业评论》进行传播，这对宣传项目管理的最新理念能起到非常好的背书作用。本书的核心内容，如对“项目经济”时代的项目和项目管理的再思考、全新的“项目画布”框架、12条项目宣言等，很可能在未来也都将逐渐成为项目管理领域乃至商业领域的重要知识。

随着“项目经济”的到来和《PMBOK®指南》（第7版）的问世，在未来，项目管理将面临一系列的变革与创新。在这种情况下，企业高层对新时代的项目管理的认知将对项目管理的实践与发展起到至关重要的影响。由于《PMBOK®指南》在国内通常只配合PMP认证考试所用，所以，除了《PMBOK®指南》，需要有一本书能更好地普及和宣传全新的项目管理理念及知识，同时能引导人们更有效地学习《PMBOK®指南》（第7版）。

本书的重大意义在于，它恰逢其时地在当下出现在了世人面前，它跳出了以往版本《PMBOK®指南》所面向的专业读者群，让更广大的社会人群，尤其是企业领导者也可以对当今和未来的项目管理有一种普及式的全新认识。本书既具有全球化视野，也聚焦于中国企业（如阿里巴巴、小米和海尔的组织敏捷变革实践案例），这对于促进中国项目管理的发展也会起到重要的推动作用。

最后，非常感谢一同翻译本书的吴江老师和陈万茹女士。在过去的两年，我与吴江老师在《PMBOK®指南》（第7版）中文版的翻译和审校工作中一起共事，受益良多；陈万茹女士则具体负责了清晖这两年的与项目管理相关的书籍翻译和写作工作，成果丰硕。大家能够一起努力将本书翻译成中文呈现给广大读者，这本身就是一件非常有意义的事情。

傅永康

2022年7月

于上海清晖

FOREWORD

译者序二

2021年年末，我曾参与了罗德里格斯先生关于“项目经济”的一场分享活动，他在活动中预测，未来10到20年，世界上的公司或企业将逐渐从主要以运营活动为主（从80%降到 20%）转为以项目实施为主（从20%升到80%）。他希望这一天早日到来，让所有的项目管理从业者发挥更多的能量——这让我深有感触。所以，当电子工业出版社要引进罗德里格斯先生这本《哈佛商业评论项目管理手册》的时候，我就主动提出要参与翻译工作，加入推广项目管理知识的行列。

罗德里格斯先生基于自己数十年的项目管理实践和理论研究，在近几年出版了一系列有关项目管理的书籍，受到了世界各地项目管理同仁的欢迎。本书的英文版在2021年10月一经出版就引起全球范围的广泛关注，被《哈佛商业评论》列为MBA/企业高管培训的5本经典推荐手册之一。

本书提出了一个项目管理的简单框架——项目画布。事实上，罗德里格斯先生在《项目革命》（2019年5月出版）一书就提出过类似的观点，而本书则可以看作在其基础上的某种更新。同时，本书还通过介绍全球许多行业的最新案例研究（如巴黎圣母院重建、伦敦地铁"横贯线"、波音777）、建议和工具，来指导你更有效地管理组织的项目、战略项目集和敏捷举措，从而推动项目成功完成。除了项目画布，本书还颇具前瞻性地提出了许多新颖的观点，例如：

1. 新的外向型项目制约三角。

2. 新的项目生命周期定义。

3. 项目宣言。

这些都值得我们深入学习和了解，以便在项目驱动的世界中取得成功。

正如作者在书中所说：当今许多项目的成功率只有35%，你准备好挽回这些失去的价值了吗？你应如何启动一个成功的项目？你是否想更好地理解组织正在运行的无数项目？如果你的回答都是肯定的，请继续阅读本书。

本书面向的读者首先包括企业的领导者、项目的发起人。在VUCA时代，领导者和发起人要有创新的意识，要勇于承担风险，只有探索新的项目管理方法，从战略上定义清晰的项目目标，赋能组织、团队，才能提高项目的成功率。而对于具体项目的执行者，他们当然也要能理解组织的战略目标，并要能知道如何实施项目以实现这些目标。所以，本书的读者范围可以是相当宽泛的。在未来，企业和组织都逐渐以项目来驱动，这就要求所有人都应具有项目管理的知识和基本技能。

在项目管理协会（PMI）2021—2025战略规划中提到，在全球，希望面向5~105岁的人群推广项目管理的知识和技能，真正实现"生活中处处有项目管理"。罗德里格斯先生的项目画布正是这样一种简单、实用的项目管理工具，它避免了传统项目管理理论中繁复的技术术语，因此，可以帮助所有人更快捷地学习如何使用项目管理。

我曾参与《PMBOK®指南》第6版和第7版的中文审校。在即将推出的第7版中，《PMBOK®指南》有了颠覆性的变化，将项目管理的标准从过程管理提升到原则层面，以适用于指导所有类型的项目（包括预测型、适应型和混合型）。本书的许多观点都与这种理念相契合，可以帮助更多的项目管理从业者拓展视野，增加实战经验。

在翻译本书时，我非常有幸与清晖的董事长及创始人傅永康老师，以及陈万茹老师合作。其中，傅老师负责翻译本书的第1部分以及全书的审校工作，陈老师翻译了本书的第3部分和第4部分，并负责与出版社的协调工作，我负责翻译本书的第2部分（项目画布）。真心感谢两位老师的支持，感谢电子工业出版社世纪波公司付豫波总经理及责任编辑卢小雷老师的帮助，感谢PMI（中国）对本书宣传活动的协助。同时，还要感谢“Jack的PM朋友沙龙”群里的许多老师和朋友，他们对一些词汇的译法提出了很多宝贵的意见。毫无疑问，本书的出版是在大家的通力协作下快速、高效地完成的，这绝对算得上项目管理的最佳实践。当然，如果对翻译的内容有任何问题，真心地欢迎各位读者批评指正，多谢了！

据悉，截至2021年年底，全球约有113万PMP持证者，其中，将近一半的持证者来自中国。我期待着中国的项目管理事业能更进一步，PMP持证者的人数早日突破100万大关！也衷心希望罗德里格斯先生的这本《哈佛商业评论项目管理手册》能够帮助各位读者学习并掌握更多的项目管理知识和技能，在职业生涯中不断成长！“项目经济”时代已经到来，让我们一起努力，为中国的项目管理事业贡献一分力量！

吴　江

2022年7月

FOREWORD

引言

欢迎来到项目经济

世界正在经历一系列大规模的挑战。从可持续发展成为主流思想到人工智能的兴起，再到新冠肺炎疫情的旋涡，结构性转变正在重塑企业和社会。如今，面对这些挑战，项目成了我们将挑战转化为积极变革的最重要方式。项目改变世界，让不可能的梦想成为可能。在寻求更多关于使项目成功或失败的真正原因的过程中，我发现了一些令人难以置信的成就。

1961年，一位在前英国贸易殖民地废墟上的总理（李光耀——译者注）设想了一个项目：建立一个对子孙后代来说足够强大且经济健全的国家。该项目包括建立法规、提升政府的效率、稳定大局、持续打击腐败及发展人力资本等，而这些也正是一个国家的主要竞争优势。该项目为普遍可及的一流公立学校体系设定了毫不妥协的标准，并将严格的精英管理应用于公共部门的教育和招聘。如今，新加坡已经是世界上最具竞争力的经济体之一。

2010年，加州圣迭戈的一家生物技术公司开始销售第一台商用人体组织打印机，此前，该公司通过开展一个项目，将突破性创新转变为革命性产品。此后，世界各地的再生医学实验室都依靠Organovo公司的打印机来生成皮肤、肌肉和血管组织。

2014年，一家日趋老化的全球软件业巨头，在新任CEO接任后，实现了其历史上最引人注目的转型。该公司一直无法从苹果公司手中夺取智能手机市场，从亚马逊公司手中夺取云计算，或者从谷歌公司手中夺取搜索引擎。但在萨蒂亚·纳德拉（Satya Nadella）的转型项目开始5年后，微软公司的股价涨了3倍，重新成为全球最富有的上市公司。

这样的例子不胜枚举：在20世纪80年代和90年代，通用电气公司在杰克·韦尔奇（Jack Welch）的领导下，通过600余次无缝收购，实现了企业快速增长。2007年，亚马逊公司推出了Kindle，这是一种价格实惠的类纸质显示效果的电子阅读设备，可以接入世界最大书店的电子书资源。东南亚最大的银行星展银行成了世界上最具创新性的银行。所有这些都是从一个非凡的愿景中诞生，被清晰地表达，并通过项目进行系统实施的。

试想一下，2002年欧元的推出。1967年9月3日晚，瑞典将汽车靠左侧行驶改为靠右侧行驶。丹麦的小城市欧登塞，通过一个伟大的项目，将自己转变为欧洲领先的创新机器人中心。巴西的绿色之都库里蒂巴，成了拉丁美洲最环保和可持续发展的城市之一。

在过去的一百年里，一些非常引人瞩目的技术成就也来自绝妙的项目：约翰·肯尼迪的愿景是，在20世纪60年代末第一个将人送上月球。航空工业的技术杰作，诞生了波音777客机。2006年的紫色项目（Project Purple），创造了改变通信行业的第一部iPhone手机。

最后，还有无数令人惊叹的个人项目——在极端艰难的条件下努力取得的成就，或者通过一个项目让个人梦想变成现实等。以27岁的巴西青年企业家埃莉萨·曼苏尔（Elisa Mansur）为例，她的创业公司赢得了2018年世界银行青年峰会项目竞赛。曼苏尔意识到她的祖国长期缺乏托儿服务，每年约有200万名婴幼儿无法获得这一重要人生开端的相应服务，因此曼苏尔建立了一个网络，为社区母亲提供培训、组织、日常安排与评分系统。在实践过程中，她建立了一个改善幼儿教育的流程，并创造了一个全新的就业市场。再来看看柏杨·史莱特（Boyan Slat），2010年，这位来自荷兰的16岁少年第一次在希腊海岸潜水时，看到的塑料垃圾比鱼还多。3年后，他以300欧元的种子基金启动了“海洋清洁”项目，目标是，到2040年清除90%的海洋塑料垃圾。诸如此类的故事表明，年轻一代可以通过项目来改变世界。

基于项目的工作是推动变革和进步的引擎。项目创造了人类文明的主要成就。项目促进了社会进步，颠覆了事物的本质与运行方式，甚至打破了长期存在的科学与文化的限制。

即便如此，直到最近，项目仍经常被人们忽视，项目管理也没有得到充分重视。这种“低调的”特点在2020年发生了变化，全球新冠肺炎疫情将项目推上了世界舞台中心（其中，最令人惊讶的是，人们在不到1年的时间内开发出了新冠病毒疫苗，这一过程在过去通常需要10年以上）。在我们身边，无数的变革正在发生：在工作中、在每个人的生活中、在新闻中，项目无处不在，我们每个人都置身于项目中。项目不再“躲”在幕后，这场新冠肺炎疫情表明，人人都可以是项目经理，每位领导者都可以是项目发起人。

从效率驱动的世界到变革驱动的世界

你对以上内容有任何疑问吗？之前提到的各种产品、举措和转型都属于真正的项目吗？事实上，它们的相同点比表面上看到的更多。每个项目的时间都有限，它们有起点和终点，它们需要投资、资金、实物资源和人力资源，它们由包含一系列活动的计划组成，该计划旨在产生可交付物（产品、服务、事件），再通过可交付物最终创造出收益、价值和其他影响。然而，每个项目的若干要素又都是独特的——每个项目都包含以前没有做过的事情。

现在，请思考一下项目与运营有何不同。1908年，亨利·福特推出T型车，将汽车制造从单纯的技术转变为工业，实现了汽车的大规模生产。3年后，机械工程师弗雷德里克·温斯洛·泰勒（Frederick Winslow Taylor）提出了他的科学管理理论，即通过确定如何更有效地执行任务来提高工人生产率。总之，这些都是效率驱动的世界拉开序幕的里程碑。更高的产量、更低的成本、更快的速度，以及通过专业化、劳动分工和标准化实现的商品价格降低，决定了在整个20世纪企业的运营方式。在大多数组织中，首席运营官成了卓越的领导角色。根据罗伯特·戈登（Robert Gordon）所述，在1928年至1950年，美国的生产率增长最快，他将这一现象称为“大浪潮”（One Big Wave）。在随后的50年中，生产率都以每年2%或3%的速度持续增长。

然而，21世纪以来，情况发生了翻转。自2007年以来，尽管互联网行业有着爆炸式增长，产品生命周期缩短，人工智能和机器人技术呈指数级发展，但西方世界的生产率增长几乎持平。传统的方法无法实施变革，导致生产率停滞不前。人们开始注意到这一点：变革必须通过项目来实现。

项目经济的兴起

如今，项目成为创造价值的基本模式。例如，在德国公司中，大约40%的收入和其他活动都是以项目的形式完成的，在大多数西方经济体中都可以发现类似的数据。在中国和其他主要亚洲经济体（如韩国）中，这一占比甚至更高。在这些经济体中，以项目为基础的工作一直是其经济崛起的基本要素。

自2010年以来，随着工作的日益“项目化”，项目管理已成为英国最大的商业领域之一。据估计，项目管理为英国经济带来了约1560亿英镑的总增加价值，拥有213万名全职从业人员，这一趋势可能会一直持续下去。普华永道和英国项目管理协会（Association for Project Management，APM）的研究表明，与金融服务业或建筑业相比，项目管理职业对英国经济的贡献更为显著。

公共部门也出现了同样的趋势。2016年，美国参议院一致通过了《项目集管理改进和责任法案》，不久后，该法案签署成法，旨在改善整个美国联邦政府在项目和项目集管理中的问责制和最佳实践，并改革联邦项目集管理政策。次年，英国女王授予英国项目管理协会皇家特许状，以承认项目管理职业，奖励支持该职业领域的协会，并为实践该学科的人士提供机会。

项目经济的步伐只会不断加快向前。根据最新的研究，预计到2027年，在全球，对于以项目为导向的经济活动，其价值将从2013年的12万亿美元增长到20万亿美元。此外，在用于新冠肺炎疫情后的恢复项目上，也将花费数万亿美元。这些会涉及数百万个项目，每年需要数百万名项目经理和项目发起人。

纵观整个行业，具有前瞻性的公司和个人都在为项目的大规模增长做准备。一位资深的IBM人才高管告诉我："在IBM，我们很快将不再使用职位描述，而只有项目描述。"总部位于迪拜的地产巨头伊玛尔（Emaar）公司董事长穆罕默德·阿拉巴尔（Mohamed Alabbar）宣布，公司将取消所有传统的职务头衔，以显示将焦点转向"人才"，而非"职务"，并增加基于项目的工作。在一封内部电子邮件中，他向员工概述了该决定："当你读到这封电子邮件的末尾时，你会注意到一些差异。我也没有职务。从这一刻起，你也一样。"这种变化的含义是，人们的工作不再由他们所属的部门来定义，而是由他们从事的项目来定义。美国最大的独立广告公司理查兹集团（The Richards Group）则几乎取消了所有管理层级和职位，只保留了项目经理。

微软公司的一项研究使用"领英（LinkedIn）经济图表"分析了"领英平台上显示的与招聘职位、所需技能及求职者现有技能相关的所有数据"。该图表显示了目前最受欢迎的十大职位，其中就包括项目经理。领英预测，这一需求态势将持续到21世纪30年代。

高管们意识到项目在组织中越来越重要。为了撰写本书，我和我的同事对556位资深高管进行了一项调查。调查发现，有78%的受访者表示计划在未来5年内在其组织中投资并培养他们的项目管理能力[1]。很快，高层领导者、管理者和员工——无论身处哪个行业——都将花费至少60%的时间来选择、排序（确定优先级）并推动项目的执行。我们都应成为项目领导者——哪怕我们从未接受过类似的培训！

1　在 2020 年，我们与《哈佛商业评论》杂志共同进行了这项调查，以帮助我们更好地了解组织现在是如何使用项目的，人们在哪些方面发现项目有助于成功，以及人们在哪些方面遇到了困难。有 1284 人参与了本项调查，其中包括 566 位资深高管和 728 位项目专家。本书将分享调查的一些发现（访问本书作者的个人网站可查看调查的全部结果）。

成为项目领导者的路径

作为我们这个时代的经济引擎，项目的出现虽然很少受到关注，但它具有令人难以置信的颠覆性和强大力量。我们正在目睹一次前所未有的变革，它将为组织及文化带来深远的影响。

想象一下，如果我们能提高目前项目的成功率，将为组织和社会带来哪些收益？考虑一下，这一改善将带来额外的数万亿美元，以及社会、环境、教育和其他方面的收益。可以说，其影响几乎是立竿见影的。

更重要的是，引人注目的项目可以赋予工作更多的意义。行为和社会科学表明，在项目上的工作与协作对团队成员来说尤其具有激励和启发作用。当一个项目具有雄心勃勃的目的、志存高远的目标及明确的期限时，相比职业生涯中的任何其他事宜，人们往往会更清楚地记住这些项目。人们感到最自豪的是他们所从事的项目——通常是成功的项目，当然也有失败的项目。

我希望你能和我一起，走上成为项目领导者的道路。最初，撰写本书的想法出现在十多年前，当时，作为一家企业的项目管理专家，我被解雇了。我很快意识到，该企业的资深高管人员并不理解或欣赏项目管理的价值。他们将其视为IT和工程师的一门技术学科，不值得他们花时间和精力，这种态度大错特错。当高管忽视项目管理时，他们的项目就不太可能成功，这将导致产品发布延误，战略举措无法实施，业务转型失败。项目成功的关键是，让高管和项目经理拥有相同的目标，一起工作并使用共同的语言。这种认识促使我寻求简化项目管理的方法，并将项目管理带入领导者的视野。

在本书中，我借鉴了我后来在普华永道、法国巴黎银行和葛兰素史克等多家全球公司担任首席项目管理专家的经验。我曾担任项目管理协会

（Project Management Institute，PMI）的主席，也是几所顶级商学院的顾问和学者，我曾教过数千名高层领导者、管理者和项目经理。我从各个角度研究和审查过项目。我想在本书中与你分享这些不同寻常的经验。

我相信，任何人都可以通过学习成为项目领导者，任何性格或背景的人都可以在最恶劣的条件下坚持不懈，通过项目让他们的梦想成真。项目激励着我们所有人。我对社会的呼吁是，组织、领导者、政治家及其他所有人都应培养一种能力，即在新的数字经济和项目驱动的经济中转型和成长所需的能力，这也是本书的目标。

适合所有人的项目管理书籍

作为项目管理的从业者和教育者，我可以在真实世界中进行测试，看看哪些方法有效，哪些无效。在我的教学中，我了解到哪些概念能引起高管和项目经理的共鸣。我最终认识到，如果我想让每个人都参与项目管理或对其感兴趣，我必须放弃项目管理的术语。我必须简化语言以及项目管理的工具和技术，并让人们了解如何在自己的组织中应用这些方法。本书不仅为你提供了项目管理的广阔视野，还为你提供了当下可以用来推动项目向前发展的实用技能。

传统上，关于项目管理的书籍通常都是复杂的或偏技术性的，由资深的项目专家为项目管理专业人士编写，他们往往会忽略那些必须与项目打交道的更广泛的人群。这些书籍越晦涩难懂，项目经理和高管们就越会望而却步。相反，本书从局外人的角度，以务实、案例说明和实践的方式解决了这个问题。无论你在项目中扮演什么角色，本书都为每位干系人（Stakeholder，也称“利益相关方”）提供了共同的观点、简单的框架和通用的语言。本书既教会项目经理像高管一样思考，也教会高管像项目经理一样思考。

现有方法论的一个缺点是，它倾向于将视角停留在项目的可交付物上，假设当可交付物按预算、按时并按需求交付时，其收益、价值和影响就会实现。在众多项目管理方法论中，均没有清楚地说明如何将项目的可交付物转化为收益。本书则从项目的目的和收益开始，将其作为构建其他一切的基础。

我撰写本书还有另一个前提：每个项目都由相同的要素组成，这些要素将决定项目是否成功。无论这些项目对应什么行业、组织、部门（公共的、私人的或非营利性的）、方法论（敏捷的或传统的），也无论是个人项目还是专业项目，这些项目的构建模块都包含在本书的中心框架——项目画布（见图0-1）中。如果组织、领导者和其他个人关注这些要素并应用相关技术，则几乎可以保证项目的成功。

图0-1　项目画布

这是一本面向所有人的项目管理书籍，无论你的项目经验水平如何。本书解决了高层领导者和项目经理面临的挑战，为每个角色提供了实用的方法和适用的工具。本书提供了关于项目经济的崭新视角，向你展示了如何利用不断变化的世界所提供的一些全新机会，并对未来的工作将如何用项目驱动给出了建议。

如果你是高管或其他领导者，本书将帮助你更好地理解项目管理的基础知识，你将学习如何确保项目具有坚实的基础，以及作为项目发起人，你的角色的重要性。你将学习如何提高项目干系人的一致性和认同度，以及如何最好地支持项目经理成功交付项目。如果你是CEO，本书将帮助你权衡项目的重要性，按优先级排序项目组合，并做出战略调整。你将看到如何更好地支持项目团队，创建一个更加敏捷和项目驱动的组织，并在不断进化的世界中取得更大的成功。

最后，如果你是项目经理，或者你正在从事项目工作，本书将指导你如何提升工作效果以使其更具战略性，以及如何让高层领导者看到项目和项目管理的价值。你将学习如何使用项目画布来更清晰地定义项目。项目画布将帮助你学习一种不那么技术性的语言，以便与项目发起人、项目团队和其他干系人就项目进行沟通，从而增加他们的认同感和积极性。项目画布还将帮助你使项目发起人持续参与——这通常是项目成功的决定因素。

本书由4部分共12章组成。第1部分介绍了项目管理背景并提供了通用的基础知识和定义。其中，第1章探讨了组织二元性的概念，以及组织如何从效率驱动的世界转到变革驱动的世界。在第2章，我们将了解什么是项目，包括项目的定义、起源和不同特征，以及如何将项目与传统的任务区分开来。第3章描述了项目管理中的不同技术（包括敏捷方法、项目集管理和特大型项目管理方法），并解释了如何确定要应用哪些方法和工具。

第2部分逐步介绍了项目画布的框架。第4章介绍了项目画布及其3个领域、9个构建模块。第5章至第7章深入介绍了3个领域——基础、人员与创建。第8章介绍了如何使用项目画布来分析项目，以及如何在组织中采用该画布。

第3部分探讨了在项目驱动的世界中取得成功所需要的能力。第9章讨论了项目领导力，特别是有效管理项目和发起项目的能力。接下来，第10章通过有助于提高项目组合的透明度和控制力的流程和治理结构，探讨了项目的选择和优先级排序。第11章探讨了为什么组织必须变得更加敏捷和用项目驱动，以及如何做到这一点。

最后，第4部分探讨了项目管理将如何与当前组织和社会所面临的大趋势相交融，这些大趋势包括危机管理、多样性、人工智能转型和可持续性。在不久的将来，这些趋势都会出现，机遇和挑战将在项目的世界中得以抓住和应对。

项目旨在交付收益，这才是重点。全球每年有48万亿美元投资于项目。然而，根据斯坦迪什集团（Standish Group）的说法，只有35%的项目被认为是成功的。在其他65%的项目中，浪费的资源和预算及未实现的收益无疑都是令人震惊的。想象一下，如果大多数项目都能实现预期的结果，或者，如果我们可以将项目的成功率提高25%，这种改进相当于为组织、社会和个人带来数万亿美元的价值和收益。本书的目标就是缩小这一差距，并提高组织、政府和个人的整体项目成功率。

你准备好挽回一些失去的价值了吗？你是否受到启发，希望发起一个项目以创造更加美好的世界？或者，你只是想找到一种方法来更好地了解你的组织正在运行的无数项目？如果你的回答是肯定的，请继续阅读吧！

CONTENTS

目录

2 第 2 部分 项目画布

3 第 3 部分 个人和组织的项目管理能力

第 1 部分

面向所有人的项目基础

01

第1章 项目无处不在

从效率驱动的世界到变革驱动的世界

岁月沧桑，世事剧变。我们已度过一个以提高效率为主导的世纪，如今正生活在一个不断变化的环境，并面对着大量涌现的项目。本章将探讨，在当今和未来的世界中，项目而非运营，是如何推动短期生存和长期价值创造的。各种组织正在运行的项目比以往任何时候都要多，项目管理不能再被忽视、贬低或误解。在组织的各个层级，参与项目的每个人（包括员工、管理者、项目经理、高层领导者与CEO）在对项目进行选择、优先级排序和执行时，都必须了解这种剧变。

运营运行组织，但项目变革组织

在一个由变革驱动的世界中，短期生存和长期价值创造取决于组织二元性——组织在探索新能力的同时利用其现有产能的能力。组织理论家詹姆斯·马奇（James March）将“利用”描述为细化、选择、生产、效率、筛选、实施与执行等行动，“探索”则包括知识创造和对新兴及未来机会的分析。其他学者将组织二元性描述为效率与灵活性之间的平衡，或者增量与巨变之间的平衡。

显然，平衡是其中的关键。过度致力于探索的组织可能发现自己承受了试验的成本，却没有获得相应的收益，这类组织展示了太多未开发的新创意和太少的独特能力。一个著名的例子来自引领全球移动通信系统发展的电信巨头爱立信公司。鼎盛时期，爱立信公司的研发部门在100个技术中心雇用了3万人，然而，工作中存在大量的重复性工作，同时，公司也未能充分利用大量的创意。由于研发成果遥遥无期，爱立信公司最后不得不裁撤约6万名员工。相反，过度致力于利用的组织可能发现自己陷入暂时的平衡，容易遭受破坏，并逐渐消亡。总而言之，在探索与利用之间保持适当的平衡是系统生存和繁荣的主要因素。

研究证明，二元性会导致更高的绩效和更优的战略实施，但随着时间的推移，人们尚未找到明确的解决方案来保持探索与利用之间的平衡。

实践中的组织二元性

公司正越来越年轻化。2017年标准普尔500指数成分股公司的平均年龄为20年，是20世纪60年代时的三分之一。毫无疑问，很多公司无法跟上变革的步伐。

我在与领导者的多次对话中了解到，部分问题在于抽象概念和学术语言的二元性。诸如利用、探索、适应性、一致性、背景和有机系统之类的术语不会在高管的脑海中引起共鸣。

我们需要每个人都能理解的更简单的语言。简单来说，这种跟不上变革的原因源于两个业务维度之间的紧张关系（见图1-1）：

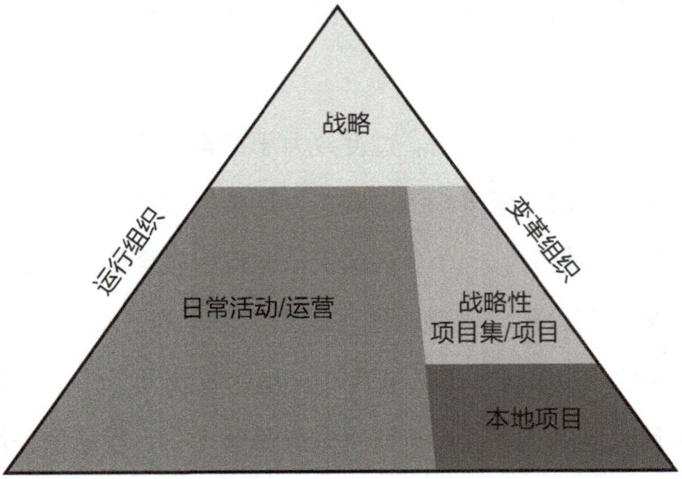

图1-1　组织二元性

- 运行组织（运营）。该维度构成了业务的核心和当前遗留的活动。它包括销售、客服、财务、制造和IT等流程。组织产生的大部分收入（和固定成本）来自组织的运营活动，这些活动使组织保持活力。如果运营活动一旦停止，组织将很快死亡。运营的重点是短期的。运营的目标主要是由商业、财务和绩效驱动的。这些是关于效率、生产力和速度的。用学术术语来说，这个维度是“利用”。

- 变革组织（项目）。该维度构成了组织的未来。它包括组织的所有战略及战术举措、项目和项目集。包括初创公司在内的公司及政府部门通常有成百上千个举措在并行运行。变革组织的活动可创造未来价值，其目标更具战略性，更接近愿景，但其收益只能在中长期内实现，并且在目标有形性及可量化方面，该维度不如运营。这些目标旨在通过业务转型来显著提高增长和盈利能力。此外，项目可能具有很高的风险，并且无法确定预期的收益是否会实现。用学术术语来说，这个维度是“探索”。

同时关注这两个维度对高层领导者来说是一个巨大的挑战。表1-1总结了领导者必须考虑的一些关键差异。更复杂的是，仅仅在一个维度上取得成功是极其困难的。从1984年至2003年，曼努埃尔·亨斯曼斯（Manuel Hensmans）、格里·约翰逊（Gerry Johnson）和乔治·叶（George Yip）研究了215家最大的英国上市公司。首先，他们考察了这些公司长期经营业务的能力。在这215家公司中，只有28家在过去的20年中一直在其业务领域表现最佳。而在这28家公司中，只有3家始终如一地进行重大战略变革。这项研究已有好多年的历史，揭示了经营业务与改变其能力之间的平衡变得越来越难。更重要的是，公司没有太多时间做这件事了。

领导者非常清楚这一挑战。全球汇款业务的市场领导者西联汇款公司（Western Union）的一位资深高管说：“几年来，面对日益激烈的竞争、技术和监管压力，西联汇款公司一直在尝试改变其业务模式，以在市场中维持生计（生存都很艰难，更不用说有增长了）。我们的管理层都知道，执行其向股东、业务伙伴及员工描述的战略的能力是决定成败的因素。不过，要实现它实在是太难了。”

简而言之，组织的未来在于能够对运行和变革这两方面加以有效的管理与整合。高管明白，项目、举措、项目集是他们执行战略变革的工具。但这些高管中的大多数并不明白为什么他们的变革项目表现不佳。

答案很简单：高管需要对项目和变革投入更多正确的关注。其实，他们在该解决方案上遇到这么多麻烦的原因早在20世纪就已经存在了。

表 1-1　组织内的两种竞争模式

维度	效率驱动（运行组织）	变革驱动（变革组织）
时期	现在	未来
目标	创造收入、生存	创造愿景、目标
文化	指挥、控制、纪律	创业精神、协作
焦点	效率、数量、成本、产品	创新、转型、收益
KPI	商业、财务、绩效	战略
计划	业务，运营	战略，路线图导向
技能	深度专才	全面通才
关键角色	首席运营官	首席项目官
财务基础	年度预算周期	基于项目
酬劳	运营成果	项目成果
结果	可预测、有形	高风险、无形
系统	ERP、APM、DevOps	MSP、PPM
流程	标准化、自动化	独特、不重复、演进
结构	层级的、刚性的、基于孤岛	自管理、自适应、基于项目

说明：APM——英国项目管理协会；ERP——企业资源规划；DevOps——开发运维一体化；MSP——管理成功的项目群（基于英国的项目群管理框架获得的认证）；PPM——项目集和项目组合管理。

组织中项目的激增

项目对组织的长期成功如此重要，我们是如何到达这一阶段的呢？项目历史的概述可以帮助我们理解这种演变。

昨天：效率和运营的世纪

自20世纪20年代以来，组织一直在通过提高效率、降低成本、提高产量和输出来改进其运行组织的维度（运营），以此作为提高生产率的一种手段。当时，大部分组织主要生产商品，并且主要采用有机增长的方式。组织通过提高生产能力、标准化、自动化流程及进入新市场而发展壮大。

增长是通过提高效率和降低成本来实现的。当时的管理大师们——弗雷德里克·泰勒（Frederick Taylor）、亨利·福特（Henry Ford）、彼得·德鲁克（Peter Drucker）——都专注于改进组织的运营。随着时间的推移，由于引入变革需要一种有效的管理方式，因此改进是作为一次性项目进行的。这时，项目的数量稳步小幅增加。

很多组织，包括上市公司，都按年度计划周期运作。高层领导者每年共同决定一次战略、预算和运营计划，然后根据这些目标和成本限制来管理运营。在年度计划周期之间，允许进行一些小的修改。年度周期塑造了公司的流程、系统和文化。公司按层级结构组织自己，并沿着价值链元素创建部门。部门负责人负责掌握资源、预算和决策权。为了驾驭效率的浪潮，员工必须在某一特定领域培养出深厚的专业知识和专一的奉献精神。对一个特定领域或主题的深入理解（这一特征还被描述为高深的技能、核心能力、深厚的专业知识和专业化）导致个人的可信度提高、职业阶梯的攀升和收入的增长。专业人员将在生产、财务、营销、销售和质量等领域接受培训，并将在这些领域度过他们的整个职业生涯。至于通才和项目经理这样的角色没有很大的职业潜力，也很少有人欣赏。

在20世纪，由于这些特定领域的发展，组织的运营变得非常高效，但是不惜一切代价提高效率也有巨大的缺点。在很多情况下，组织只关注运营提要（以数字表示的结果），而很少考虑这种方法可能对组织创新或韧性产生的中长期影响。组织已经将自己的流程高度商品化，牺牲了价值元素来换取速度。组织通过收购来发展业务（通常以牺牲有机增长或替代有机增长为代价），从而加快其产品的发布，或者只是为了生产更多的产品。但在某些时候，增加销量、发布更多的产品或更多的品牌延伸战略根本就走不通，通过进一步提高效率实现可持续增长变得不再可能。

今天：变革和项目驱动的世界

如今，每个组织——无论是公共部门还是私人企业——都在一个不断变化（有时甚至是颠覆性变化）的环境中运作。例如，政治变化会使企业面临新的竞争来源，市场可能开放或关闭，可能在没有警告的情况下引入改变游戏的新规则。显然，组织也需要面对技术创新，尤其是与互联网和数字技术相关的创新。此外，组织还需要面对社会的变迁——客户对环境、健康或社会责任的态度在不断转变。组织发展业务，提高盈利能力或确保其可持续发展都取决于预测、管理和推动变革，而变革又取决于启动和成功地完成项目。

过去，变革（项目）通常是临时性的任务，而运营则是永久性的。现在，变革成了永久性的，运营反而是临时性的任务（直到下一次变革）。随着运营数字化程度的提高，找到更便宜、更优秀或更有能力的合作伙伴来运营变得更加容易。顺应这一趋势，亚马逊Web服务（Amazon Web Services，AWS）已成为世界上最全面、应用最广泛的云平台，提供了超过175种功能齐全的运营和服务。数以百万计的公司正在使用AWS来降低成本，提高敏捷性并加快创新速度。即使是现在那些智能化的且支持互联网的产品，在出售给最终用户很久之后，也可能提供新功能并嵌入新的商业模式。

随着对创新、协作和敏捷的日益关注，越来越多的工作正在以项目的形式执行。根据博思艾伦咨询公司（Booz Allen Hamilton）的研究，1982年，有33%的收入和22%的利润来自新产品，仅仅10年后，这些数字分别上升到50%和40%。产品生命周期的缩短不可避免地会导致开发项目序列的加快。从1974年第一代大众高尔夫的推出到2008年高尔夫V的退出市场，产品生命周期从9年缩短至5年，减少了45%。2019年，德国项目经理协会和德国EBS商学院进行的一项研究显示，有高达41%的德国GDP是由项目产生的，而且自2009年起，在德国的GDP中，项目的贡献度一直在快速增加。

这种极端的不确定性为领导者和组织带来了艰难的运营环境。实行了近一个世纪的年度计划周期不再适用。彻底转变的环境需要新的工作方式、更灵活的运营模式和新的领导力形式。经受过危机考验的领导者需要提高对模糊性的容忍度，加快运营步伐并营造持续变革的文化。组织的结构、流程和系统也需要进行调整，以确保组织的可持续性，并能够充分利用瞬息万变的世界所带来的新机遇。

明天：前进中的项目

在准备撰写本书时，我研究了这些全球趋势如何在真实的公司中发挥作用。在对1284名高管和项目管理专业人士的调查中，大多数受访的高管表示，他们组织中的项目数量在过去五年中呈爆炸式增长。有87%的受访者表示项目数量有所增加，其中有56%的受访者表示项目数量增加了25%以上。足足有25%的受访者表示项目数量增加了50%以上。在很多情况下，这些项目领导者还要监管其中50%以上的项目。当然，这种增长也是“双刃剑”，因为项目数量与项目成功之间没有直接关联。过度扩张的组织会发现，其项目缺乏人力和资本资源。过度追求项目的组织会发现，经验和能力的缺乏会损害项目所创造的价值。

项目的飞速发展不仅影响着组织，也影响着我们的职业生涯与工作的本质。上几代人传统的单一公司职业路径如今已成为遥远的回忆。后来，人们会在几家公司发展自己的职业生涯（通常是在同一职能上发展），这样的方式被时代所接受。今天，人们不仅比以往更频繁地更换公司，而且还变换了职能。许多人成为自雇人士，从事的工作100%以项目为基础。数字化使得转向以技能为基础的自雇型甚至混合型就业（结合传统型工作和独立工作）变得更加容易。根据最近的研究，在美国，从事项目工作的人数将从6600万（2017年）增加到8800万（2027年的预测值）。这种趋势可能还会加速，使人们的整个职业生涯由一系列的项目构成。

罗杰·马丁（Roger Martin）是一位商业学者，他很早就在《哈佛商业评论》杂志上发表了一篇备受赞誉的文章《重新思考决策工厂》，文中论述了向基于项目工作的转型。他认为，当今普遍存在的一个问题是，职业与工作的结构似乎是扁平的，而不是峰状的。他解释说，实际上，两者充满了项目的高峰和低谷：

> “至少80%甚至高达95%的工作是项目的混合体。但是，办公大楼里的一般人员不会认为‘我的生活就是项目’，而是认为他们的生活是某种常规工作，而这些项目妨碍了他们的常规工作。因此项目被推迟和管理不善。事实上，在组织中，整个决策工厂都应该被视为项目。管理者应该围绕项目来安排他们的生活。他们应该看起来更像专业服务公司。”

在整个企业界，项目经常被边缘化。多年来，我发现“项目”这个词虽然在私人部门或公共部门被广泛使用，但在很大程度上被误解了。我经常研究为什么有些公司有这么多项目，以及为什么这些公司经常无法交付项目或实现任何有形的收益。一位资深高管曾告诉我：“如果你断定某事没有完成，那就把它当成一个项目吧。”

直到21世纪初，英国的公务员队伍仍然主要由被聘为“政策思想家”

的高智商人士组成，他们很少认为自己是业务运营的一部分。但在公务系统中，项目管理及其所需的能力已经悄然显现。2000年，英国内阁办公室发表了一份开创性的报告《成功的IT：行动中的现代化政府》，报告中首次提到了高级负责官（Senior Responsible Officer，SRO）一词，以指定负责项目的高级公务员。有趣的是，这份报告的起源是一项调查，但由于政府找不到任何一个能对耗资巨大且失败的项目负责的公务员，该调查就受阻了。

在报告发表后的20多年里，英国内阁办公室通过将运营提升到与政策相同的级别，并通过招聘技术专家来执行项目，从而在提高公务系统的专业性方面取得了长足的进步。2018年，英国政府研究所的一项分析显示，除了160000多位运营交付专业人员（例如，管理监狱或运营就业中心的人员），英国政府还有一大批跨部门专家。除了12500人被归类为项目交付专家，还有10000多位数字化和数据专家、4400位法律专家、4300位商务专家和4300位分析师。这些专业人士中的很多人将至少为各种政府项目做出一些贡献。

新冠肺炎疫情后的项目

2020年1月12日，乌古尔·萨欣（Uğur Şahin）与妻子奥兹朗·图雷利（Özlem Türeci）共进早餐，并讨论发表在《柳叶刀》杂志上的一篇关于SARS-CoV-2病毒的论文。两人都是医生，也是BioNTech公司的联合创始人。BioNTech公司是一家使用mRNA技术开发癌症治疗方法的德国生物技术公司。萨欣和图雷利意识到，当前出现的疫情可能是全球疫情大流行的一部分，两人当天便决定启动“光速项目”（Lightspeed），利用BioNTech的mRNA技术在一年内开发出了针对这种新型冠状病毒的疫苗。

他们的项目与莫德纳（Moderna）等其他公司的疫苗开发计划一样，受益于世界各地政府和监管机构的空前支持。例如，曲速行动（Operation Warp Speed）提供了美国联邦政府和私人部门的资源，以加速安全有效的疫苗、治疗和诊断的测试、供应、开发及分发。通过与世界领先的制药公司辉瑞合作，不仅带来了额外的资金，而且还获得了后期临床开发、医疗事务和监管方面的专业知识。辉瑞公司的专业知识极大地促进了与主要干系人（政府、患者群体、监管机构、媒体等）的互动。

在BioNTech公司启动光速项目后不到11个月，并在对数千名患者进行了多次临床试验后，英国监管机构MHRA（药品和健康产品管理局）首次批准了BioNTech Covid-19疫苗。几天后，第一位患者被注射了首个针对新冠病毒的辉瑞-BioNTech疫苗，从而给全球政府、卫生保健工作者和其他公民带来了希望，这是终结自1918年流感大流行以来最严重的新冠肺炎疫情大流行的开端。（与此同时，中国和俄罗斯也以类似的前所未有的速度开发了疫苗。）

如果BioNTech公司没有在开发过程中采取完全不同的方法（通常，传统的开发过程需要10~15年），那么就不可能在不到一年的时间内开发出新疫苗。BioNTech公司是第一个应用混合项目管理方法的疫苗生产商，它将传统技术和敏捷技术（见第3章）结合起来，以“闪电战”的方式快速通过开发阶段和临床试验。我们不妨思考一下这个项目成功的一些关键原因。

- 该项目有一个明确而崇高的目的：尽快研制出安全有效的疫苗，帮助世界战胜疫情。
- 疫苗的收益是显而易见的，而且远高于投资。
- BioNTech公司的首席执行官担任高管发起人的角色，全心全意地致力于该项目，他将公司的大部分资源分配给了该项目。

- 相对扁平的公司结构、较短的沟通路径和生物技术的创业环境使公司在不可预测的新冠肺炎疫情期间保持敏捷性，因为该项目需要定期进行范围变更。
- 项目团队承担了经过计算的风险（使用现有的mRNA技术并将其转移到新的病症上）。
- 辉瑞公司的制造能力允许其在监管部门批准之前大规模生产疫苗。该公司承担了审批环节的风险，以确保疫苗一旦获得批准，就可以立即向客户交付。
- 几乎所有的干系人都对该项目非常关注并施加积极的影响。这种参与程度使公司可以进行广泛的协调与合作。
- 长期关系和合作伙伴关系促进了采购（例如，与玻璃制造商肖特集团合作生产保存疫苗的小玻璃瓶）。

有段时间，新冠肺炎疫情的项目遗产似乎是建造方舱医院这样的非凡壮举，这些方舱医院在几天之内便从无到有建造完成，它始于中国，很快遍布世界各地。正如辉瑞-BioNTech疫苗开发项目所证明的那样，个人和组织已经学会以新的方式团结起来并以新的方式合作，从而开发出以前无法想象的解决方案来解决未曾预料到的问题，这会产生更大的和更持久的影响。在新冠肺炎疫情期间，项目经理们向世界展示了如何能够以更快的速度提供新的创意，并改变基础设施和系统。

2012年，在TED演讲中，艾迪·奥本格（Eddie Obeng）教授创造了“午夜后的世界”这个短语来描述商业中一切都在发生变化的时刻。对于大多数组织而言，在21世纪的前10年中，变化（技术、社会和环境）的速度远超组织的学习能力，这就带来一系列问题：如何在一个充满高速变化的世界中茁壮成长？如何应对复杂的挑战？如何将各种技能传授给其领导者、同事、团队和客户？

在很多方面，新冠肺炎疫情提醒了我们所有人，午夜之后出现了一个新世界。我们长期以来寻求的新常态实际上是一种持续的颠覆状态。

毫无疑问，还会有更多变化出现，而颠覆性技术将加速这一趋势。机器人和人工智能将接管几乎所有的传统行政活动和运营工作。其中一些角色，如旅行代理、银行出纳、工厂装配工、包装调度员和呼叫中心代理，已经消失或完全被重塑。通过将机器人应用于业务流程，常规的、重复的、以数据为中心的活动都将被自动化。如今，机器人正在幕后处理大多数信用卡申请，通过对其编程它们可以轻松处理流程的各个方面，包括收集信息和文件，进行信用和背景调查，以及最终决定申请人是否值得获得信用和发放实际卡片。

组织将比以往任何时候都更加关注项目和基于项目的工作。项目是创造价值的新规范，同时，项目也帮助组织维持了业务。项目将无处不在。我们正处于项目经济中，无论你的头衔或角色是什么，也无论你是刚进入职场的新人还是资深CEO，如果你关心你的组织如何创造价值，那么项目管理就是你现在的关注点。

02

第2章 项目是什么

从产品发布到数字化转型，再到特大型项目

每个人都在使用“项目”这个词，无论学生、商业领袖，还是其他个人和政府。但在很大程度上，项目被误解了。关于什么是项目，什么不是项目，项目管理的性质是什么等问题，还存在混淆。由于项目驱动组织创造了越来越多的价值，每个人——从程序员到项目经理再到高管——都需要了解项目是什么，并就项目管理工作共享共同的语言。让我们从定义一些简单的术语开始吧。

定义

项目受时间限制，它们有一个开始和一个结束；它们需要以资本资源（金钱、基金）和人力资源（人力投入、时间）的形式进行投资；它们经常将具有不同专业知识和背景且以前从未合作过的人员聚集在一起。干系人是受项目积极或消极影响的个人、群体、组织或其他实体。项目由计划所包含的一系列活动组成，这些活动的确定和设计旨在交付最终创造价值

的输出或解决方案（产品、服务、事件等）。每个项目的若干元素都是独特的；任何一个项目都涉及以前没有做过的事情。

敏捷项目应用敏捷原则，这些原则最初源于软件开发领域。敏捷方法聚焦于使团队能够以小增量交付工作，从而更快地为客户提供价值。由于团队会不断评估项目需求、计划和结果，因此可以迅速做出变更。在第3章，我们将介绍最常见的敏捷项目管理类型。

根据项目的规模、范围或持续时间，项目可分为项目集或特大型项目。项目集可提供一种能力，即促成新行为的组织结构、流程、技能或知识。项目集由几个甚至数百个项目组成，并且持续时间较长。数字化转型和并购都是典型的项目集。

根据华威大学复杂项目管理教授纳奥米·布鲁克斯（Naomi Brookes）和利兹大学项目商业战略教授乔吉奥·洛卡特利（Giorgio Locatelli）的定义，特大型项目是“具有大量投资承诺（10亿美元或以上）、巨大的复杂性（尤其是在组织方面）以及对经济、环境和社会有长久影响的一种临时性工作（项目）”。

项目管理办公室（Project Management Office，PMO）是定义、维护及建立整个组织的项目管理能力与标准的部门。作为所有项目的集中和协调管理中心，PMO旨在为领导层提供项目状态的清晰概览，并提高各个项目的运行效率。组织可以有多个不同级别的PMO，在中央PMO的指导下支持本地项目。PMO主要分为三种类型：

- 支持型。聚焦于最佳实践、规范模板和能力建设。
- 控制型。聚焦于项目管理标准和工具是否在项目中得到应用。

- 战略型。聚焦于直接交付最具战略性的项目，也可通过教练和辅导来交付。

通常，支持型和控制型PMO被视为低附加值的部门，并且常常在几年后就被解散。我们将在第3章探讨战略实施办公室的演变。

项目组合管理是对组织中项目的集中管理。项目和项目集管理侧重于执行和交付，而项目组合管理则侧重于选择、优先级排序和管理作为投资组合的项目，这需要与管理单个项目完全不同的技术和视角。良好的项目组合管理通过使项目与组织的战略方向保持一致、充分利用有限资源以及在项目之间建立协同效应来增加商业价值。组织可以拥有多个项目组合，通常包括一个涉及公司整体战略项目的中央项目组合，以及多个业务单元级别的项目组合。项目组合管理通常不属于某个特定部门；一些组织将其贯穿全部层级，而另一些组织则将其分配给IT或财务部门。最近，项目组合管理已被添加到PMO的职责中，使PMO的定位更具战略性。在第10章，我们将详细研究这个关键职能。

还有两个重要的定义是项目经理和项目领导者，这两个术语经常被混淆。项目中的头衔经常被滥用，项目经理通常更喜欢称自己为项目领导者，甚至是项目总监，以“赋予”自己更高的地位，但其角色的职权范围其实并无变化。项目经理是一个角色，其职责集中在项目的管理要素上，如项目计划的定义。然而，项目领导者不是头衔，它代表的是一套软技能和一种特殊的心态。事实上，要想成功交付项目，就需要将管理和领导能力综合起来。总之，当项目经理和高管发起人展示出领导的能力、胜任力和思维方式时，他们就会成为项目领导者。第9章描述了成功的项目领导力所具有的最重要的特征。

运营与项目的对比

项目在以下方面不同于日常运营：

- 运营反映了组织的日常活动，这些活动通常每年都遵循类似的模式和目标（有一些边际改进）。项目是为实现特定目标而设计的一次性投资。
- 运营是重复性的，很容易实现自动化。运营根据年度预算运作，并配备专门的团队成员。项目在时间和预算方面受到限制，并只配备临时团队成员。项目经理和运营经理都需要专业技能，尤其是在人员管理、交际和谈判方面。但是，项目经理需要在整个组织范围内工作，将来自通常不向其汇报的人员的不同观点汇集到一起。项目经理必须善于管理不确定性，因为大型战略项目在一定程度上是不可预测的。
- 在项目完成后，最终的可交付物或输出通常被转移到业务的运营方，项目的预期收益必须成功实现并得到维持。

最后，我将在本书中广泛使用“项目”一词，这将涵盖迄今为止描述的所有不同类型的变革举措——解决重大问题、产生全新或独特事物的举措。我发现，当项目管理专家开始讨论每个术语之间错综复杂的差异时，其他人的目光都呆滞了。正如我在引言中解释的那样，必须在高管与项目专业人士之间的鸿沟上架起一座桥梁。当然，这座桥需要一部共享的词典，并且是一部简单清晰的词典。

项目的分类

项目不是孤立运行的。组织需要对其潜在的新创意或有投资机会的项目管道以及它们可能为业务带来的价值有一个很好的了解。对于已提出的众多创意，管理层将决定对哪些进行投资，但也需要保留一些未执行的创意。监督和管理这些创意可以帮助管理层对市场变化做出快速反应。

项目和变革举措的范围很广，不同类型的项目需要不同的方法。项目应根据两个主要标准进行分析和分类。

- 复杂性由以下因素决定：
  - 规模。项目的规模有多大，预算有多少，需要多少资源？
  - 范围。项目有多少功能特性，包括哪些区域和地点？
  - 干系人。有多少干系人（内部和外部）受到影响？
  - 一致性。关键干系人和他们中的大多数人是否同意项目的相关性？
- 不确定性由以下特征决定：
  - 新颖性。以前做过类似的项目吗？
  - 经验。我们有相关的知识吗？
  - 清晰度。我们对功能特性都确定吗？它们会变化吗？
  - 预算。我们是否有足够的预算和资源？

使用这些标准，我们就可以对项目进行分类。这种类型（或分类）可以很自然地与克莱顿·克里斯坦森提出的三种创新类型联系在一起。

- 效率型项目。这类项目使组织保持高效运行。效率型项目包括持续改进、过程工程、IT升级以及合规与法规等强制性项目。这些项目要实现的目标几乎没有不确定性。当项目在很大程度上对组织产生影响时，其复杂性通常为低或中等，这类效率型项目的成功率应接近100%。任何由更高的成本、更多的官僚主义或更低的质量等因素导致的成功率降低都会损害组织绩效。

- 维持型项目。这类项目使组织成长并扩大。维持型项目涉及对核心业务以外的领域进行投资，如新产品、新服务、收购、新软件以及新的分销和销售渠道。从项目的成果来看，其不确定性为中等到高，在项目开始时，组织不一定知道如何达到预期成果。在启动项目前，项目领导者应该花大量时间来处理商业论证，确定需求并建立共同的期望。维持型项目的成功率应在75%左右。过度依赖现有产品或服务组合、利润率下降、市场份额流失或人才流失等困难将降低组织的中期生存能力。对于维持型项目来说，100%的成功率意味着一个组织没有承担足够的风险。

- 变革型项目。这类项目代表了构建未来组织的根本性创新。变革型项目包括开发新技术，采用新的商业模式或颠覆整个行业。变革型项目是风险最大，最具挑战性和最具创新性的项目。为了组织的蓬勃发展，这类项目需要复杂的协作条件、高度的创造力，以及风险分担。组织必须采用快速试错和快速学习这样的变革型项目文化。变革型项目的成功率应在30%左右，更高的成功率意味着一个组织没有承担足够的风险。

图2-1显示了在查看项目组合时可以应用的项目类型。

通常，项目越复杂，越具有不确定性，一旦项目运行，可能产生的成本和风险也就越大。你应该确保项目的潜在价值和影响与其在图中的位置相匹配，而且项目组合能够与组织的资源、能力和产能相协调。这样做将帮助你在任何时候进行最具可持续性以及最现实的项目组合管理。

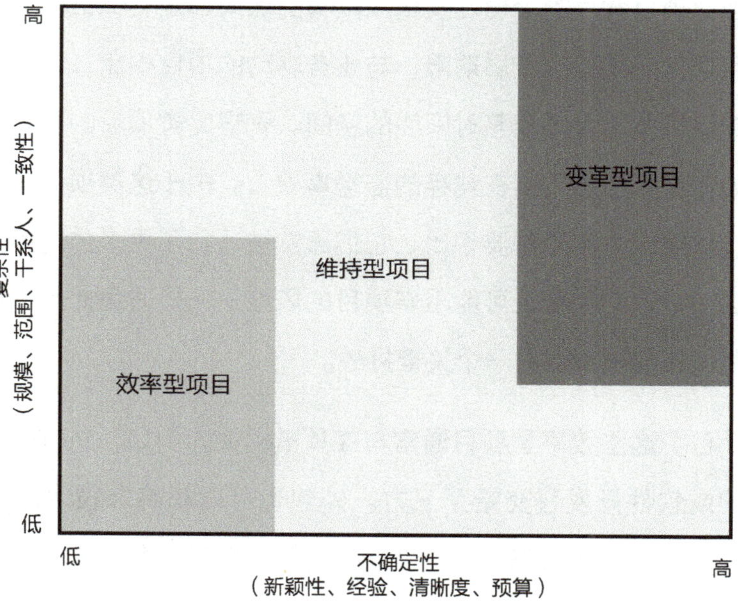

图2-1　项目类型

常见项目的示例

以下是一些常见项目的概览，从最简单到最复杂。

- 品牌重塑。这些效率型项目可能涉及对组织名称、形象、徽标、营销策略及广告主题的彻底改变。品牌重塑的目的是向客户、外部干系人和员工传达新的首要信息。品牌重塑的好处并不总是触手可及的，因此这类项目需要资深高管的大力支持才能成功实施。建议采用敏捷和迭代的方法：构建一个快速的概念验证，并对其进行测试以获得对该创意的早期反馈。

- 监管与合规。所有组织在运行强制性项目时都必须遵守相关法律、政策和法规。通常，这些效率型项目在组织中具有很高的优先级，因此项目背后的合理性及资深高管的认同都是有保证的。监管类项目通常有固定的最后期限，与业务驱动的项目相比，这类项目没有给组织留出太多调整时间线的空间。管理此类项目的主要挑战是，如何将其范围限制在纯粹的监管事项上。由于这类项目具有较高的优先级，与实际需要相比，它们通常被添加了更多的功能。风险管理——识别和减轻可能阻碍项目的风险——是避免此类项目失败或付出昂贵代价的另一个关键挑战。

- 外包。这些效率型项目通常与IT举措相关，例如，将IT基础架构维护或软件开发移交给第三方。外包也可以指将非技术服务外包出去，如电话客服部门以及设计、营销或会计服务。如果要选择合适的外包合作伙伴，采购人员必须参与项目。项目经理需要确保财务和相关高层领导者对选定的合作伙伴进行了尽职调查，并且商业论证不受乐观偏见驱动。干系人管理是一个关键因素，因为在通常情况下，被外包的人员可能抵制并试图破坏项目。

- 内部重组。重组项目有多种类型，包括部门的合并，以及业务单元和职能的去中心化或中心化。重组通常发生在公司改变战略时（尤其在新CEO上任时）。重组项目的合理性必须清晰，并得到广泛的沟通。干系人管理也很重要，即使该项目会对一些员工产生负面影响，但当人们知道做出改变的原因时，他们的抗拒就会减少。项目经理应专注于使项目按计划进行。当重组的实施时间比预期的更长时，员工就会变得缺乏安全感，并减少承诺。

- 组织能力建设。借助这类效率型项目，组织可以获得、改进并保留其胜任工作所需的技能、知识、工具、设备和其他资源。这类项目使组织能够实现更大的产能。从项目管理的角度来看，主要挑战有：该类项目的收益大多是无形的，需要时间才能实现。项目经理和领导者需要花费足够的时间来明确定义这类项目的目标和预期收益，并使其尽可能可测量。尽管此类项目缺乏立竿见影的结果，但高管发起人的角色对于支持项目经理和保持人们对项目的信心至关重要。

- 缩小规模。在经济不稳定时，许多企业将削减成本（尤其是缩小规模）视为确保保底增长和实现效率的快速方法（尽管研究表明缩小规模并不能保证绩效回报）。从干系人的角度来看，缩小规模这类效率型项目通常难以管理，解雇员工会导致不信任、承诺锐减及士气低落。作为项目经理，你应该预料到会有强大的阻力，尤其是来自工会的阻力。与其他受到关键干系人强烈抵制的项目一样，最好的方法之一是让他们参与项目，例如，让他们在指导委员会中有一个席位和发言权。高管发起人应以公平、透明的方式领导此项谈判。

- 系统实施与流程自动化。这类效率型项目包括企业资源规划（Enterprise Resource Planning，ERP）和其他软件、销售能力自动化、客户关系管理、人力资源管理、服务台功能及销售报价。尽管新技术会影响组织的性质，但系统实施主要为了改进现有流程或将现有流程自动化。通常，这类项目因预算超支导致延迟交付而“臭名昭著”。为避免这些问题，请考虑使用混合方法，通过混合传统项目管理技术来尽可能准确地确定并评估项目范围，同时使用敏捷方法，如冲刺（见第3章），用于软件的配置和实施。由于此类项目需要外部咨询和技术公司的参与，并且软件开发项目一旦开始就很难停止，你应该让采购部门参与，以确保合同、工作范围、可交付物和终止日期有明确的定义。这类项目通常会受到干系人的抵制，尤其是用户，他们通常不喜欢改变自己的工作方式。

- 国际扩张。由于文化、法规和其他未知因素的差异，进入一个新市场的项目是一个持续的项目，也是一个复杂的项目。从项目管理的角度来看，项目的初始阶段对其成功至关重要。在推进项目实施前，必须彻底完成尽职调查、市场研究和商业论证。选定的项目经理应了解当地的风土人情。由于物理距离和当地的具体情况及规定，团队和合作伙伴的选择也是十分关键的。在未知情况出现前，识别风险、主动减轻风险是两个重要的附加要素。最后，当有迹象表明项目没有按预期实现目标时，或者当不可预见的挑战变得过多时，资深高管人员应该在浪费太多资源前做好取消项目的准备。

- 并购。并购是最具战略意义的维持型项目之一，也是产生可观利润的快速方式（通过削减成本与增加收入）。然而，并购也会带来重大的风险。超过一半的并购最终失败，或者没有带来预期的收益。这类项目往往会在宣布并购初期引起高层领导者的高度关注，但整合一旦开始，他们的注意力就会分散——开始关注下一个大项目。项目经理需要通过安排指导委员会进行定期且频繁的进度审查来让高管发起人参与整个项目。速度是成功整合的另一个关键因素。用10天建立新的领导层，用100天制订详细的整合计划，该规则众所周知。

- 新产品开发。这类是增长或保持市场份额，以及应对竞争、不断变化的市场条件所必需的变革型项目。新产品开发有两条平行路径：一条涉及创意产生、产品设计及详细的工序；另一条涉及市场研究与营销分析。第一条路径构成了一个真正的项目。而市场研究与营销分析通常是经营业务活动的一部分。尽管大多数创新项目都失败了，公司还是应将很大一部分资源用于推出新产品。当创意包含太多未知问题时，不要马上实施大型项目，而要使用原型和小型敏捷团队来测试概念。只有当大部分未知问题都解决了，并且具备某些知识时，才是引入正式项目的时机。

- 新技术。数字化转型和采用人工智能系统等转型项目需要从根本上改变运营方式及为客户提供价值的方式。这类项目会对大量的流程、互动、交易、内部和外部因素、行业、干系人等产生影响。高层领导者必须明确定义并认可此类项目的合理性、目的和收益，而不是仅仅因为其他组织都在进行数字化转型。项目经理通常应采用混合方法，将传统项目管理方法与敏捷方法相结合。从变革管理的角度来看，数字化转型项目不应仅仅被视为一种新技术的引入。相反，组织应将数字化转型视为一种文化变革，并要求人们挑战现状，进行试验并接受失败。

- 业务转型。这类变革型项目涉及从一种战略、商业模式或文化转变到另一种战略、商业模式或文化。高层领导者面临的主要挑战是，如何把握离开旧业务（通常已很成功）进入新业务的正确时机。研究表明，这类项目的失败率约为70%，通常，这种失败会导致公司的倒闭。与新技术项目一样，业务转型项目也需要高层领导者来定义并认可其合理性和目的。在没有明确愿景的情况下，就开始业务转型是失败的症结所在。项目经理要确保领导团队能自始至终地参与项目，尤其确保领导者是变革的第一个采纳者，还要确保新的业务实践和模型能被组织的其他成员所采用。良好的转型能使公司生命得以延续，在整体上更加成功。

现在，我们对什么是项目，什么不是项目，运营与项目之间的区别，以及谈论它们的共同语言有了共同的理解。本章探讨了项目框架下存在的广泛举措。接下来，我们将开始研究项目管理。我们将了解项目管理的起源、基本特征，以及各种项目如何要求组织在各类项目管理实践中增加灵活性。

成功项目的十二条原则

1. 在启动之前，项目需要一个明确的理由、商业论证以及与更高目标的联系。

2. 积极的、持续且全心投入的高管发起人对项目的成功至关重要。

3. 项目会改变现状。应在早期阶段预测并化解阻力。

4. 有效的项目经理必须是真正的领导者，他们必须了解项目的技术方面，同时还能领导并赋能团队成员以使其达到最佳绩效。

5. 人员比流程更重要，项目总是需要受到激励的人员来执行。

6. 项目失败并不总是坏事。通常，失败为学习、成长，以及重新关注其他更相关的项目提供了机会。

7. 不确定性是项目固有的属性，项目管理也意味着风险管理。

8. 最初的项目计划和需求很可能发生变化，敏捷是必不可少的。

9. 项目驱动的组织可跨“孤岛”工作，与传统的层级组织相比，其灵活性更大，并对竞争及不断变化的市场条件有更快的响应速度。

10. 组织需要对项目进行优先级排序，以提高项目执行的成功率。

11. 项目绩效指标应侧重于成果（收益、价值创造、影响、机会和风险）而不是输入（成本、时间、材料和范围）。

12. 项目不可能永远持续下去，有时，即使仍有任务没有完全结束，项目也必须关闭。

03

第3章 如今的项目管理是什么

为什么需要重塑项目管理

项目管理既是艺术又是科学。在二战前，项目管理是临时性的，主要使用非正式的技术和工具。如今使用的“项目管理”这一术语出现在二战后史无前例的大量重建项目中。各国政府开始要求公司更准确地制订计划并估算成本。美国海军和一些咨询公司（如博思艾伦）是发展现代项目管理的第一批贡献者。到20世纪下半叶，项目管理开始被视为不同于工程或建筑的专业学科。

与项目定义的情况一样，大多数项目管理的定义对于不参与项目管理的专业人士来说都是烦琐且难以理解的。出于该原因，我将使用一个更简单的项目管理定义，一个对所有干系人都清晰且有意义的定义。项目管理是帮助人们成功定义、规划并实施项目，以实现预定收益的能力、技术和工具的集合。

项目管理不是免费的，它总是有成本的。项目管理为很多活动的实施增加了一个层级的开支和监督，它需要组织提供资源和时间（以额外的文档、模板、会议及决策的形式）。研究表明，项目各个阶段的总管理成本通常占项目总成本的7%~11%。如果增加额外的项目控制，如外部审计，项目管理的成本占比会增加到9%~15%。在小型项目中，项目经理通常最终会完成部分或大部分项目工作。管理项目与完成活动之间的界限很模糊，难以确定管理成本，但通常允许采用务实和经济的交付方法。项目的规模越大，风险越高（随着项目的复杂性而增加），项目管理的成本也就越高。

项目管理的再创新

随着时间的推移，需要区分项目管理是什么以及项目管理需要什么。组织正在迅速演变，尽管对于大多数群体来说项目的数量是呈指数级增长的，但不知何故，项目管理的方式仍停留在过去。本书的目标之一是，通过重新定义和扩展项目管理的范围，将两种项目管理的观点重新结合在一起。首先，让我们看一下项目管理失败的两个领域。

问题1：过度关注文档、流程和输入

早年，项目管理侧重于输入——规划、估算、成本、时间、范围和风险管理，几十年来，项目管理最重要的进步都出现在这些领域。而输出——目标、合理性、价值、收益、影响和战略，并不属于早期定义的一部分。这种向内看的趋势是项目管理学科在过去三十年偏离主流管理的一个重要原因，毕竟领导力和战略主题决定了CEO的议程。

例如，大多数传统的项目管理理论都是从展示项目的生命周期开始的，并指出每个项目都应该分为不同阶段（基本上是一个顺序模型）。你需要完成一个阶段（如定义）才能进入下一个阶段（如规划），并且一旦你完成了一个阶段，你就不能再回到上一个阶段。然而，在现实生活中的

大多数情况下，这些阶段并不能代表项目前进的方式。每个项目都不一样。在面对新事物时，项目总会存在不确定性，项目所具有的未知因素、外部因素及人为因素都会对其产生影响。很多项目在某些领域需要较小的迭代，因此多个阶段应并行运行，以适应不断变化的现实。

在传统方法中，人们倾向于将项目范围限制在项目可交付物内，并假设当项目产生（在预算、时间和需求范围内）可交付物时，就能够实现收益、价值和影响。从这个角度来看，在使用传统方法时，人们很少关注项目的可交付物会如何转化为影响。

问题2：刚性的和一刀切的方法论

最初的项目管理理论家和专家受运营管理的效率和标准化方法的影响，其方法论旨在实现绩效的可预测性和一致性。理论家相信，他们可以在各种项目中复制和应用他们的理念。他们认为，标准的项目管理方法可以通过扩展来确保项目的成功，如果将其理念应用于组织中的所有项目，则能保证所有项目的成功。

这种思维导致大多数组织与政府采用标准化的管理方法论，并将其一致地应用于所有项目，无论项目的类型、规模、范围或其他标准如何。在大多数情况下，标准化的项目管理方法论基于传统的项目管理方法，也称为瀑布型或预测型方法。在过去的十年中，敏捷方法（也称为适应型方法，如Scrum和看板）的兴起为实施重要的变革举措和项目提供了一种新方法，其约束比传统项目管理方法更少。敏捷方法起源于科技界：IT开发人员寻求更多的灵活性和自由度来适应项目的范围，不需要项目经理进行严格的变更控制。

遗憾的是，敏捷方法的出现有时会导致项目社区中的部落主义。很多人认为敏捷方法是传统项目管理方法的对立面：敏捷方法既“酷”又新鲜，而传统项目管理方法陈旧过时。组织视两者相互对立，认为必须采取其中的一种。在很多情况下，组织彻底取消了对传统项目管理方法的任何借鉴，包括项目经理的角色，同时在整个组织中彻底实施敏捷方法。

现代项目管理：聚焦收益，方法丰富

事实上，认为敏捷方法与传统项目管理方法之间存在巨大分歧的观点是完全错误的，这导致很多项目或变革举措以失败告终。相反，项目的成功依赖于将正确的方法应用于正确的项目类型。一些项目需要预测型方法，一些项目需要适应型方法，还有一些项目需要混合方法（不同技术的组合）。另外，一些变革举措应该作为持续改进来管理，而不是作为项目来管理。

图3-1所示的实施矩阵展示了第2章讨论的三种类型的项目（效率型、维持型、变革型），以及取决于复杂性（由规模、范围、干系人、一致性来决定）和工作的不确定性（由新颖性、经验、清晰度、预算来决定）的七种项目管理方法。让我们深入研究这七种方法。

持续改进

大多数效率型项目（如过程改进）在实施矩阵中位于低复杂性和低不确定性区域，不应采用标准项目管理方法。尽管过程改进工作符合被视作项目的标准，但应用项目管理技术和监控所需的资源通常比它们带来的收益更多。持续改进使组织能够显著减少其项目组合中的项目数量。

以下持续改进的方法可用于代替项目管理方法：

- 戴明环（PDCA循环——计划、执行、检查、行动）。有助于使用简单且结构化的方法对整个组织的业务流程、效率或生产率进行改进。

● 现场巡视（Gemba Walk）。在员工工作的场所非正式地与他们进行互动——每天都能解决问题。

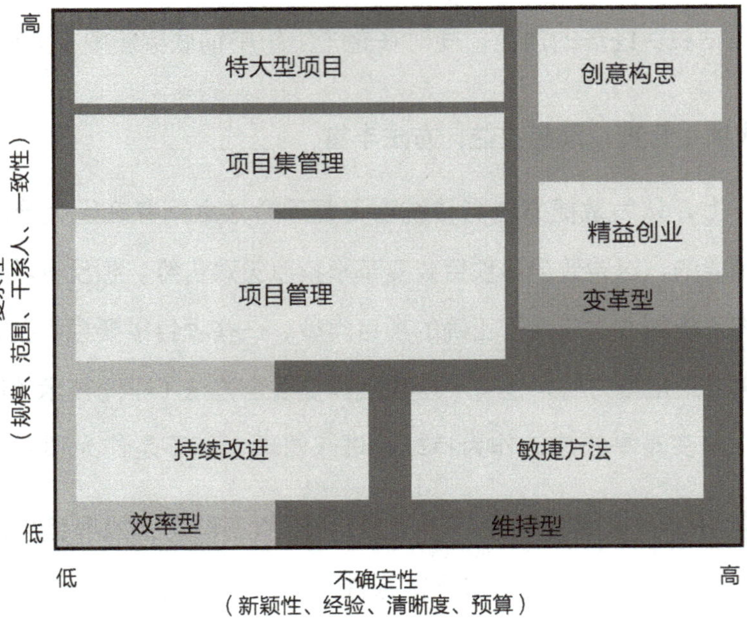

图3-1 实施矩阵

项目管理方法（瀑布型或预测型）

传统的项目管理方法（也被称为瀑布型或预测型方法）应该应用于中等复杂性和不确定性的项目，如重组、合并整合及能力建设举措。这些类型的项目需要一种预测型方法，即在实施之前明确定义需求和详细计划，然后密切跟踪步骤，并进行进度监控。

可以使用以下方法：

● PMBOK（项目管理知识体系）。PMI出版的《PMBOK®指南》总结了该体系，这是一套项目管理的标准术语和指南。《PMBOK®

指南》指出，每个项目都包含五大过程组和十大知识领域。它还包括被视为行业标准的最佳实践、惯例和技术。PMI会定期更新《PMBOK®指南》，以确保它与最新的项目管理实践相呼应。

- PRINCE2（受控环境中的项目管理）。起源于英国，由于该方法所具有的灵活性，PRINCE2已被视为项目管理的最佳实践。在使用PRINCE2时，输出被明确加以定义，并且每个项目都要有业务验证。这种项目管理方法的特点还在于为每个团队成员定义明确的角色，以及在成本估算范围内按时交付产品。

项目集管理方法（混合型）

项目集管理是管理多个相关项目的过程，通常旨在提供战略能力以提高组织的绩效。项目集管理强调跨项目资源的协调和优先级排序，管理项目之间的联系，以及项目集的总体成本和风险。项目集管理适用于高复杂性和中至低等不确定性的项目。此类项目的示例包括工业工程、并购、变革管理和业务转型。

项目集管理主要使用预测型方法，但如果项目集的某些部分具有很高的不确定性，一些适应型方法可能也是合适的。

以下参考资料会有所帮助：

- 《项目集管理标准》（第4版）。由PMI推出，提供了清晰、完整、相关的信息，通常被认为是大多数项目集的良好实践。它以原则为基础，使其成为众多组织的强大工具。

- 《管理成功的项目群》（*Managing Successful Programmes*）。它提供了一个框架，可以将大型、复杂的变革分解为可管理的、相互关联的项目。《管理成功的项目群》非常灵活，旨在适应不同的需求和环境。该方法已被公共及私人部门所采用。

特大型项目方法（混合型）

特大型项目是临时性的工作，其特点是投资的承诺大（通常为10亿美元或更多）、公共部门的大力参与、巨大的复杂性，以及对经济、环境和社会的长期影响。特大型项目往往要与多个组织建立合作伙伴关系，并由其中的一个或几个组织作为牵头方。特大型项目是具有中等不确定性的超复杂项目。这类项目的例子包括建设高铁线路、巨型水坝，建立国家卫生或养老金IT系统，制造新的宽体飞机，或者举办奥运会等。

特大型项目主要使用预测型方法，但对于项目中的具有高度不确定性的领域，适应型方法可能也是合适的。

以下参考资料会很有帮助：

- 《牛津项目管理手册》。为新兴的特大型项目管理领域提供最先进的学术研究，帮助读者培养管理项目（这类规模的项目可以改变公司、城市甚至国家）的能力。该书涵盖了一些独特领域，包括系统思考、商业领导力、研究方法和绩效管理。
- 《工业特大型项目：概念、战略与成功实践》。对组织在开展特大型项目时如何防止危险的、代价高昂的错误，提供了清晰的、非技术性的理解。

敏捷方法（适应型或迭代型）

当事先不知道范围、需求或规格时，当在整个项目生命周期中都可能发生变更时，或者当成果有很大的不确定性时，应采用敏捷方法。软件和产品开发是两个不可或缺的采用敏捷方法的领域。

以下是使用最广泛的方法（图3-2比较了专业人士对敏捷方法和传统方法的使用情况）。

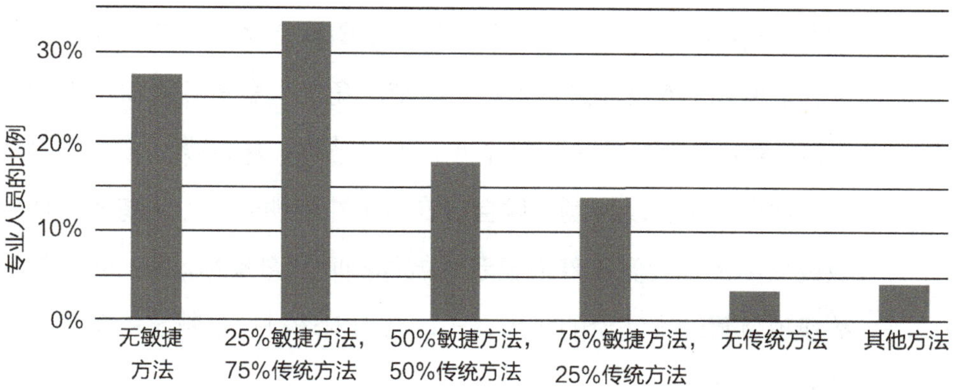

资料来源：《HBR项目管理手册》项目专家调查，2020年7月，N=728人

图3-2 敏捷方法和传统方法的使用率

- 敏捷项目管理。敏捷项目管理基于增量和迭代方法。敏捷方法不是在项目开始时就进行深入规划，而是对随时间变化的需求持开放态度，并鼓励最终用户不断提供反馈。跨职能团队在一段时间内处理产品的迭代，这项工作被组织成一个根据业务或客户价值确定优先级的待办事项列表。每次迭代的目标是生产一个可工作的产品。敏捷项目管理使用6个主要可交付物来跟踪进展和创建产品：产品愿景声明、产品路线图、产品待办事项列表、发布计划、冲刺待办事项列表（见下一段）和增量。敏捷项目管理强调协作、灵活性、持续改进和高质量的结果。

- Scrum。由杰夫·萨瑟兰（Jeff Sutherland）于1993年创建。Scrum一词

取自竹内弘高（Hirotaka Takeuchi）和野中郁次郎（Ikujiro Nonaka）在一项研究中的类比。在该研究中，他们将高绩效、跨职能的团队与橄榄球队使用的Scrum阵型进行了比较。Scrum是敏捷方法的一个子集，也是实现敏捷方法最流行的过程框架之一，还是一种用于管理复杂软件和产品开发的迭代开发模型。固定时间长度的迭代被称为冲刺（Sprint），它持续一至两周，使团队能够以固定的速度开发软件。Scrum遵循一组永远不会改变的角色、职责和会议。例如，Scrum需要四个事件来为每个冲刺提供结构：冲刺规划会、每日站会、冲刺评审会及冲刺回顾会。在每个冲刺期间，团队将使用任务板或燃尽图等视觉工件来显示进展并接收增量反馈。Scrum与其他敏捷项目管理方法论的区别在于，它如何通过使用特定的角色、事件和工件来操作。

- 看板。看板的灵感来自丰田生产系统和精益制造。“看板”一词在日语中是“视觉符号”或“卡片”的意思。看板是一种非常直观的方法，旨在通过绘制工作流程的图片来交付高质量的结果，从而在开发过程的早期识别瓶颈。“看板图”是一种实施看板方法的工具，它由不同的“泳道”或列组成。最简单的看板图有3列：待办中、进行中和已完成。看板卡片（如便利贴）代表工作，每张卡片都被放置在代表其工作状态的“泳道”中。这些卡片可帮助人们直观地沟通工作状态。鉴于其灵活性，看板在其他行业中也获得了关注。对于任何在开发过程中需要不断改进的项目，看板是少数可以应用的项目管理方法之一。

精益创业（适应型或迭代型）

当组织打算开办新企业或开发突破式的新产品时，传统的项目管理方法是不适用的。这类项目具有非常高的不确定性，需要进行大量的测试、试验和原型设计。对于这类项目，由于人们很少能第一次就成功（或做对），领导者应该应用快速试错与快速学习的理念。

可以使用以下方法：

- 精益创业。精益创业使用客户的期望，而不是规定组织将为客户提供什么。精益创业旨在缩短产品开发周期，并迅速评估所提议的商业模式的可行性。精益创业由试验、迭代产品发布（为降低风险）和有效的学习驱动。

创意构思

将项目管理技术应用于具有高度不确定性和中到高等复杂性的项目（或者应用于创意）是失败的另一个因素。不能将创新单纯作为一个项目来管理，创新需要其他方法来促进快速试验和原型设计。很多项目之所以失败，是因为它们在启动时还不够成熟——无法被当作项目一样来对待。第10章将介绍启动项目的正确时间。

可以使用以下方法：

- 设计思维。设计思维一直被认为是创新的“圣杯”，以及停滞不前的补救办法。设计思维奉行以人为本的方法，为初创企业（以及组织中的创业部门）提供技术，以了解核心业务问题，并获得正确的解决方案。

如今，许多组织已经打破管理所有项目“一刀切”的方法。但正如我们在项目管理现状调查的结果中所看到的那样，太多的公司在项目管理方法的选择上仍然僵化。这种僵化就好似，有人试图用一把锤子解决所有的家庭问题。缺乏灵活性是重大风险、挫折、延误和失败的根源。

进一步推动再发明

一些组织已经迈出改变项目管理的步伐。这些组织改进了实践，开始关注输出和收益，而不是输入和进度规划。还有一些组织正在灵活地根据项目需求进行项目管理，而不是在项目组合中严格应用统一的规定性方法或敏捷方法。也许，你的组织就是其中之一。

尽管如此，在组织和政府发起的项目（项目的规模和复杂性也在不断增加）数量不断增加与大部分项目管理依旧糟糕的绩效之间，似乎存在着一种无法解决的“矛盾”。毫无疑问，我们还有很多工作要做。

自21世纪初以来，我们见证了项目管理概念、课程、认证和方法论的爆炸式增长。三大认证组织——项目管理协会（PMI）、国际项目管理协会（IPMA）及英国项目管理协会（APM）——不断壮大。获得认证的专业人士的数量已达到相当可观的水平。截至2020年，获得认证的专业人士的数量为：

- PMI认证的专业人士超过100万。
- IPMA认证的专业人士超过30万。
- APM认证的专业人士超过100万。

然而，这些方法和理论大多建立在理性假设的基础之上，没有考虑项目的复杂性、不可预测性和人性。值得注意的是，直到2012年，《PMBOK®指南》（第5版）才将干系人管理纳入其中。当谈到如何获得多个干系人的认同和承诺时，迄今为止，项目管理理论所提供的解决方案依然很少。

尽管项目管理无处不在，但统计数据并不令人振奋。项目提供的回报差别很大。当我们邀请项目专业人士和高管分享其项目的成功率时，有超过30%的受访者表示，他们的项目有50%左右是不成功的（见图3-3）。有5%的受访者表示他们不知道自己的项目为组织带来的投资回报。这些反馈无疑是令人沮丧的。

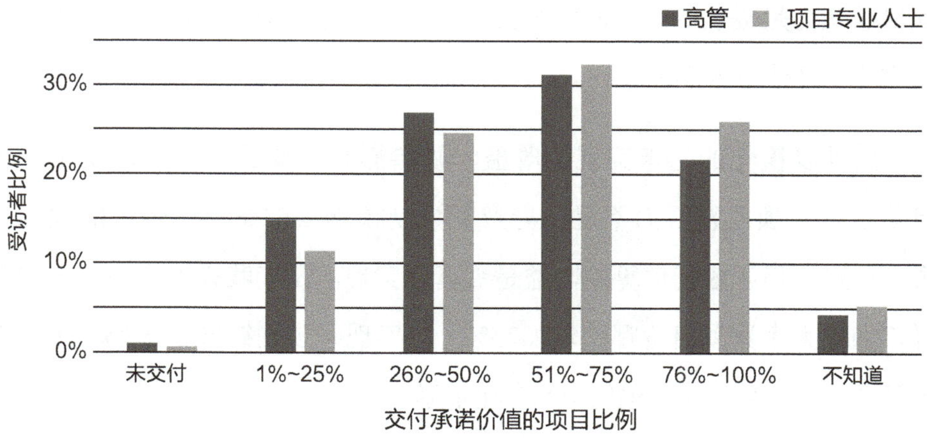

资料来源：《HBR项目管理手册》项目专家调查，2020年7月，*N*=728人；《HBR项目管理手册》高管调查，2020年7月，*N*=566人

图3-3　项目成功率

早在2003年，纳迪姆·F. 马塔（Nadim F. Matta）和罗恩·阿什肯纳斯（Ron Ashkenas）在《哈佛商业评论》的一篇文章中解释了这个问题。

> 经理们使用项目计划、时间线和预算来降低我们所说的“执行风险”（设计好的活动无法被正确执行的风险），但他们不可避免

地忽略了另外两个关键风险：一些人认为的“空白风险”，即无法提前确定所需的活动，从而在项目计划中留下空白；不同的活动最终无法融合在一起的“整合风险”。因此，项目团队可以在预算范围内按时且完美地执行任务，但整个项目仍可能无法交付预期结果。

这个例子尤其令人沮丧，因为它表明很多看似管理良好的优秀项目仍然未能取得成功。

项目旨在交付收益，这才是重点。要知道，每年约有48万亿美元投资于项目。然而，根据斯坦迪什集团（Standish Group）的报告，只有35%的项目被认为是成功的。有65%的项目导致了资源、预算的浪费，并未能实现收益。这很令人震惊。

更难以量化的是未实现的收益、社会影响方面的损失，以及由于项目质量差、项目领导力不足而导致的大规模延误或失败所带来的收入损失——更不用说最初估算的收益是否真正实现。正如我在引言中指出的那样，如果大多数项目（哪怕增加25%）都实现了预期结果，这都将极大地改善企业、社会及个人的财务和其他收益。

需要改变什么

那么，我们应如何扭转这些统计数据，哪些原则可以为成功奠定基础？要打破传统项目管理的过时方式并从现代方法中受益，可在7个关键领域进行改进。

1. 转向项目领导力

我们不但需要项目经理和项目发起人，而且这两个角色都必须成为项目领导者：对他们来说，项目管理技能和行为是根深蒂固的，他们执着于最终目标，就像他们执着于实现目标的手段一样。自20世纪90年代以来，焦点已经从项目和项目管理的硬性技术元素（如进度、范围、财务和风险）稳步转向较为软性的元素（如人员、行为、文化、沟通和变更管理）。简而言之，高管需要像项目经理一样思考，项目经理也需要像高管一样思考。研究证明，很少有人接受过有关成功定义和管理项目所需的工具和技术方面的教育。顶尖的商学院不会将项目管理作为其MBA课程的核心课程来教授。为了提高项目的成功率，我们需要将项目管理作为战略家和领导者的基本技能来教授。战略和项目交付是相互依赖的，必须成为高管发展的一部分。

要成为项目领导者，项目经理必须学会适应不确定性。项目经理必须学会：如何识别关键信息；何时做出决策；如何做出明智的决策（确定方法，缓慢前进，"摸着石头过河"，调整方向，对有用的工作做出反应，调整活动，关闭无用的工作）。第9章将深入探讨项目领导力。

2. 项目的权力

我们需要重新调整所有的组织，将权力、资源和预算从简单的运营业务转向变革业务，这是项目的职权范围。当然，这是一个不小的转变，它意味着以牺牲传统的部门层级结构为代价，为项目和项目团队提供更多的资源、预算和决策权。在大多数传统组织中，孤岛和孤岛思维仍然存在，当组织挑战现状时，在整个组织及各个层级中都会频繁出现重大的阻力。首席运营官的任务是，使组织高效运作、平稳工作，尽可能少地出现中断或错误。不过这个角色正在失去相关性。一个新的角色——首席项目官或首席转型官——将很快出现。该角色将负责协调并成功实施组织中所有的项目和项目相关的工作。2014年，荷兰国际集团（ING）的罗尔·卢沃夫（Roel Louwoff）被任命为首席运营官，两年后，他被任命为首席转型官，负责管理整个银行的转型。

3. 简化项目管理方法

项目管理方法必须变得更有整体性，以便它们能够顺应更多类型的变化。成功的管理学科通常与一些简单的框架相关联，这些框架不仅直观、易于理解，而且能够被高管及大多数员工轻松应用。例如，E. 杰罗姆·麦卡锡（E. Jerome McCarthy）于1960年提出的市场营销中的7P（最初为4P）就是一个简单的框架，每个人都可以使用它来确定产品或品牌的市场供应。

相比之下，项目管理方法往往过于复杂，以至于非专业人士难以理解或应用。在20世纪70年代和80年代，项目管理方法主要是由专家从业者（最初主要是工程师）为从业者（主要也是工程师）开发的。这些方法的关键假设是，在项目实施期间，详细记录项目的每个方面将提供对计划活动的高度控制。很多项目经理最终产出了大量的文件和文书工作，导致总体上有这样的感觉：这个角色主要处理的是行政管理工作。在这种情况下，毫不奇怪，我们看到了敏捷方法的兴起——这是由《敏捷宣言》[1]引发的。“敏捷运动”使大多数初创公司及很多大型组织从根本上用敏捷实践取代了传统的项目管理方法。我在本书中介绍的项目管理方法代表着向简化和更广泛地应用项目管理方法迈出的一步。项目画布为所有人（无论是否为专业人士）提供了一个简单的框架来学习项目的基础知识，这些内容将在本书的第2部分深入探讨。

1　2001年2月，《敏捷宣言》由17位思想独立的软件从业者撰写。

4. 重塑项目生命周期

项目方法、工具、学科及能力都聚焦在所谓的项目生命周期上（见图3-4）。项目由若干阶段组成，在传统项目管理中，使用最广泛的阶段顺序如下：启动、规划、实施（监督、报告、测试）和收尾（移交）。

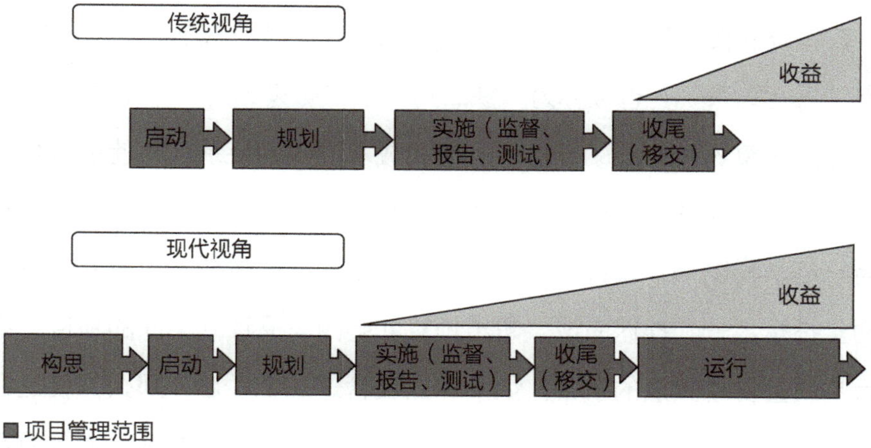

图3-4　重塑项目生命周期

通常，在项目启动（创意构思）之前或项目完成（运行）之后发生的事情不是项目经理或项目的责任。在很多情况下，组织会在选择创意并验证商业论证后，再为项目分配项目经理。项目经理负责项目可交付物的范围界定、规划和实施，很少关注项目的实际收益。尽管将项目和项目管理的职责范围限制在项目生命周期内有很多好处，但有限的范围也削弱了项目领导者的潜在影响。例如，知道何时开始一个项目是项目成功的关键因素，但极少有公司能培养出具有这种能力的战略人才，而且目前也没有管理框架来帮助高管或个人做出这一重要决策。这只是被现有方法限制的众多关键领域之一。

为保持相关性并成为一门真正的战略学科，项目管理需要得到扩展并专注于三个领域：（1）创新；（2）在项目完成后管理成果和可交付物；（3）对项目将交付的收益增加关注——这是最重要的。在本书的第2部分，将更加深入地介绍这些方面。

5. 项目成功的新测量标准：从内向型三重约束到外向型三重约束

在传统项目管理中，一个至关重要的工具（几乎被尊奉为“圣杯”）就是“三重约束”，也被称为“铁三角”或“魔鬼三角”（见图3-5）。影响质量的三重约束权衡了范围、时间和成本之间的关系，以使项目朝着成功完成的方向前进（我们将在介绍项目画布时给出细节）。自从项目管理成为一门学科以来，项目的关键绩效指标就一直关注范围、时间和成本这些测量指标。一个推迟完成、超出预算、范围与原计划不同的项目，会被认为是质量差或失败的项目。如果你正在管理一个项目，那么你就是在处理三重约束。一些专家认为，范围、时间和成本之间的这种平衡是项目管理历史上最重要的一个概念。

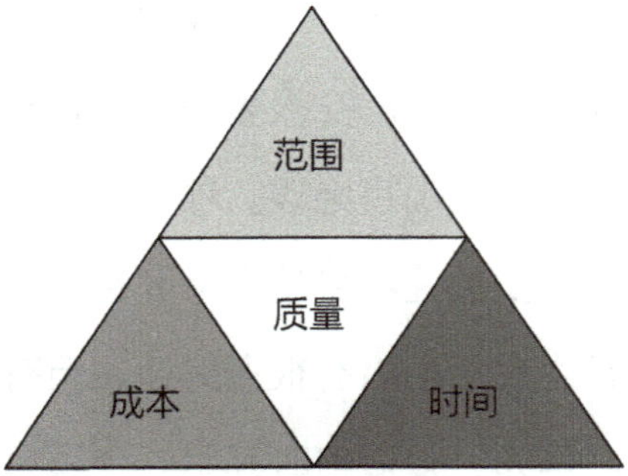

图3-5　三重约束（或铁三角）

当然，范围、时间和成本都是项目的重要方面，但它们也只是有限的测量指标——这些指标专注于内部，因此错过了项目成功的很多其他关键因素。有很多项目超出了初始预算，并且晚交付了数年，但最终带来了巨大的收益。悉尼歌剧院项目就是一个著名的案例，该项目于1959年动工，原定工期为4年，预算为700万澳元。该项目最终耗时14年，耗资1.02亿澳元。从传统项目管理的角度来看，它可能被视为历史上最具灾难性的建设项目之一。1973年，在经过多年的重新设计、低估和超支后，伊丽莎白二世女王亲自为悉尼歌剧院进行了揭幕。两年后，这座建筑已经收回成本。如今，悉尼歌剧院不仅是悉尼的地标，也是全球经典地标。

该案例证明，在多数情况下，三重约束本身并不能决定项目的成败。尽管三重约束对项目管理具有重要的历史意义，但当项目领导者必须着眼于项目成功的外部因素（如收益的交付和项目团队的参与）以测量绩效时，这一概念仍然以内部为重点。基于此，我开发了两个新的三重约束，即“收益三重约束”和“参与三重约束”（见图3-6）。我将在本书的第2部分详细介绍这些新工具。

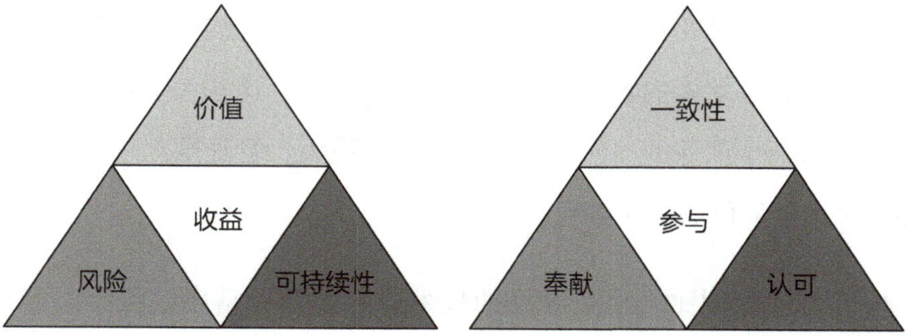

图3-6 新的外向型三重约束

6. 项目管理办公室向战略实施办公室转变

由于传统的PMO专注于流程、方法和监督，因此它们通常被视为高度官僚、低附加值的部门，与组织的重要事项几乎没有关联。此外，PMO一直被设计为组织层级结构中的一个“盒子”，正如我们将在第11章中看到的那样，对于一个由变革驱动的世界来说，PMO是一个过时的结构。新版PMO将更加注重通过推动变革和战略实施来创造价值。因此，PMO的角色必须演变为战略实施办公室，以帮助高层领导者确定优先级，选择并实施关键举措。新版PMO还将拥有一群顶级项目经理，他们将担任最复杂、最具变革性举措的首席执行官。他们不仅要负责交付项目，还要负责确保实现收益，并在可能的情况下以比计划更快的速度实现收益。我们还将看到更灵活的新型实施办公室，它们通常是临时性的，它们的建立是为了支持项目组合和敏捷举措，然后在项目完成后撤销。

7. 新技术

支持组织运行的关键系统通常是完善的。尽管其中一些系统的应用还不够成熟，但自动化方面的最大改进已经实现。30多年来，许多公司在经历了痛苦且代价高昂的转变后才达到目前的系统成熟度水平。很多ERP项目都失败了，或者花费了比预期长得多的时间，它们的成本是最初估算的3倍或4倍，并且承诺的收益往往延迟或从未实现。这些大型且棘手的项目给管理层留下了深深的“伤痕”，这继而表现为，管理层对项目管理以及IT和技术项目的价值缺乏重视。

与运营维度相比，项目维度的技术成熟度要低得多，并且与管理该维度有关的工具已经很长时间没有到位。微软公司的Project是一款很通用的软件，许多组织都在使用它。只需要不到1小时的练习，用户就可以使用这款直观且灵活的软件（尽管只用到Project的一小部分功能）。在帮助项目领导者更轻松地管理工作方面，Project对项目管理产生了积极影响。Project的缺点是，它只是一个最终用户工具（因此不是集中式的），并且每个项目经理都有自己独特的方式来使用Project规划项目。因此，单个项目的计划不容易进行比较或整合，也难以向管理层报告。

组织发现，公司范围内的项目组合管理对于管理业务变革维度是必不可少的。如果没有这样的项目组合管理系统，仅使用Excel、Project和PowerPoint等工具管理数百个项目、数千个资源及数百万美元将是一项艰巨的任务。值得注意的是，大多数公司仍在这么做。直到最近，很多公司还无法控制其业务变革维度，并且对投资的总成本或预期收益一无所知。我把这种缺乏控制或理解的情况称为黑匣子。这一领域的技术及其对项目的适用性必须得到快速发展，以使组织能够更好地为项目服务，并改进自身和项目领导者实施项目的方式。

未来几年，其他新技术也将在现代项目管理实践中发挥重要作用。当前，我们正处在人工智能推动项目管理革命的风口浪尖。这种转变将极大地改变项目经理的角色，实现很多技术方面的自动化，并使项目经理能够更专注于软技能和项目收益。

本书的第1部分涵盖了项目和项目管理的基础知识，研究了当下到处都在发生的项目数量激增的现象，并探讨了传统项目管理将如何让位于更现代的项目管理实践。现在是时候在你的组织中应用这些概念了。

接下来，我们进入第2部分，第2部分介绍了本书的主要框架——项目画布。在接下来的五章中，我们将逐一探讨构成项目画布的9个构建模块，了解为什么使用项目画布会对项目和组织有益，以及应如何将项目画布付诸实践。

第 2 部分

项目画布

04

第4章

项目画布简介

一个适用于任何项目的工具

在简化商业概念方面，有一些管理模型很经典。例如，迈克尔·波特（Michael Porter）的五力模型和价值链分析，能够帮助每个组织确定战略的关键要素。又如波士顿咨询集团（BCG）创始人布鲁斯·亨德森（Bruce Henderson）开发的波士顿矩阵（市场增长率—相对市场份额的产品组合矩阵），能够帮助组织轻松掌握产品开发的有机组合。上述这些模型是其中的一些例子，它们在各自的领域内相当知名并被广泛使用，原因就在于，这些模型拥有简化复杂问题的能力。

相比之下，对于非项目管理专家而言，目前常用的项目管理方法无论是在理解方面还是在应用方面都过于复杂。而在当今世界，越来越多的价值是通过变革和项目驱动的，如果项目管理被孤立并远离组织中的其他部分，其后果可能是灾难性的。所有这些自然不是我们期望的理想状况。为了改善上述状况，我在此郑重介绍项目画布，这是一个独立的工具，可以让你严格检查任何项目。项目画布同时也是足够简单的，每个人都能很容易地使用它。

简单、通用且已被证明

为了应对在向高管和其他非项目经理的专业人士（如MBA）传授项目管理知识时所遇到的挑战，我基于两点开发了项目画布。首先，为了能让这些人持续好几天保持关注并对项目管理的话题感兴趣，我放弃了使用专家的术语或行话——我需要对语言和项目管理工具和技术进行简化，以便每个人都可以理解和应用它们。其次，在多年的研究中，我发现项目失败的数量相当惊人，我希望减少项目失败的数量，并通过采用更多的最佳实践来使更多的项目获得成功。很幸运，我从商业模式画布中找到了灵感。商业模式画布是由亚历山大·奥斯特瓦德（Alex Osterwalder）和伊夫·皮尼厄（Yves Pigneur）开发的一页纸框架，如今已被世界各地数百万人广泛使用。我想，如果他们能够将商业模式的关键要素简化为一页纸的内容，我应该也能够以同样的方式简化项目管理的关键要素。我很高兴有机会认识并结交了亚历山大和伊夫，他们验证并认可了我的项目画布。

项目画布的框架基于一个前提：每个项目都由相同的要素组成，这些要素将决定项目是否成功；无论这些项目对应什么行业、组织（营利或非营利性的）、部门（公共的或私人的），也无论是个人还是专业项目。如果个人、领导者和组织都聚焦于这些要素并应用其背后的技术，将有更多的项目取得成功。通过使用更通用的语言来描述这些关键要素，项目画布能帮助项目经理、项目发起人及任何从事项目工作的人，方便他们轻松地关联并应用这些要素。

项目画布并不否定已建立的项目管理方法，相反，项目画布有助于它们得到更普遍的应用。项目画布可以用于传统型、敏捷型和混合型项目管理方法论。

作为一名专家级项目管理从业者，我曾担任以下项目领导职务：普华永道、法国巴黎富通银行和葛兰素史克公司项目管理办公室总监。与学术界和咨询界的其他项目管理专家相比，我拥有独特的竞争优势，那就是我可以测试哪些方法在真实世界有效，哪些无效。而且，对于当今的大多数项目，我发现很多标准的项目管理理论都与现实情况相差甚远。常言道：“理论上，理论和实践是一样的。实际上，理论和实践并不一样。”

项目画布的概述

项目画布（见图4-1）由三大领域组成，每个领域又都由三个构建模块组成。对于项目的成功，每个领域（或专业域）都有类似的权重。三大领域及其包含的9个构建模块概述如下。

基础领域

- 目的。我们为什么要做该项目?
- 投资。该项目将花费多少?
- 收益。该项目将产生什么收益和影响，我们将如何知道项目已取得成功?

人员领域

- 发起人。谁将对该项目担责?
- 干系人。谁将从该项目中受益并受其影响?
- 资源。谁将管理该项目，交付项目需要哪些技能?

创建领域

- 可交付物：该项目将生产、建造或交付什么?

- 计划：工作将如何、在何时开展？
- 变革：我们将如何让干系人参与，并管理风险？

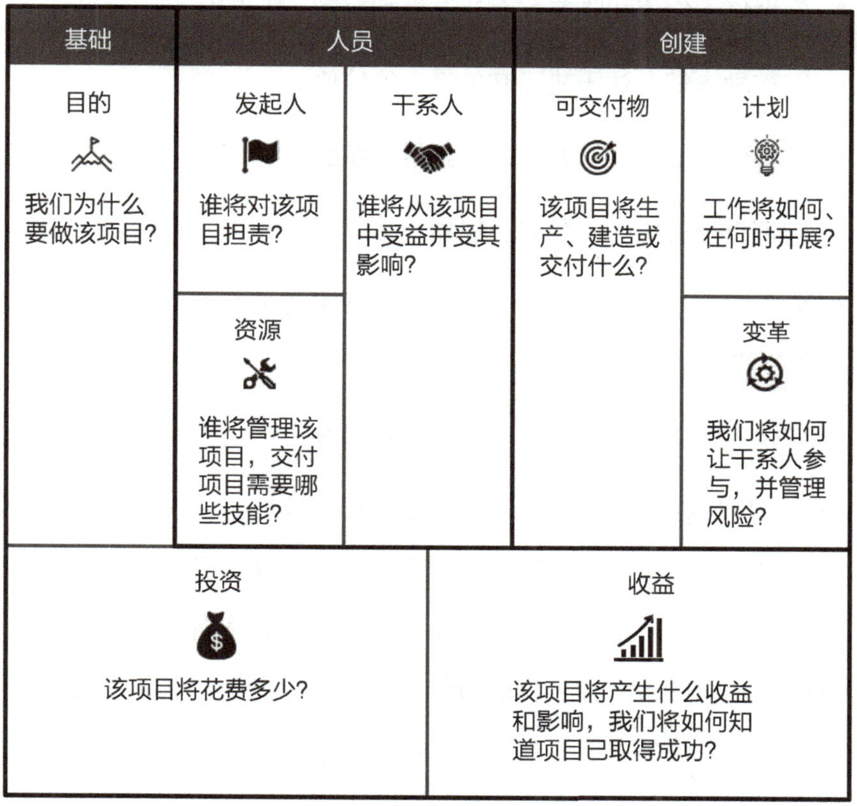

图4-1　项目画布

在某些项目中，某个领域可能比其他领域具有更大的权重。但作为项目经理，你需要确保在所有项目中都考虑了这三大领域。

是什么让这个新的项目管理框架——项目画布——与其他现有的项目管理方法有所不同？

- 它很简单，并且是为所有人设计的。这对高管、董事会成员、管理者、新入行的专业人士和学生来说都很有价值。

- 它可以应用于任何类型的项目，无论是传统型、敏捷型还是混合型，也可以应用于项目集和战略举措。
- 它聚焦于价值和收益，而非过程和控制。
- 它鼓励人们专注于快速交付最大的价值。
- 它确保每个项目都有目的，并与组织的战略保持一致。
- 它侧重于实施而不是详细规划。
- 它将管理视角拓宽至传统项目生命周期之外，着眼于项目前和项目后的阶段。
- 它快速且灵活，允许在需要时对项目进行变更。

领导者应该在项目开始时使用项目画布来评估是否已对项目进行良好的定义，以及是否应该立即启动项目或进一步完善项目。在项目生命周期中，应自始至终地应用项目画布，以跟踪进展并确保所有关键要素在完成前一直有效。项目画布也可以帮助领导者评估项目是否成功地实现了所有已确定的收益。最终，项目画布可使领导者对项目进行事后分析，以获得经验教训并不断改进他们的内在能力。

第5章、第6章和第7章将分别介绍项目画布的三大领域及其9个构建模块。除了提供具体的描述和真实的示例，在每个构建模块中，我将推荐一些需要提出的问题，以及可供使用的其他工具。在第 8 章，我将介绍如何在组织中应用项目画布并将其付诸实践。

项目画布为资深高管和项目经理提供了一个独特的机会——他们可以开始应用这个简单、通用且已被证明有效的工具，并将为他们的组织带来更好的成果。现在，你的项目有可能取得更大成功，是时候采取行动了！

05

第5章 基础领域

目的、投资、收益

项目画布的基础领域涵盖项目的本质，还涉及将项目提升到更具战略性层级的实际意义。当你开始任何重要的行动之前，需要先保证基础领域的要素已经被很好地定义并得到了组织的认可。跳过这一步骤会大大增加项目失败的概率。针对项目的基础领域，你需要获得的关键要素包括以下内容：对项目启动原因（目的）的清晰了解、来自组织的认可和资源、领导层的承诺和时间，以及项目发起人和项目团队成员的参与。一旦项目开始进行，你还需要赢得干系人的支持。

如第4章所述，基础领域由三个构建模块组成（见图 5-1）：

- 目的。解释你为什么要做这个项目，你想要解决的问题，以及你将通过项目实现什么。
- 投资。项目的总成本，包括基金、资本，以及开展项目并实现其目标和收益所需的所有资源。

- 收益。项目的预期成果是什么，项目将为你的组织、你的城市和你所在的地区带来什么，项目成功之后会是什么样的，以及干系人将如何从中受益？

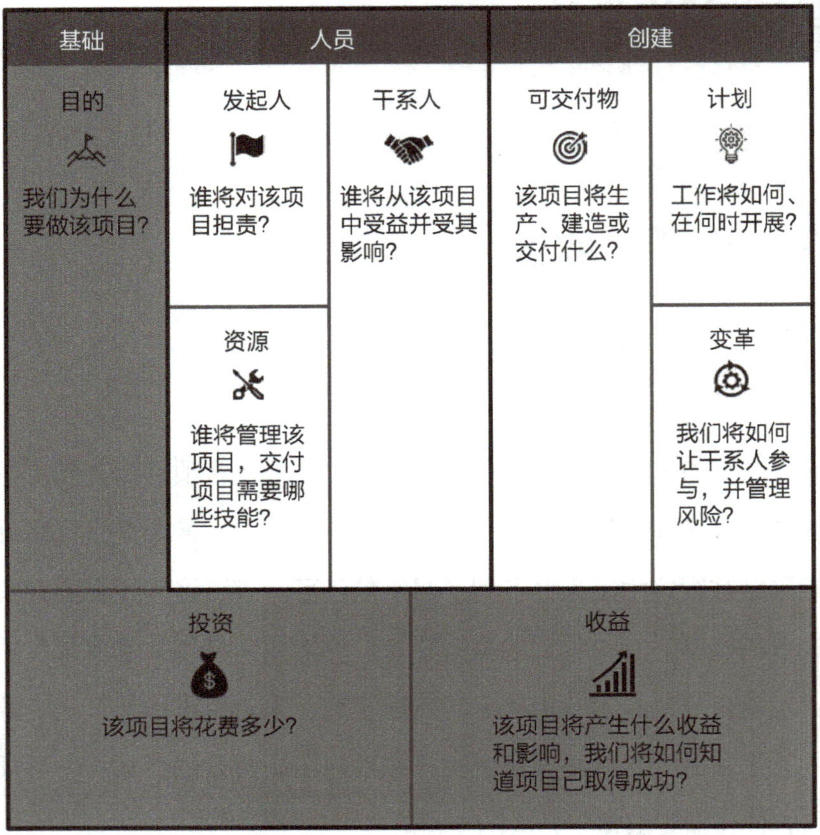

图5-1　基础领域

目的：我们为什么要做该项目

通常，传统的项目管理理论侧重于项目将交付的内容，如新产品或新组织。因此，项目领导者往往专注于确定团队将如何生成项目成果。然而，很少有组织知道该如何表达，或者愿意花足够的时间阐明项目发起的原因——项目的目的、存在的理由、与组织战略目标的联系，以及人们到底为什么应该关注这个项目。正如因其著作《从"为什么"开始》而闻名的西蒙·西内克（Simon Sinek）所说："人们对你所做的事情不买账，他们'买'的是你为什么这样做。"

除了一个站得住脚的商业论证，项目还应该与一个更高的目的联系起来。商业经典畅销书《基业长青：企业永续经营的准则》的作者吉姆·柯林斯（Jim Collins）和杰里·波勒斯（Jerry Porras）为项目的目的提供了一个有用的定义。我们将他们的定义稍做修改，陈述如下：

> 一个项目的目的就是它存在的根本原因。一个有效的目的能够反映人们对项目工作赋予的重要性——它触及了他们的理想主义动机。一个项目的存在不仅仅是为了赚钱，还要有更深层次的原因。

人都拥有巨大的潜力，最好的领导者知道如何通过激励人心让团队发挥潜力。当人们所做的项目可以与他们内在的目标和热情建立联系，人们就能实现非凡的成就。请记住，人不需要变得伟大才能有激情。史蒂夫·乔布斯不是世界上最伟大的工程师、销售人员、设计师或商人，但他的独特之处在于他在所有这些方面都足够优秀，目的和激情驱使他做出了一些更伟大的事情。相反，如果有人对项目目的不够清楚或缺乏信念，这种氛围很快就会从一个团队成员扩散到团队的其他成员。

根据安永灯塔研究所（EY Beacon Institute）的调查，以目的为导向的公司在推动创新和转型方面的能力比其他公司高出了2.5倍。同时，德勤（Deloitte）也表示，这些公司从2020年推出的创新中获得的平均收益增加了30%。这些统计数据与我的经验相符：具有更高目的的项目比那些不能激励人心的项目有更显著的成功机会。

商业论证之外

所有的项目管理方法论都要求项目具有定义明确的商业论证，它决定了项目画布的构建模块：目的、投资和收益。遗憾的是，当我们构建商业论证时，对于即使是成本或进度这样非常基本的元素，我们的估算都会存在偏差。从人的本性而言，不会展示可能失败的商业论证，人们倾向于采用那些更加“迎合”成功的数据。考虑到估算的不确定性，对于大多数项目来说，过度乐观不一定是错误的，但是，如果你不想成本超支或进度延误，最好还是希望员工不要习惯性地过度乐观。

在一项我与普华永道合作进行的关于项目成功的早期研究中，我们发现只有2.5%的公司成功完成了它们所有的项目。我们审查了来自30个国家、不同行业的200家公司的10 640个项目。一方面，在很多情况下，人们对项目基础领域的要素过于乐观，而且还可能将其架构在错误的假设条件之上。

另一方面，如悉尼歌剧院、伦敦千年穹顶，甚至英吉利海峡隧道等几个项目，虽然它们的商业论证看上去缺点很多，但这些项目实现了人们在最初构思时从未预料到的收益。随着时间的推移，所有这些项目都变得非常成功。

无论如何，在构建商业论证时的思考过程、研究及对备选方案的分析，仍然都有助于我们更好地认识项目本身，并厘清项目是否值得投资。从项目画布的视角来看，虽然商业论证是项目基础领域的重要组成部分，但它并不完备。因为我们面对的是VUCA（易变性、不确定性、复杂性和模糊性）世界，而且数字化的程度也越来越高。所以，我们需要用更全面、更本质的方式看待项目基础，并为变革做好准备。

了解项目的目的及其与整体战略的联系，不仅对决定是否投资或项目是否具有战略意义十分重要，而且这也是凝聚团队成员和组织的关键——能激励他们对项目提供支持。

启动项目的两个主要原因：要么是解决问题，要么是抓住机会。

- 我们将通过这个项目解决什么问题？例如，“泰晤士河潮汐隧道”项目可能给出这样的答案：“伦敦现在还依赖着150年前建造的下水管道系统，而这个下水管道系统在当初建造时预期负担的人口数量只有当前人口数量的一半。结果就是，每年会有数百万吨未经处理的污水流入泰晤士河。为此，我们想在泰晤士河下建造一条25千米长的超级下水管道以拦截那些令人讨厌的污水排放，从而达到清理河道的效果。这样做可以美化城市环境，有利于野生动物，当然也对我们大家都有好处。”
- 我们将通过这个项目抓住什么机会？例如，“波音777”项目可能给出这样的答案：“航空公司希望新机型有一个更宽敞的机舱、非常灵活的内部配置、从短途至洲际航线的飞行能力，还希望新机型的运营成本低于现有机型。我们将借助‘波音777’抓住这一在商业航空市场的巨大机会。”

如果你无法轻松回答上述两个问题中的任何一个，那么，你显然不应该先急着启动这个项目。不妨再研究研究，直到你找到项目背后的真正目的。

大多数项目都会使用与进度相关的、技术性的或以可交付物为焦点的目标：推出新软件，打造新平台，进行扩张，为公司创造新的价值观，组织重构，或者数字化转型。其他项目则会使用财务类的目标，例如，要实现10%的投资回报率（Return on Investment，ROI）。然而，这些目标都不太明确，也无法让人们充满热情地投身项目当中。想要真正起到激励作用，项目应该至少具有一个符合SMART（具体的、可测量的、行动导向的、相关的、基于时间的，下文将对此进行更细致的介绍）原则的目标。SMART目标应是清晰的、易于记忆的，并且如果可能的话，SMART目标还应是大胆的。你的SMART目标最好能像电梯宣传标语一样：它应该是一则简短的声明，能够抓住重点、令人难忘，并且你可以在30秒内把目标讲清楚。这就是你的项目所需要的。

工具和技术

不断问为什么，以发现更高层级的目的

发现项目目的的一个简单方法是不断提问自己——为什么我们要做这个项目？通常，领导者需要问4~7遍这个问题才能了解事情的本质。以一个新的人力资源系统项目为例。大多数项目经理会说，该项目的目的是推广一个新的系统。但这不是做这个项目的原因。相反，要提问自己，我们为什么想要人力资源系统？答案可能是，为了给员工提供更好的服务——这就是高一层级的原因。接下来，再次问自己为什么想要这个结果。你的下一个答案可能是，解决员工参与度低的关键问题——这又是一个更高层级的问题，而且你知道了在思考时要优先考虑更重要的事物。继续问自己，我们为什么要提高员工的参与度？你可能回答，因为我们希望员工能在工作中感到快乐，这将有助于我们提升业务绩效。

随着提问的不断深入，项目的目的从新的人力资源系统转到提高员工的满意度并提高绩效。它们之间是有区别的，对吧？现在，项目的目的与组织的战略之间有了联系，并且项目的目的可以对项目团队成员产生激励。你甚至还可以在这上面再赋予其财务方面或任何其他方面的价值。一旦你找到了真正的原因，再问“何时”和“多少”这类问题。你的答案可能变成：我们想在6个月后的下一次调查前，将员工的积极性增加30%。（这种方式可以帮你生成SMART目标。）如果你在这样做之后仍没能找到相关的事务（例如，一些能激励人们努力工作的事物），那我强烈建议你先不要启动项目。

SMART目标法

自乔治·T. 多兰（George T. Doran）于1981年创造并推广以来，SMART目标法已成为选择最有价值的目标，消除干扰，并让人们专注于真正重要的事情的重要工具。SMART是以下五个词的首字母缩略词，我们可以用其来阐述项目目的。

具体的（Specific）。提供与项目相关的“谁”和“什么”。

可测量的（Measurable）。关注项目将产生“多少”。

行动导向的（Action-oriented）。触发实际行动以实现项目目的。

相关的（Relevant）。准确强调项目的目的。

基于时间的（Time-based）。有一个时间框架，表明目的何时可以达成。

每个成功的项目都需要至少有一个清晰阐述的SMART目标。一个标志性的例子是约翰·肯尼迪的阿波罗登月计划：希望美国在20世纪60年代末之前，成为第一个将人送上月球的国家。

思考10倍增长：让你的目的呈指数级增长

谷歌的X创新实验室以倡导寻求能够改善“10倍而不仅是10%”的解决方案而闻名。企业家和咨询顾问马克·邦契克（Mark Bonchek）曾说：“要创造指数级的价值，首先必须创造指数级的思维模式。增量级思维侧重于使事物变得更好，而指数级思维侧重于创造不同的事物。增量级思维满足于10%的增长，而指数级思维要求10倍的增长。”

例如，可以想象一下，你启动一个项目的目的是减少组织中的塑料垃圾。目前的状况是，组织每年都会生成5吨的塑料垃圾。如果能减少10%的塑料垃圾（0.5吨塑料垃圾），大多数项目的团队成员都会很高兴。但如果以指数级思维（改善10倍）思考，则意味着你要考虑如何才能清除所有的塑料垃圾。这一“指数级目的”迫使团队要以不同的方式思考，因此会在激发想象力上迈出一大步，并尝试新的方法。即使“指数级目的”最终没有实现，所选择的解决方案也极有可能带来新的突破。

讲故事并分享故事

仅有战略规划是不够的。我们需要一些更加人性化和个性化的东西。正如杰伦·德·弗兰德（Jeroen De Flander）向我解释的那样：

“故事能使信息更具‘黏性’。对于听众来说，记住包装成故事的信息要容易20倍。”故事将信息置于人们可以产生共鸣的场景中，生动、形象的叙述仿佛将未来的愿景带到眼前。邀请团队成员与你一起进行这种想象，让他们与你一起探索项目最终能带来的收益。与重复背诵事实相比，故事因为能口口相传而更令人印象深刻。在对人类情感、动机和心理学的深刻理解之上，故事能触及内心，促进情感联系。

正如著名的商业哲学家安德斯·英塞特（Anders Inset）曾经告诉我的那样：“贝佐斯（亚马逊公司创始人）不用PowerPoint，而是选择讲述故事。人们很吃这一套，这种方式能让人们更好地理解话题，并试着用自己的想象来解释它。这就是一个项目之所以能够成功的诀窍，我对此深信不疑。”

回到人力资源系统的例子，我们可以围绕一个名叫克拉丽丝的员工展开一个故事——克拉丽丝曾经是最快乐且最敬业的员工之一，然而她在最近这段时间失去了工作的动力。这是因为她不知道公司的发展方向，以及她的工作是否能对公司的发展产生影响。有了新的人力资源系统，克拉丽丝将能与其他员工和高级管理层讨论她所面临的挑战，也能了解公司打造健康地球的新战略——这一战略能使她产生共鸣并与她的日常工作联系起来。这样一来，克拉丽丝不仅又能积极地投入工作，而且也将为自己能够帮助组织实现这一新战略目标而感到自豪。

将此模块付诸实践

积极思考（包括对成功的信念）会对个人产生怎样的影响？心理学家曾对此做过大量研究。成功是一个可以自我实现的预言。当我们觉得自己将会成功时，我们会自动激励自己并动员自己的内部资源来将其实现。而且，当别人也相信我们可以成功时，这种激励和动员的力量还能进一步得到加强。这就是项目领导者需要创建一个积极环境的原因，在这样的环境里，成功受到赞扬，而项目的困难会被淡化，从而在团队中培养实干精神。人们需要一个相信他们的人，这样他们才能相信自己。

问及的关键问题

有效定义项目目的需要团队成员对组织的目标有清晰的理解，并且要与组织的目标保持一致。目的不应该花里胡哨，它必须是真实的，并且必须能让人感觉到它确有意义。以下这些问题可以帮助你确定项目的目的：

- 是什么让这个项目变得伟大而独特？
- 项目是否包含情感元素？
- 在10年后，人们还会记得这个项目吗？
- 哪些因素会使人们自愿参加项目并为项目做出贡献？
- 我们将通过这个项目解决什么问题？
- 我们将抓住什么机会？

投资：该项目将花费多少

项目成本包括人们为之工作或进行监督所投入的时间，还要加上交付项目所需的所有其他投资（咨询、资本、材料、软件、硬件等）。项目经理通常将所有这些成本的总和称为项目预算，它与时间和范围一起构成了传统项目管理的三重约束。没有预算，也就没有项目可言。

成本估算的准确性取决于项目范围（需求和规范）的清晰度和稳定性。范围越清晰、越稳定，估算就越准确。遗憾的是，世界环境瞬息万变，那些充满雄心壮志的组织发起的项目也常常非常宏大，这使得项目的范围很难具有长期的清晰度和稳定性。

项目需要足够的资源才能成功。换句话说，你应该“量入为出或量体裁衣”。时间紧迫到需要你一上来就交付所有成果的项目并不多见。更常见的情况是，你的预算能负担多少，就交付多少成果。如果你有成功的基础，随时都可以根据条件的变化继续交付更多。

只有极少数的项目拥有无限的预算（这是相当奢侈的）。这种“财务自由”为项目提供了更多的资源，可以加速项目进程，并且通常可以确保在时间不够宽松，甚至在有严格限制的情况下交付成果。通常，由组织的最高层领导者启动并支持的项目有无限的预算。在过去的10年里，一些中东地区的建设项目就拥有无限预算，如哈利法塔，这座828米高的塔楼是当前世界上最高的建筑，它由迪拜酋长发起，在其施工建造期间没有任何预算限制。

在较小的组织中，所谓的“无限预算”的意思可能是，在进行高优先级的项目时，要求整个项目团队放弃其他工作，将百分之百的精力投入这个项目。通常，这类项目是对外部需求（如突发的危机、软件故障或法规的遵从性问题）的回应，它们不会持续很长时间。

即便如此，无限预算并不能保证项目的成功。如果缺失了本章中描述的一些关键要素，项目还有失败的可能。一个明显的例子是奥巴马政府启动的Healthcare网站项目。这个网站在2013年10月1日一经启动就迅速崩溃，导致了巨大的声誉损害。然而，对于这个项目而言，预算并不是一个限制因素。

工具和技术

自上而下和自下而上的预算估算

团队执行项目活动花费的时间是项目成本支出的大头，这也是为什么一旦进度延期就往往会引起项目超支。所以，在制订预算时，最好也是最准确的方法是，先对项目的总体成本进行初始的高层级（自上而下）定位。识别可用的潜在预算，并查看过去类似项目的成本。请记住，要考虑人员的可用性。你不能把你没有的资源列入预算。

一旦确定好项目的全面需求，并将项目分解成具体的活动（我们将在第7章讨论如何做到这一点），你就可以开始自下而上地估算每项活动的成本。你应与项目的主要贡献者一起进行这项活动，另外，要让外部的各个供应商提供其各自的成本预测，并且同时还要考虑在活动或项目完成后可能产生的额外费用。这样，把所有具体活动的成本加在一起，就能得到开展项目所需的准确的总投资额。对于大型项目来说，通常还需要增加应急储备（占总估算成本的5%~10%），以应付不可预见的费用支出。

然后，将自下而上的估算值与初始的自上而下的估算值进行比较。如果两者差异巨大，或者如果存在重要的预算限制，那就要考虑缩小项目的范围，甚至重新评估项目是否应该进行。另外，也要谨防篡改数据或做出过于乐观的估计，以避免在该项目中硬性塞满假设。因为一旦这么做的话，项目要么完全失败，要么远远达不到期望的交付价值，甚至将大大超支。无论发生哪种情况，项目和你的声誉都将受到损害，此外，这些结果还将对后续项目产生影响。

将此模块付诸实践

预算直接来自项目的需求，以及交付需求的紧迫性。对需求的定义越详细，需求就越确定，我们对预算的估算也就越准确。为了降低超支的风险，切勿一上来就把预算总额全部划走。要将预算分为不同的部分，然后一部分一部分地使用。应该建立阶段关口和季度审查周期，以检查项目状态和预算的使用情况。如果项目的原始商业论证仍然可靠，就划拨预算的另一部分。如果项目出现严重的问题，应忽略任何沉没成本，认真考虑如何取消该项目。

引入可选项是一种在不确定的项目中提供灵活性和韧性的方法。你可以先对多个可选项的创意进行少量投资，一旦某些创意被转化为可行的、随时可以进行开发的原型，再进行更大的投资。这种增量式的方法使你可以根据项目的进展、项目在交付过程中产生的价值（或这两者的结果）来调整你的支出。

如果你感觉某些风险可能发生，并且计划了应对方式（缩小项目范围，或者延迟交付项目的某些需求），那么你可以通过预设条件触发机制来决定在什么时候引入这些应对方式。另外，如果项目以保守的假设和有限的预算开始，而且已提前交付更多的价值，那么你可以考虑添加新的需求，或者加速满足当前的需求。

问及的关键问题

- 项目是否有充分估算过的整体预算？
- 项目的预算能否应付超支？
- 你可以在预算中包括哪些选项来减小范围或减慢项目（在遇到挫折时），或者增加范围或加快项目（在交付和价值创造的进度超前时）？

收益：该项目将产生什么收益和价值

收益和价值，如投资回报率、增长、可持续的实践或社会影响，这些都是我们做项目的原因，也是我们衡量其成功与否的标准。21世纪以来，这些收益已被很多文章加以探讨，并且项目管理领域也纳入了与之相关的收益管理和收益实现的方法论。然而，直到现在，很多企业都没有将“根据收益规划项目”这种视角作为标准实践应用到项目中。对于大多数项目，人们在做规划和设定里程碑时还是会把可交付物、工件（生成的对象）和输出当作依据，而不是把预期收益作为规划的基础。

收益的相关性

项目收益曾经被视为一个项目按时间、预算和范围交付的成果。之所以人们会有这种观点，有以下两个原因。一是，该观点源于一种倾向，即人们将项目简单地视作规划、设计、启动和交付资产的过程。这样一来，项目的成功就被简单地定义成某种资产的交付。但是，无论你如何定义价值，也无论是从社会角度还是从财务角度来看，人们如何使用资产要比资产的存在更加重要。正是因为这一点，大部分的收益其实会在项目完成后才逐渐产生。

二是，人们往往只关注财务收益。虽然重点关注财务收益可能看起来是一种审慎的做法，但实际上，这种对硬性指标（项目赚了多少钱或节省了多少钱）的注重可能常常没有意义。如果我们想在一片国家森林旁边建造一个停车场（该停车场需要现金投资），鼓励人们去那里散步、慢跑、观鸟，而停车场项目产生的价值则在于，这些徒步活动能为使用停车场的市民带来身心健康。要将一连串的财务数字与身心健康这种难以用金钱度量的收益进行比较，恐怕并非易事。

相反，我们关注的重点应该是积极的影响。干系人应该能够指着某样东西（可以是任何东西）说："看到了吗？在实施我们的项目之前，这里很糟糕。由于这个项目，现在这里已经很好了（或者至少变得更好了）。"你也许能够将这种积极影响的规模展示出来，它可能相当大，也可能比较小。如果项目将一项有用的发明推向市场，那么这就是一个积极的影响。如果项目把以前臭气熏天的沼泽地变成宜人的公园，这也是一个积极的影响。

测量收益的挑战

尽管宣称获得收益很容易，但是有时很难具体验证和测量收益，特别是当收益需要在很长一段时间内累积时。因为项目不会孤立存在，想要清晰地界定"你做的事情"与"人们如何从中受益"之间的因果关系也是挺困难的。

以森林旁边的停车场为例。玛丽通过在森林中散步获得了身心健康，但要追踪这种收益是复杂的。因为一切收益都发生在项目正式交付（停车场建成）之后。当然，停车场使玛丽来森林中散步成为可能，但你如何测量它对玛丽的身心健康所产生的价值？你如何将健康水平的提高归因于这片森林而不是另一片森林？你肯定需要跟踪该停车场的使用情况，以及一些与身心健康（或幸福感）有关的该地区的社会经济指标。此外，当心那些声称其项目能获得“独特”收益的项目领导者。例如，硬要说玛丽识别不同鸟类的能力有所提高也是该项目的收益就不能成立，除非你能证明这种能力提升与你的战略目标（在这个例子中，项目的战略目标是人们的身心健康）有直接联系。最后，请不要忽视，你的停车场也许已经带来一些负面影响，例如，在前往森林的路途中，车辆的增加会造成交通拥堵。

聚焦收益的最佳方式

如何更好地聚焦项目收益？ 可以通过以下三步进行改进。

1. 确定并商定预期收益。由于项目的成功是通过实现的收益来衡量的，因此，用于识别和映射收益的过程必须具有包容性和透明性。要让你的干系人参与进来，这样他们就会知道在项目完成后对他们的期望是什么。使用收益卡片（在本章末尾会介绍这一概念）能让关键干系人明确他们希望从项目中获得的收益。将项目、项目的收益与战略清晰地联系起来，这将有助于提升投资者对项目的信心。

2. 规划收益。项目经理应该利用关键干系人的意见制订收益计划，从而显示项目将在何时交付价值。这是收益管理的关键步骤，然而时至今日，这一步骤在项目管理实践中仍不多见。收益计划应得到指导委员会的批准。

3. 跟踪和实现收益。实现项目收益通常属于高管发起人的职责范围，但项目经理也应该对其负责。持续关注收益计划，并跟踪收益交付的进度都是至关重要的。越早获得收益当然越好，即使项目只交付了部分预期的收益。达到收益里程碑是一件值得广而告之和进行庆祝的事——与知道何时能够实现可交付物相比，干系人更关注何时能够实现收益。另外，如果项目的收益变得不再重要，或者交付收益的可能性正在降低，这可能是项目应该被取消的前兆。在项目结束后，指导委员会应核实收益的实现情况，评估项目是否成功，跟踪项目以外的收益，并指派专人继续实现收益。

复杂系统中的项目收益

复杂系统和系统思维存在于大多数的现代组织中。许多有关变更原有业务、推出新产品或引入新基础设施的项目，都会产生远远超出其初始范围的后果和影响。另外，虽然你可能想用严格的商业或财务术语来定义项目的收益，但很多干系人其实会用他们各自的价值标准来评判你的项目。这些都是同样强大的能决定项目成败的驱动力。

在《系统领导力》一书中，伊恩·麦克唐纳（Ian MacDonald）、凯瑟琳·伯克（Catherine Burke）和卡尔·斯图尔特（Karl Stewart）确定了管理复杂系统的6个行为原则。

1. 人们需要能够预测他们所处的环境。具体到项目上，这一原则意味着你的干系人需要清楚地看到项目将如何影响他们的生活（在理想情况下，这种影响应该是积极的）。

2. 人不是机器。当你想说明进行业务转型的理由时，谨慎使用那些号召人们“提高效率”“提高绩效”或“增加生产率”的语句。

3. 人们的行为基于六大普适价值观。人们会有意识或无意识地根据诚实、可信、勇气、尊重人的尊严、公平和爱这些价值观来评估你提议的收益。

4. 神话故事也是文化基础的一部分。有时，使用神话故事能让人们更明白项目的意义。所以，请记住，并非所有人都会从冷静的逻辑角度看待你给出的理由，有些干系人会更看重非物质的收益。

5. 变化是冲突的结果。对于个人或群体来说，只有当他们的观点与现实之间存在不可忽视且持续的冲突时，人们才可能改变自己的行为或自己对世界的认知。

6. 最好在职责而非权力的基础上建立关系。与权力相反，职责是你的组织赋予你的。如果没有干系人的认同，而仅仅因为你有权推进项目，那么这并不意味着你就应该推进项目。

工具和技术

收益三重约束

如第3章所述，在项目管理中，一个众所周知的概念是由范围、时间和成本组成的三重约束（或称铁三角）。无论你怎么称呼它，这个三重约束背后的原则都是：如果这三个关键因素中的任何一个在整个项目过程中发生了变化，为了保证质量，另外两个关键因素必须得到调整。本书还将提出两个新的、可以更好地反映项目成功潜力的三重约束：收益三重约束和参与三重约束（见第6章）。

一个项目的收益有三重约束（见图5-2）：

- 交付价值。包括有形的（财务回报等）和无形的（社会影响、新功能等）。
- 风险。通常，风险越高，收益越高，但失败的可能性也越大。
- 可持续性。交付收益是长期的、持续性的，还是一次性的。

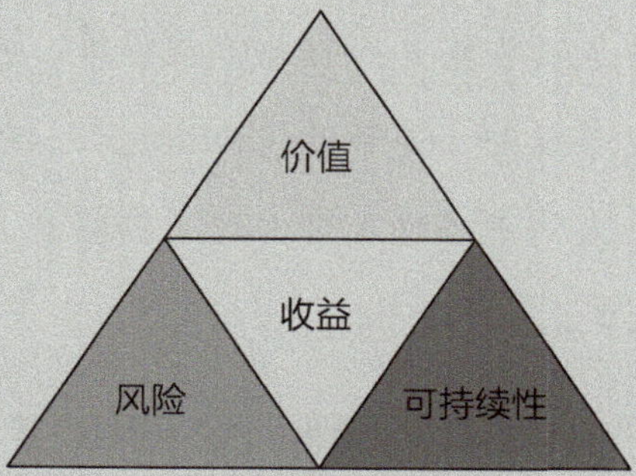

图5-2　收益三重约束

收益的三重约束正如铁三角一般相互影响。例如，如果高管团队成员突然想增加项目的价值，那么他们将需要承担更高的风险，而这将对项目的可持续性产生影响。

PRUB（项目—结果—用户—收益）模型

在2014年出版的《验证战略》中，菲尔·德雷沃（Phil Driver）通过一个简单却颇具说服力的模型说明了收益在项目管理中扮演的角色。该模型能帮助你确认自己正在做的事情是否正确，检查给定的项目是否可以交付，如果答案都是肯定的，该模型还能评估项目是否可以产生预期的价值。

他将这个模型命名为PRUB（项目—结果—用户—收益），其模型背后的强有力的前提是，“只有最终用户才能创造收益”。表5-1提供了一些将PRUB模型应用于项目的示例。

该模型的一个优点是它可以反向使用。例如，你可以从“改善母亲和婴儿的健康状况”开始，以此作为目标，反向推演，以确定能带来这些收益的项目和战略。

收益就像一种与项目相关的基础价值货币。收益可以是财务性的，也可以是非财务性的，并且始终应通过公认的方法或其他依据进行量化。例如，人的幸福感既有心理上的收益，也有财务上的收益（降低保健费用）。

表5-1 PRUB（项目—结果—用户—收益）模型示例

项目	产科病房翻新	停车场建设	新的人力资源系统
结果	现代化的产科病房	森林附近的停车场	与员工沟通的新方式
用户	产科医生和护士	去森林的游客	组织的员工和管理层
收益	改善母亲和婴儿的健康	改善游客的身心健康	员工更有参与感；员工的绩效得到提高

目前，英国国家统计局已将“幸福”作为测量国民幸福感的指标之一。作为一种绩效测量指标，“幸福”这个指标显然是非财务性的，然而，通过细致的民意调查和市场研究，可以对国民“幸福”程度的提高或降低进行跟踪，并将其作为一种测量指标。

许多项目的收益是在给定项目交付后实现的。以建筑项目为例，建筑物的价值和收益取决于在项目完成后建筑物的使用和运营。

加速获得项目的收益

如今，组织需要快速地变革和创造价值。组织往往不能等到项目完成后再开始产生收益。例如，如果你是一家连锁酒店的经理，正准备建造一栋新的建筑。按照标准的方法，新酒店的收益可能要在18个月后——当酒店开业后——才开始产生。为了更早地获得收益，你可以通过以下方式规划开发：先用6个月在大楼的一层建好一个卖场，并开始运营（建筑物的其余部分仍在建设中）。想要加速获得收益，你在项目规划阶段就需要有不同寻常的想法。

收益卡片

收益卡片（见本书附录）是一个核查清单，它可以帮助高管发起人和项目经理确定项目主要的收益和影响。每个项目都会给不同的干系人带来不同的收益。在流程的早期，项目领导者应搞清每个关键干系人对主要收益的预期，在项目指导委员会上与他们进行正式的确认，并就项目最重要的三个收益达成一致。主要收益应被写入收益计划。

收益计划

项目管理自创建以来，一直专注于基于可交付物、输出和工件等制订计划，然而对于大多数关键干系人来说，真正重要的是项目将带来的影响和价值。收益计划描述了项目的收益及收益交付的时间。收益计划的信息输入来自收益卡片和项目的商业论证。定义和规划收益要比定义和规划可交付物困难得多。将项目的收益分解成较小的、可量化的里程碑，例如，有10%的预期用户使用了新的应用程序，或者有1000个新客户（总目标为10万个）进行了注册。每个收益里程碑都应该有一个负责交付的责任人。请注意，一些收益要等到项目完成很久之后才会实现。项目经理需要确保收益计划涵盖了后项目阶段，以及相关责任人会在此期间继续跟踪收益。通过制订收益计划，我们将重点从输出转至成果，同时还提高了项目收益的可见性，完善了确保收益可以实现的问责机制。

量化不可量化的

数字比文字更能有效地传达不同的想法。例如，“极快”到底意味着什么完全取决于个人的感知和对速度的期望，但“每小时100千米”是绝对的测量指标。当我们谈论更高的生产率时，情况也是如此。除非每个人都清楚应如何表达生产率，并对目前的生产率水平和提高生产率的影响有一致的认识，否则这个概念就是模糊的且容易被误解的。

根据系统工程师汤姆·吉尔布（Tom Gilb）的说法，你可以量化一切，甚至包括爱。他建议你列出爱的所有方面——基于爱的组成部分，对爱进行解构。即使我们认识到这是一个主观的观点，我们仍然可以分享和讨论它。选择你喜欢的任何有关爱的元素，如信任，然后将其分解为对应的组成部分（如真实、可靠）以更好地了解什么是信任，信任是如何体现的，爱的哪些方面可以用信任表示。对于这些部分中的每个元素，都要定义一个测量量表。

当然，我们不能直接比较梨和杧果。（你也可以试试看。）一个被称为“影响估算”的工具可用于量化复杂的问题。以下是其工作原理的简化：找出让你对某种水果感兴趣的几个特性（如味道、营养价值、外观），根据这几个特性对不同的水果进行打分，最终得到的总分就能说明每种水果与特定目的的匹配程度。现在，如果我们再把成本元素添加进去，则可以计算出每种水果的货币价值（见表5-2）。通过我们的主观打分，我们了解到杧果比梨更具货币价值。在考察复杂系统和量化目标方面，"影响估算"是一个强大的工具。

表 5-2　影响估算示例

特性	梨	杧果
味道	50	70
营养价值	40	60
外观	30	70
成本	40	50
货币价值	120/40 = 3	200/50 = 4

注：根据每个特性对自己的重要程度，用0~100的数值对其打分（其中，0代表重要程度最低）。货币价值等于前3个特性值之和除以成本。

财务可行性

评估项目财务可行性的方法有很多，从简单的到复杂的都有。如果没有进行深入和适当的财务分析，该项目很有可能最终赔钱。为了确保准确性，要让财务部门验证所有估算。以下是最常见的指标。

- 投资回报率（ROI）。测量项目的投资总财务回报，表示为回报占总估算成本的百分比。
- 净现值（NPV）。帮助你评估未来的资金在今天的价值。若NPV为正，则意味着你在今天投资的资金将产生的未来现金流可以赚取所需的回报金额（高于折现率）。NPV若为负，则意味着该项目可能不值得做。

- 内部收益率（IRR）。项目的年化复利率，以百分比的形式表示。IRR是最难计算的，但它给出了最准确的项目财务评估。良好的IRR至少要高于在银行存钱所获得的回报率。
- 投资回收期。收回在项目中的投资所需的时间。由你来决定适当的期限（如2年），如果在此期间能收回在项目中的投资，那就很好。如果需要更长的时间才能收回投资，那就不太理想了。
- 机会成本。如果你决定执行此项目，那么你将错过其他项目带来的价值。如果其他项目的价值更高，那么你应该重新考虑目前正在投资的项目。

将此模块付诸实践

常见的最佳实践是让项目发起人承担实现收益的责任。根据团队和干系人都同意的定义收益的方式（使用收益卡片），由发起人对项目进行指导。而对于项目的基本控制因素，如成本、时间和质量，则可以在项目管理层级进行检查。明确项目的收益可以让发起人确保项目仍然应该以当前的形式进行交付并能够取得成功，或者决定是否应该缩小范围甚至叫停项目。在很大程度上，发起人做出这些决策的能力取决于他们是否可以获得清晰、实时的项目收益状态信息，以及他们是否理解任何决策可能对这些收益产生的影响。

鉴于许多项目的收益都是在项目完成之后产生的，你需要确保你的组织有专门的责任人能在相应的时间点上承担交付收益的责任。

从中长期来看，应建立一个反馈机制，并让该责任人反映使用项目可交付物（可以是建筑的运营、基础设施的使用，也可以是业务变革的有效性）的经验教训。这是一项艰巨的任务，特别是当负责交付项目的组织不负责具体运营时更是如此。

对于许多项目和组织来说，收益管理仍然是一个挑战，因为项目在启动、交付和实现收益之间总是需要时间的。如果商业论证高估了收益的价值或交付收益的可能性，项目的价值也可能受到严重削减。

问及的关键问题

英国财政部在其编写的《项目商业论证开发指南》中提供了有助于评估项目价值的三个问题：

- 如果该项目建议书仍有价值，我们能在多大程度上允许收益低于预期，这种情况的可能性有多大？
- 如果该项目建议书仍有价值，那么运营成本会增加多少，这种情况的可能性有多大？
- 如果运营成本是制约因素，这会对收益产生什么影响？

在本章中，我们看到了项目画布的基础领域的三个构建模块。首先，项目要有一个明确的目的（或者启动项目的原因），这是第一块基石。其次，要全面了解包括成本和资金资源在内的投资情况，这样，项目才可能正常开展。最后，领导者和干系人需要清楚地了解项目所带来的收益，他们应如何以及在何时宣称项目已获得成功。在下一章中，我们将介绍项目成功的另一个重要领域：人员领域。

06

第6章 人员领域

发起人、资源、干系人

没有人力资源，项目就不可能存在。人员的能力和行为是项目管理成功的主要驱动力之一。为了带来最好的项目成果，团队成员和关键干系人的情感需求和个人期望必须得到满足。在整个项目生命周期里，应监督每个团队成员的参与程度。如今，虚拟项目团队（通常不集中办公的团队）已经司空见惯。在这种环境下，项目经理和高管发起人必须很好地理解团队成员的行为、情感和文化。人员领域包括了与人员相关的三个构建模块（见图 6-1）：

- 发起人。为项目提供资金的组织与交付项目的项目团队之间的桥梁。高管发起人也负责交付收益。
- 资源。人力资源——交付项目的人员（从项目经理到项目团队再到顾问），以及他们实现交付所需的特定能力。
- 干系人。所有参与项目、受项目影响或从项目中受益的人员。

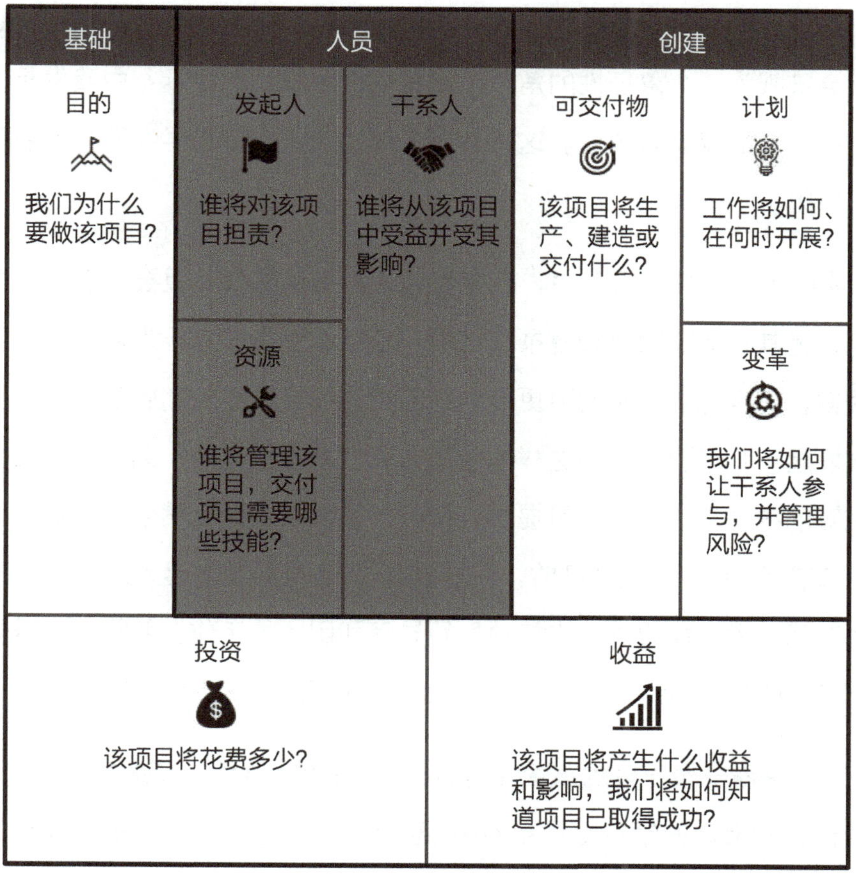

图6-1　人员领域

发起人：谁将对该项目担责

许多项目在开始时并没有明确说明由谁最终负责项目的成功交付。由于项目往往要跨多个部门、业务单元，甚至不同的国家，它们往往倾向于共同担责和集体发起制度。通常，会有许多高管觉得自己有责任来交付项目，但没有人愿意真正对推动项目成功完成担责，或者在项目失败的情况下成为问责对象。

在许多项目中，组织在选择高管发起人时可能是随意的。高管发起人经常会被视为一个象征性的角色，或者一种对职权的显示：由我发起的项目越多，我的权力就越大。这种发起人选择的随意性是导致系统性项目失败的原因。

实际上，在任何项目中，高管发起人都扮演着极其重要和有影响力的角色，尤其在战略项目和复杂项目中。项目越复杂，高管发起人的角色就越关键，而且他们就越需要更多的时间关注项目。虽然高管发起人通常会一次发起十几个项目，但这样的做法充满了潜在的风险，因为他们往往缺乏足够的精力来为每个项目提供支持。一家大型全球电信公司的首席执行官就直言不讳地承认："目前，我是18个项目的高管发起人。但我没有那么多时间，我只能跟进（支持项目领导者和团队的工作，并领导指导委员会）其中的5个项目。与其他项目相比，这5个项目自然进行得更好。"

我们来看一个无效的高管发起的例子。2007年8月，富通银行、苏格兰皇家银行和桑坦德银行提出用710亿欧元收购荷兰银行——荷兰最大的银行，这是欧洲金融界有史以来最大的收购项目之一。这笔交易获得了富通私人银行股东们压倒性的支持。但仅过了一年，富通银行就因难以为联合收购进行融资而陷入破产。即使后来接受了一轮救助，富通银行仍被荷兰政府国有化并被重新命名为荷兰银行。富通银行在比利时的银行业务也被贱卖给法国巴黎银行。

在项目从开始到失败的14个月里，作为最终高管发起人的富通银行首席执行官只在阿姆斯特丹露过两次面。拆分和整合新收购的荷兰银行是一个巨大的挑战，其中会产生强大的阻力，必须快速决策才行。而首席执行官的缺席被原有的荷兰银行的老董事长和员工们视为收购方软弱的表现，他们因此不对拆分的工作提供支持，而且对需要共享的重要信息避而不谈。这样一来，需要高管发起人快速做出的关键决策被拖延了数周乃至数月。最终，该银行最重要的战略举措没有得到高管的支持，这不但成为收购失败的主要原因，还使股东价值损失超过200亿欧元。

这种蜻蜓点水式的发起人参与是一种常见的模式。尽管高管发起人很重要，但很多高管发起人投入项目的时间实在太少——我们的研究也证实了这一观察结果。高管发起人要么缺乏实践经验，要么缺乏担任发起人角色的能力，要么他们根本不了解自己参与的重要性。高管发起人通常表示，他们把自己的大部分时间都花在了管理组织的日常运营方面，留给项目的时间大概只有三分之一（见图6-2）。

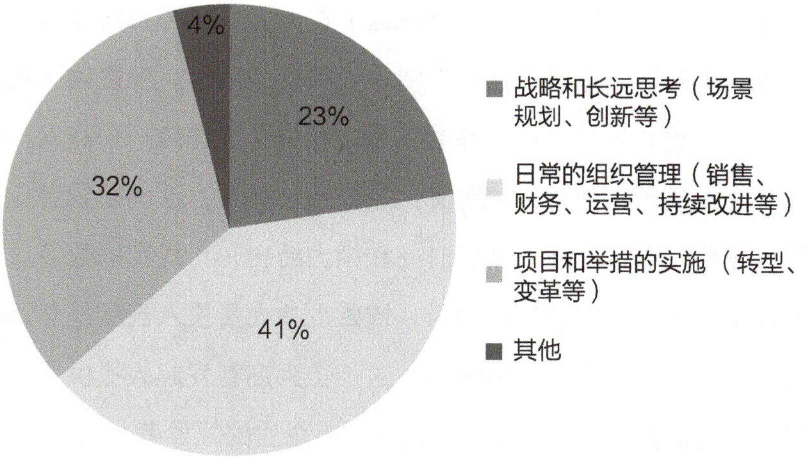

资料来源：《HBR项目管理手册》高管调查，2020年7月，N=566人

图6-2 高管发起人的时间分配

大多数项目经理都知道高管发起人角色的重要性，尤其是那些对组织的不同领域有影响并需要组织参与的项目举措。然而，项目经理很少会要求高管发起人更多地参与项目。一些项目经理害怕，如果要求高管发起人履行职责，可能让自己的工作陷入困境。即便如此，我仍要强烈建议，项

目经理应毫不犹豫地邀请高管发起人参与项目，让这些领导者知道自己角色的重要性，并提醒他们要对项目担责。

这种现状可能正在变化。最近，我在和一帮项目经理一起讨论时，一位项目经理提议，为了使新项目能获得最合格、最尽心的高管发起人，要以项目团队的需要为基础，邀请项目团队来面试担任该职位的候选人。如此一来，没有经验、技能的候选人，最重要的是，对团队需要没有同理心，或者不愿意承诺必要时间的发起人将很快被淘汰。遗憾的是，我还没有看到任何组织有足够的勇气采取如此激进的措施，以减轻项目团队与发起人之间的矛盾。

罗恩·阿什肯纳斯（Ron Ashkenas）在他的文章《如何成为有效的高管发起人》中对这一角色该做什么提供了很好的见解。他建议采取两个步骤：首先，在启动项目之前，高管发起人和项目经理应一同商议，以澄清对高管发起人角色的期望，并对其达成一致。其次，这些领导者应该对高管发起人需要在项目上投入多少时间和精力给出一个现实的数字。想让一个人尽其所能来协助成功完成项目，情感上的大量投入当然是必需的。这种参与对高管发起人同样有所裨益，这不但为高管发起人提供了一个与资深同事共事的机会，而且也能让他们被视为企业的领导者。

当高管发起人要求我领导一个项目时，我会首先花点时间简单研究一下项目的目的，然后明确地告诉高管发起人：如果我接受这个角色，我需要在整个项目生命周期得到他的持续支持，还需要他每两周抽出30分钟的时间来讨论这个项目。当我们就这些要求达成一致后，我会向高管发起人每两周发送一次会议邀请，并且每次会议的时间都相同（例如，周一上午11:00—11:30），直到项目结束。这样，我就能确保自己可以定期与高管发起人面谈，从而也让这位领导者有了定期审查项目的好习惯（详见工具和技术部分提到的“习惯的力量”）。

高管发起人的责任

- 确保项目的战略意义。
- 为项目授权、批准并提供资金。
- 获得关键干系人的支持。
- 解决冲突并做出决策。
- 易于见面且平易近人——为项目经理提供随叫随到的支持。
- 定期参加审查。
- 主持指导委员会工作。
- 鼓励认可。
- 支持收尾审查。
- 对项目最终担责。

指导委员会和项目治理

高管发起人和项目经理应确定如何治理项目。根据《PMBOK®指南》，项目治理指的是，“为决定和影响组织成员的行为，而在组织各层级上进行的组织级或结构性的安排”。治理代表了围绕项目管理的一系列透明的承诺：决策的基础、角色和相关人员的职责、干系人的参与，以及如何管理项目。治理是多维的，考虑了人员和他们各自的角色，以及项目的结构和策略，并为项目团队提供了指导和监督。同时，高管发起人和项目经理还需要了解项目环境，以确保新的内容与组织中已建立的治理相契合。

治理将项目组织结构图转换为一套决策层次和交付角色，解释了由谁担责以及职责为何。通常，项目管理的核心主体是指导委员会，它由高管发起人担任主席，并由项目经理进行管理。指导委员会的成员和会议频率通常会根据项目在组织中的重要性来决定。我参加过一个整合两家大型欧洲银行的项目，其指导委员会由首席执行官担任主席，会议时间为每天下午5点。显然，这个整合项目在公司有最高的优先级，我们必须每天汇报项目进展。当然，我也经历过与该整合项目相反的情况：指导委员会每3个月召开一次会议，大多数高层领导者都不在会议上露面（因为他们要处理其他优先事项），而那些在场的人员几乎不清楚这个项目是关于什么的。其结果就是，第一个项目非常成功，第二个项目则完全失败。

这些例子表明了指导委员会的高绩效和高参与度对项目成功的重要性。指导委员会通常是由高管干系人组成的，如首席执行官、部门负责人、业务单元负责人和专家等。他们的主要职责是，认可项目并在整个项目生命周期中提供指导。指导委员会将处理在项目的实施过程中出现的重大问题，如进度延迟、额外的成本、重大的范围变更、危及项目收益的风险、人员问题，以及来自主要干系人的阻力。如果正在使用阶段关口审查，指导委员会则会为项目开绿灯。如果指导委员会的某些成员不同意项目或不认可项目的价值，这些问题应该立即被处理。

强有力的项目治理将解决组织面临的三个挑战：

- 在项目之外，资源还有其他职责。例如，一名开发人员（主要职责是维护网站正常运行）被要求加入一个数字化运行项目。由于她目前的职责没有改变，因此，她只能在日常工作之外对新的战略项目做出贡献。由于这名开发人员不能完全投入，项目的进度可能受到影响。

- 在项目之外，资源还有不同的汇报线。例如，一名法律专家加入了一个由业务副总裁领导的监管合规项目。副总裁曾试图说服这名法律专家参加每周的项目团队会议。但由于该法律专家不向副总裁直接汇报，所以她觉得自己没有义务听从副总裁的指示。

- 部门目标与项目目标不同。例如，财务总监需要参与开发一个大型项目（涉及全公司范围）的商业论证。然而，他的直接上司——首席财务官（CFO）——正面临着完成年度账目的压力，而且搞定年度账目是财务部绩效考核的一个关键目标。就算那个大型项目的截止日期已经临近，财务总监能否参与该项目，仍取决于首席财务官是否愿意合作。

如果没有强大且明确的治理，项目之间可能出现争抢资源和关注度的情况，从而导致项目延迟和最终的失败。

为了应对这些压力，高层领导者需要发挥关键作用，即通过指导委员会支持项目，并提供完成工作所需的方法和时间。为了大型复杂项目获得成功，高层领导者必须把被选中的团队成员从他们的日常工作中解放出来——最好完全解放出来。如果项目是至关重要的，那么高层领导者应该毫不犹豫地投入最好的和最有才华的人力资源。

工具和技术

检查清单：如何选择合适的高管发起人

通常，项目从哪里（如营销、IT、财务、业务单元、监管和战略等）开始，高管发起人就会在哪里被有组织地选择出来。但是，当你选择合适的人选时，一些条件可能比项目源自哪里更重要。发起人应具备以下特点：

- 对项目成果有最高的既得利益。
- 在财务和人力资源方面都是预算的决策者。
- 在组织中的地位足够高，能制定预算。
- 准备每周至少花一天时间来支持项目。
- 最好对项目的技术问题有充分的了解。

检查清单：建立和管理指导委员会的最佳实践

- 项目是否需要重大投资并会影响组织、地区或国家的多个（或所有）方面？
- 你是否确定了哪些资源、部门、供应商、合作伙伴等需要为项目做出贡献？如果其中任何一个参与方的预算占整个项目的10%或更多，那他应该加入指导委员会。
- 在指导委员会中，负责预算（资源、资本等）的成员有足够的决策权吗？
- 项目需要多大的驱动力？要求取得进展的压力越大，指导委员会就应该越频繁地召开会议。

习惯的力量

毫无疑问，项目是变革的推动者。一个好的项目经理应该为项目和团队建立工作习惯。电影导演大卫·林奇（David Lynch）曾对演员查理·罗斯（Charlie Rose）说过："有些人可能听说过这个故事。7年来，我每天下午2:30都会去Bob's Big Boy餐厅，然后点同样的午餐。”例如，你可以每周在同一天的同一时间召开项目团队会议。与高管发起人会面也要有类似的惯例。或者你可以在同一天的同一时间进行每周例行的沟通活动。当你让团队成员的生活变得有规律时，他们会在精神上更自由地寻找最好的解决方案。

作为项目发起人（或指导委员会成员），你需要问自己11个棘手的问题

1. 担责。谁对项目最终负责？
2. 能力。我们是否有发起该项目的能力（并且知道这些能力具体是什么）？
3. 承诺。我能投入足够的时间（每周2~4小时）支持项目团队吗？如果不能，为什么？
4. 一致性。高级管理层团队是否能百分之百地支持项目？如果不能，为什么？
5. 目的。我们为什么要做这个项目？
6. 收益。项目的收益是什么，项目的影响是什么？
7. 价值。是否对收益进行了量化？如果没有，为什么？
8. 信念。我们确定该项目将实现收益吗？如果不能确定，为什么？
9. 优先级。我们是否要做最重要的或最有利可图的事情？

10.项目经理。我们是否选择了一位准备充分且非常适合这项工作的项目经理？如果没有，为什么？

11.资源。我们是否为该项目投入了足够的高质量的资源？如果没有，为什么？

将此模块付诸实践

一个项目应该选择最合适的高管发起人——只有一个人，不是很多人。此人将对项目的结果担责，这是发起人责任中的优先事项。

作为领导者，你和你的同事需要定义强有力的治理结构并对其达成一致，以确保组织对项目的承诺。你还应该明确团队成员的角色和职责。所有贡献者必须知道他们所扮演的角色，以及他们的团队需要付出多少时间和资源。

最后，你需要为指导委员会任命适当层级的决策者（通常为高管，他们决定预算），并确定指导委员会的会议频率。指导委员会应每月至少召开一次会议。对于战略项目，为了产生足够的驱动力，建议每两周召开一次会议。会议越频繁，团队的压力就越大。

问及的关键问题

- 是否任命了有能力的高管发起人？
- 高管发起人是否对该项目有信心，是否准备好投入足够的时间来支持和监督项目？

- 高管是否准备好并能够投入足够的时间（对于战略项目，取决于项目的阶段，每周需要2~4小时），以推动项目取得成功？
- 是否建立了项目指导委员会，并确定了会议召开的频率？
- 被任命和选定的指导委员会成员是否承诺参与？

资源：谁将管理该项目，交付项目需要哪些技能

项目是由人来交付的。确保组织有必要的资源——具备适当的技能、专业知识和经验来实施项目——是高级管理层的基本责任。

项目经理需要培养强大的领导力技能，特别是对于复杂项目和跨职能项目。在管理这些项目时，需要从整个组织中调动资源以改变现状。事实上，最好的项目经理不仅是领导者，还是企业家和所有者——他们是其项目的首席执行官。

世界排名第一的高管教练马歇尔·戈德史密斯（Marshall Goldsmith）曾这样告诉我："通常，高管们倾向于将项目经理视为技术专家——非常注重战术的人员，专注于项目的细节。但现代领导力正向着'引导'的方向转变。我指导过的最好的CEO都是很好的引导者。因此，未来的项目经理将不得不成为项目领导者。他要擅长引导，而不仅是做个技术专家。"

从2010年以来，项目管理的重点逐渐从原来的硬技能（范围、规划、进度和估算）转向软技能（领导力、干系人管理和沟通）。一个好的项目经理要能引导组织，激励团队，向关键干系人宣导项目的收益，并依照范围、进度、预算进行交付。成功的项目经理还需要精通其他技能：

- 了解项目的战略和业务方面的信息。

- 影响和说服各级干系人。
- 在矩阵型组织中发挥领导作用。
- 将一群个体组成一个高绩效的团队。
- 激励项目团队并向项目团队提供反馈。
- 监督项目工作的进展。

遗憾的是，优秀的项目经理是稀缺的。由于公司有很多战略项目，这些项目往往只能由缺乏一些必要管理资质的项目经理来领导。

通常，应由高管发起人或项目选择委员会（最好得到PMO的支持）来任命项目经理。选择具有适当技能和经验的适合人员来领导项目团队是项目成功的关键因素。然而，许多组织缺乏对非技术技能的理解，也不会基于这些非技术技能进行招聘。而且，组织在区分不同风格的项目经理和不同的项目上也做得不好。此外，高管经常把领导一个备受瞩目的项目视作让有潜力的项目经理得以发展的机会。项目经理可能被指派领导一个大型战略项目，从而可以接触最高管理层。虽然他们因此可能培养一个平时工作不需要的补充技能，但问题是，他们不认为管理这些项目是长期的职业，而且他们通常也不会有兴趣更深入地学习项目管理。

资源和项目人员配置

项目人员配置的目标是，确保项目有足够的具有适当技能、相关经验和可用时间的员工，以成功实施项目。项目角色、职责、技能都是需要考虑的关键要素。令人惊讶的是，许多组织在确认项目举措前没有进行能力检查就启动了项目。

公共部门采购

在公共部门，招聘的重要性已得到充分承认。由政府开展的项目严重依赖外部专家，如承包商、工程师、顾问等。然而，政府部门正逐渐认识到，如果自己内部没有大量知识渊博的人力资源，则很难在开展这些项目时做一个“精明”的客户。如果没有这些关键人员，你如何确定你需要什么，如何找私人部门承包，需要监督承包商交付什么，又该如何确保所获成果能有良好的质量和性价比？

聪明的政府正在使其采购实践现代化。英国政府出版的《项目交付能力框架》对在公共项目的各个领域执行项目工作所需的职业角色、知识、技术和能力提供了一份普适的描述。2018年，欧盟委员会发布了项目管理方法论指南，以使公共和私人部门的项目团队能够有效地管理项目，并为组织和干系人交付解决方案和收益。

公共部门项目的采购问题是众所周知的，几乎不需要举例说明，但以下简短的讨论可以提供一些洞见。汉堡爱乐乐团音乐厅的建设之复杂，超出了该州能够处理的范围。这个项目在2007年立项时，计划2010年完工，估计成本为7700万欧元。结果，建设工作到2016年10月才正式结束，耗资达7.89亿欧元。正如这个例子所显示的那样，精简后的行政管理部门几乎没有能力有效地控制建设项目，而根据政治权力的比例组成的监督委员会在监督项目方面也失败了。在该项目中，权力和决策最终被掌握在供应商手里，他们可以利用这一“优势”，以公共资金为代价，收取远高于其最初规划的费用。

> 与此相反，中国的“川气东送”特大天然气管道项目是成功运行大型国家级项目的一个惊人例子。中国政府为选择最佳承包商制定了严格的招标和资格认证流程。所有与招标有关的文件都由专家发布和审查。同时，国家也优先确保了资源质量，雇用了89名外部督导来培训所有4079名项目成员，好让他们在质量、健康、安全和管理方面具备相应的知识。这个特大型项目仅用了27个月就完成交付。

如果组织中没有合适的资源和能力，可以通过培训进行开发或从外部获得。通常，最优秀和最有经验的员工（如开发人员）早就被其他任务和项目占用了。如果没有规划好他们应做的贡献，项目将受到影响。缺乏所需的资源会造成项目延迟，并经常导致项目失败。

除了资源的可用性，项目成功的一个关键方面是团队的承诺。如前所述，项目团队成员不仅要对所参与的项目做出贡献，通常还要承担其他责任。对项目的承诺从来都不是既定的，尤其是因为员工经常被要求以一种他们很难拒绝的方式加入项目（我们都收到了一封电子邮件，要求我们“能够同意某件事就再好不过了”，但实际上我们别无选择）。团队成员经常不计报酬或自愿放弃一些私人时间——只有当他们相信自己属于一个了不起的项目的一部分时，他们才会做出高水平的贡献。

采购外部资源

不要忽视招聘和人员配置策略在项目中的重要性。项目只会存在一段时间，而且往往会涉及新的内容，因此常常会产生雇用外部资源的需求。咨询公司可以为开展项目的组织提供建议和资源。通常，聘请外部人员参与项目，比长期雇用内部人员要便宜得多。像兼并和收购这样的重要项目，对顾问和第三方参与的需求量极大，在收购项目中，外部投入的资源通常会占总资源的30%~40%。项目越大，或者对外部资源的依赖程度越高，项目经理越需要关注采购方面的事宜。

项目所用的外部人员的数量应根据项目的交付能力来确定。不管引入了多少外部人员，关键是确保让这些外部人员觉得自己是项目团队的一部分，并接受项目经理的监管，而不是把他们视为在项目中几乎没有承诺或利害关系的局外人。

高绩效项目团队

组织中最常被滥用的词汇之一就是“团队”。通常，所谓的团队是指一群偶尔在项目中工作的个人，他们具有不同程度的承诺和奉献精神。研究表明，对于在同一个项目中工作的不同个体，绩效最佳者的效率会比绩效最差者高十倍。十倍的差距听起来已经很让人吃惊，然而，绩效最佳的团队与绩效最差的团队在效率上的差距甚至可以达到两千倍。我们经常觉得一个厉害的项目团队一定是由一群“超级巨星”组成的，但事实并非如此。研究表明，“真正的团队”可以让普通人做出非凡的事情。

《高效的秘密》（*Smarter Faster Better*）的作者查尔斯·都希格（Charles Duhigg）讨论了有助于组建“真正的团队”的5个关键因素。

- 目的。这个项目有明确的目的吗？这对团队中的每个成员都有重要意义吗？
- 贡献。每个人是否都有能发挥自己最大作用的角色？
- 心理安全。团队中的每个人都能在有安全感或不害怕受到惩罚的情况下承担风险或公开发言吗？

- 友情。每个人都可以依靠彼此按时完成高质量的工作吗？
- 认可。每个人的贡献都得到认可了吗？

项目经理和高管发起人必须了解为什么要打造一支高绩效的团队。高效的团队不会随便出现：团队绩效的基础是建立彼此的信任和尊重，对个人及其不同背景的理解，以及对共同目标的认同。

项目团队没能实现高生产力的原因常常是，项目领导者在项目的早期阶段没有建立以上基础。最好的项目领导者会留出时间让团队成员彼此熟悉，参与项目目标的设定，为了实现这些目标而担责，在整个团队中建立信任，并制定团队行为的基本规则。在组建团队时需要考虑的重要一点是，项目中最投入的成员通常是自愿加入的。要善加利用这些成员的热情，因为这种热情可以传递给其他人。

工具和技术

奉献和承诺

作为高管发起人，你可以问项目经理两个问题，从而评估项目是否被托付给了正确的人。

- 奉献——你在该项目上投入了多少时间？对于战略项目，需要你奉献百分之百的精力。低于这一奉献水平，就意味着人们的注意力有所分散，项目的压力也没有到位。项目经理经常被要求同时领导数个项目。根据我的经验，同时领导三个以上的重要项目是很不容易的。另外，在组织的日常工作中承担全职工作后，也很难再管理好一个重要项目。

- 承诺——你对项目的成功有多大的信心？因为每个项目都会面临一些挑战，如果项目经理和团队成员对项目的成功没有承诺，项目很可能就会完全失败。艾伦·穆拉利（Alan Mulally）的经历就是这种积极思考的极佳范例。这位项目经理在“9·11”恐怖袭击事件后，在波音公司正挣扎求生的最差情况下，负责制造波音777的大型项目。他的坚定承诺和全心奉献推动了这个有着一万名团队成员的项目，造出了世界上最先进的客机之一。

指导委员会可以使用奉献和承诺矩阵来评估项目经理和高管发起人的参与程度（见图6-3）。如果他们中的任何一人把自己当作“球迷”或“观众”，那么对项目的缺乏承诺会很快影响到团队的其他成员。当信念或士气明显下降时，高管发起人应进行干预，并找到恢复信心的方法：要么采取纠正措施，要么替换项目经理。当项目经理和高管发起人没有在项目中投入足够的时间来与团队进行沟通和接触或跟进进度时，交付项目所需的压力和关注就会消失。

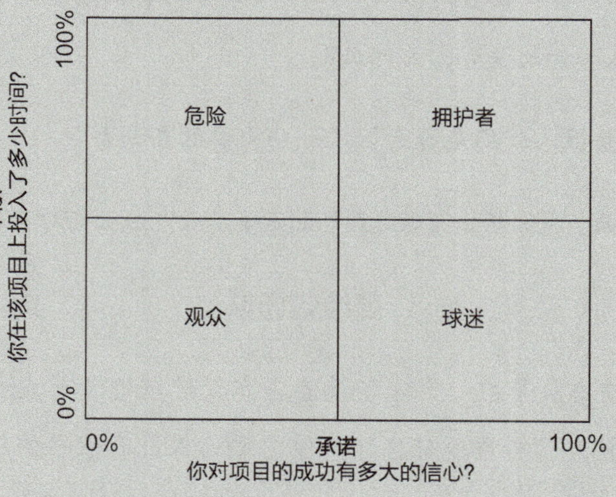

图6-3　奉献和承诺矩阵

作为项目经理，你需要问自己11个棘手的问题

1. 能力。我是否有能力领导项目（我知道这些能力是什么吗）？

2. 承诺。我能把50%以上的时间花在领导项目上吗？如果不能，为什么？

3. 发起人。我是否能确保高管发起人做出承诺并每周为项目投入足够的时间？如果不能，为什么？

4. 目的。我们为什么要做这个项目？

5. 信念。我们百分之百确定项目会成功吗？如果不确定，为什么？

6. 收益。项目的收益是什么，项目的影响是什么？

7. 价值。是否对收益进行了量化？如果没有，为什么？

8. 优先级。我们是否要先做最重要的或最有利可图的事情？

9. 资源。我们是否对项目投入了足够多的、高质量的内部或外部资源？如果没有，为什么？

10. 完整性。我们是否忘记了一些重要的东西？

11. 证据。我们应如何确定该计划是否有效？应如何对其进行检查？

高绩效团队

高绩效团队是由一群才华横溢、积极进取的专业人士组成的，他们共同努力以实现项目目标。他们能确保最高水平的绩效和生产力。下面是一个实用的核查清单，你可以据此创建高绩效团队。

1. 介绍。团队成员有时间见面并了解彼此。

2. 目标设定。在创建项目和设定团队目标时，所有团队成员都参与其中。

3. 基本规则。团队已经定义有关团队行为的期望和价值观，这些期望和价值观都已被记录下来并得到分享。

4. 团队身份。团队可以描述其主要目的和预期目标。胜利和失败将是团队的胜利和失败，而不是个人的胜利和失败。

5. 贡献。团队成员在其专业领域各负其责，并且知道如何主动行动以实现项目目标。

6. 解决问题和承担风险。团队有解决问题的文化，并鼓励人们承担风险。个人不会被指责或受到惩罚。

7. 联合决策。团队能够及时做出得到整个团队支持的决策。

8. 冲突处理。针对冲突，团队成员可以自由地表达自己的观点，即使与项目领导者出现分歧也可以说出来。冲突会被及时地、直接地解决，而不会损害人际关系。

9. 反馈。团队和个人都会定期收到反馈，并且人们有一种持续改进的心态。

10. 领导力。项目经理和高管发起人应以身作则遵守高绩效团队的规则。

责任分配矩阵

责任分配矩阵是一种用于匹配项目中的各种角色与关键活动的简单工具（见表6-1）。它具有以下责任层级。

- 负责。负责执行活动的人员。
- 担责。活动的最终责任承担者。
- 咨询。提供咨询和输入的个人或群体。
- 知情。应被告知项目信息的个人或群体。

表 6-1　责任分配矩阵示例

	劳拉	亚历山大	塞尔玛	卢卡斯
定义项目目的和商业论证	A	R	I	I
任命项目经理	A	I	I	I
定义范围和需求	C	R	C	I
创建项目计划	I	A	R	C
测试解决方案	I	A	C	R
实施解决方案	I	A	R	C
跟踪收益	A/R	R	I	I

说明：R= 负责；A= 担责；C= 咨询；I= 知情。

责任分配矩阵有几种用途。首先，它将任务和活动分配给了特定的个人，这有助于确保任务都能被完成。其次，它明确了谁是要执行任务的人员（对这个任务负责的人），谁是要确保任务（或整个项目）达到所需标准的人员，并强调了二者之间的区别和重要性。最后，责任分配矩阵让正确的人以正确的方式参与任务，这有助于保持沟通和决策的精简。

将此模块付诸实践

在项目开始时，高管发起人和高级管理层需要完成以下几个步骤：

- 评估并确认组织拥有支持项目的人员和预算。
- 确保具备开发解决方案所需的能力和知识。
- 为可能出现的瓶颈早做打算，例如，释放其他人力资源或利用外部的能力和专业知识。
- 建立标准的流程，任命准备得最充分的项目经理来领导项目。

组织必须制定项目管理能力发展框架，规划正式的职业发展道路，以帮助项目经理不断成长，并鼓励最好的项目领导者留在组织中。组织还应找到激励外部各方履行承诺和保持参与的方法，以在预算内按照项目规范进行交付。

问及的关键问题

- 组织是否有足够的具备所需技能的资源，并能将其投入项目？
- 是否任命了专业的、合格的、敬业的项目经理来领导项目？
- 如果项目需要外部专家，是否有到位的相关激励措施和惩罚措施，以确保他们能成功地交付项目？

干系人：谁将从该项目中受益并受其影响

干系人是那些与项目有利害关系的人，或者那些将以某种方式受到项目的影响并通常会因此对项目施加影响的人。

正如第5章所述的那样，应该询问关键干系人对项目成果的期望。干系人满意是最终的成功标准，能为关键干系人带来收益的项目将被认为是成功的项目。然而，所有干系人的期望都能保持一致的情况非常少见。有时，一些个人或群体会试图对项目施加影响，好让项目符合他们的期望，他们甚至会迫使项目停止（如果他们有这样的能力）。在项目世界中有这样一句普遍适用的格言："总有人会因你项目的失败而高兴。找到这些人是谁，并理解其中的原因。"

来自干系人的压力可能导致项目范围发生变更，增加管理任务的复杂性，危及成本并带来不确定性。即使你有一个定义清晰的项目，并且做好了明确的实施计划，但如果干系人的意见没有得到适当的处理，该项目最终仍会面临阻力。项目的规模越大，干系人的数量可能越多。在大型的、使用公共资金的项目中，可能有一百多个干系人，而他们的参与程度、对项目的期望和影响项目的权力都各不相同。干系人越多，项目经理需要进行的沟通和变更管理活动就越多。

对于具有不同影响程度和利益点的干系人，高管发起人和项目经理必须能够识别他们，使他们参与项目，并与他们进行沟通。在项目的早期阶段，项目的目的和目标仍在开发中，干系人的影响往往很弱。当项目启动并开始制订计划时，干系人的影响力就会增加。当项目进入实施阶段，项目带来的变化渐渐显现，并开始对一些干系人产生影响时，项目面临的阻力将达到顶峰。高管发起人应该对受项目影响的其他高层领导者和其他资深外部干系人施加影响。同时，项目经理应该处理好其他工作，在必要时也可请高管发起人进行协助。项目指导委员会是讨论干系人的影响、干系人的期望和应对阻力的措施的最佳场所之一。

内部和外部干系人

项目干系人可以被分为两种：内部干系人和外部干系人。识别和管理内部干系人通常比识别和管理外部干系人更具挑战性。最常见的内部干系人是直接受项目成果影响的员工。当然，业务单元、管理部门或职能部门的高层领导者或组织中的任何其他人也可能是内部干系人。在收集有关项目的不同需求和期望时，你会发现，要找到满足每个人的解决方案是非常困难的——这再正常不过了。一些最艰难的项目会对工作关系产生影响，这可能涉及重组或工会（作为重要的干系人）。

外部干系人是指不属于组织，但会参与项目或与项目有利益关系的个人或群体。外部干系人通常不参与项目的日常活动，但他们的行动最终可能影响项目结果。

项目中的干系人因项目类型和行业而异。表6-2列出了最常见的干系人。

表 6-2　项目中常见的内部和外部干系人

内部	外部
项目经理 项目发起人 指导委员会 员工 管理层 高管 董事会 公司所有者或投资者	供应商 销售商 顾问 客户 监管机构 金融机构 工会 媒体 社区 地方政府 非营利组织 市民 协会

干系人分析和干系人管理可能是非常耗时的。在大型复杂项目（如并购）中，你不可能与项目涉及的每个人交流，或者让每个人都参与项目活动。因此，要成功实施一个项目并实现其目标，高管发起人和项目经理必须在保持干系人的参与度与做出不偏不倚的决策间取得适当的平衡。

忽视关键干系人群体会带来危险

澳大利亚的悉尼跨城隧道项目是一个由于干系人管理不善而导致项目失败的糟糕案例。与许多遇到麻烦的大型项目一样，各种各样的问题破坏了项目的可行性和财务商业论证，但干系人的管理显然是其中的突出问题。面对巨大的成本超支，道路运输管理局发现自己陷入了困境。为了守住最初所做的“不给政府带来任何费用开支”的承诺，它选择增收通行费，这使得使用隧道的车辆立即减少——原有的隧道经济模型也行不通了。新南威尔士州审计长显然不看好这个项目：“在隧道开通时，使用双向隧道的通勤人员每周要支付的通行费已达近35澳元。据此，可以合理地假设，相当一部分潜在用户将对此望而却步。这样一来，隧道项目将偏离其缓解地面交通压力的目标。”

以牺牲一群干系人的利益为代价来保护另一群干系人的利益可以解决眼前的危机，但也有可能为项目积累麻烦。干系人管理总是需要妥协，这取决于如何透明、公平地分担痛苦和分享收益。

干系人分析能使复杂情况变得有条理，并让你更好地理解那些对项目感兴趣或受项目影响的人的期望，这是干系人分析的主要价值。在进行干系人分析时，是否能获得附加价值在很大程度上取决于你在分析过程中是否很好地遵守了准则。干系人分析的结果是本书后面将讨论的变革管理模块的关键输入。

工具和技术

参与三重约束

最后一个三重约束与项目的参与有关。项目经理和高管发起人应使用“参与三重约束”来评估变更对参与的三个要素中任何一个的影响（见图6-4）。该工具可帮助项目经理和高管发起人制订可能的纠正措施，以保持团队和干系人对项目有很高的参与度。

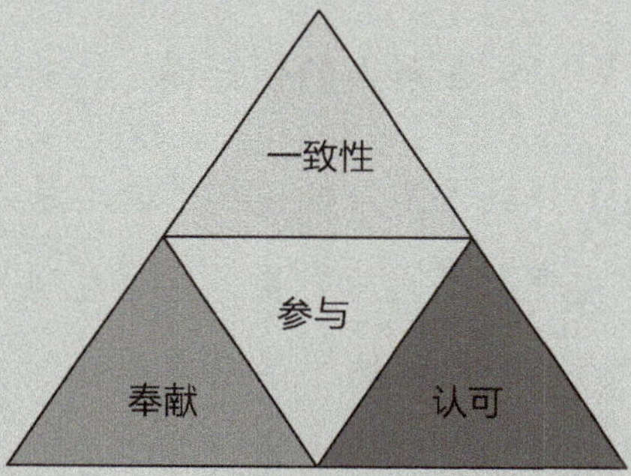

图6-4 参与三重约束

参与三重约束由以下要素组成。

- 一致性。人们（项目团队和干系人）与项目的情感联系由项目的目的和团队对其的热情决定。越缺乏一致性，人们就越有可能将该项目仅视为另一项工作。
- 奉献。指项目团队和干系人在项目中的时间投入。如果能够把资源百分之百地投入项目，专注于把项目完成，那就再好不过了——然而这种情况通常只是例外。
- 认可。保持个人和团队参与的关键要素。人们需要感到自己为项目做出了贡献，在项目的发展中发挥了作用，并因此得到了认可。

与其他三重约束（或铁三角）一样，在项目中，每当三个要素中的一个发生变化时，就必须调整其他两个要素才能保持参与度。例如，如果项目团队在项目的目的上存在分歧，或者项目的目的不明确，则一致性要素可能影响团队的奉献。这些条件会影响团队的参与和绩效，也将会反映在项目的绩效中。

干系人分析矩阵

该矩阵最常用于分配干系人权重和平衡干系人利益。如果有可能，项目经理应该处理干系人的需要，以满足项目的目标。与需要在大范围内进行的风险评估（本书后面会有介绍）不同，干系人分析应该在较小的范围内进行——通常只有项目发起人和项目经理参与，因为有些讨论的内容可能相当敏感。这个由少数几人组成的小组应先在准备阶段评估干系人。在确定主要的干系人后，根据三个维度对每个干系人进行分类。第一类是受项目或其成果影响的程度，或者在项目或其成果中涉及利益的程度。第二类是干系人可以在项目中拥有的权力或对项目的影响，这个维度通常与个人或群体在组织中的权力相关。第三类是干系人当前对项目的态度。

可以定期对干系人进行分析，以跟踪干系人的态度随时间的变化。图6-5展示了一个干系人分析矩阵的示例。

以下还有一些沟通和说服的策略，你可以运用它们来应对不同的群体。

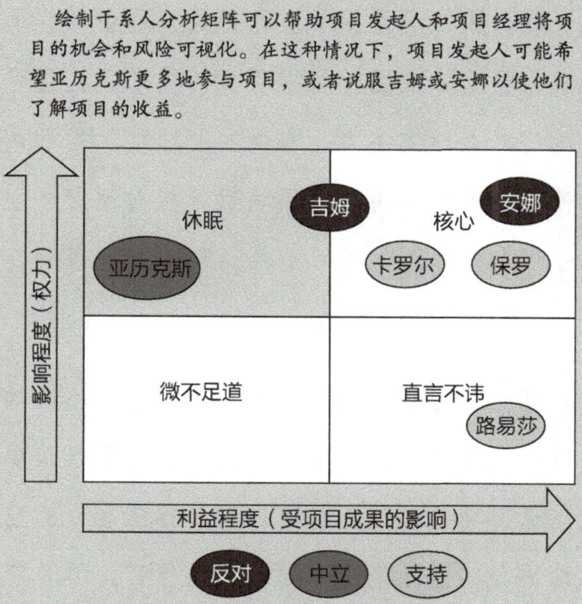

图6-5 干系人分析矩阵

- 核心（权力大，利益多）。当核心干系人支持该项目时，你必须随时让他了解情况，并定期提供项目的最新信息。对项目而言，核心干系人是极佳的项目大使。应请核心干系人来游说其他群体，确保他们明确表达对项目的支持，并考虑把他们纳入指导委员会。另一方面，反对项目的核心干系人将构成一个重大的风险。然而，请不要回避他们。相反，要注意他们。找出对他们重要的事情，帮助他们解决问题，赢得他们的好感。请那些支持项目的干系人试着说服反对项目的干系人，让后者相信项目将交付预期的收益，并应对持异议的干系人可能对其他群体产生的任何负面影响。有时，仅通过倾听人们的意见并让他们参与进来，就可能把项目的批评者变成项目的推动者。

- 休眠（权力大，利益少）。权力大且利益少的干系人可能在未来成为机会或威胁。根据项目的成果，他们可能突然成为项目的反对者或支持者。与这些“休眠”的干系人会面，找出对他们重要的事情。如果项目可能对他们产生积极影响，确保他们能意识到这种可能性。要监督项目的变更，防止突然增加他们不喜欢的因素。

- 直言不讳（权力小，利益多）。尽管直言不讳的干系人对项目的成功危害较小，但考虑他们的意见是很重要的。如果他们支持这个项目，他们就可以成为你强有力的盟友。他们可以帮助你与其他干系人一起推广该项目。尽可能让他们了解项目的进展，多让他们参与，并征求他们的建议。如果干系人不看好项目，你可以随时与他们交谈，但不要花太多时间来说服他们。最终，你可以要求高管发起人采取坚定的立场。

- 微不足道（权力小，利益少）。微不足道的干系人与项目的相关度最低，给项目带来的风险也最小。你可以让他们保持知情，但在这些既没有权力又与项目关系不大的人身上，不要浪费太多的时间和资源。

基于角色和议程的干系人分析

另一种分析干系人的有效方法来自项目管理专家路易丝·沃斯利（Louise Worsley）。她描述了两种不同类型的干系人。

- 基于角色的干系人。根据职能对干系人进行描述，无论干系人是个人（发起人、团队成员）还是组织（客户、承包商、投资公司）。有效管理基于角色的干系人涉及明确的职责和沟通、有效的合同，以及对变更、管理和争议解决流程的良好理解。
- 基于议程的干系人。主要在项目外部（官员、竞争对手、最终用户、与项目工作或最终资产相关的其他人）。这些干系人的态度和行为可能强烈影响项目的实施方式及其后续的成功。

一个拥有众多基于角色的干系人的项目——即使这需要相当多的脑力、时间、精力和对细节的关注，也是可管理的。另一方面，一个拥有众多基于议程的干系人的项目则更为复杂；预测这些项目中人们的行动或决策的结果将是一个挑战。这些复杂的项目仍然需要规划、时间、人力投入和对细节的关注，但你也需要准备好应对意外、妥协，并认识到在一定程度上你是无法控制项目成功的。

将此模块付诸实践

作为项目经理，你先要识别关键干系人并使用干系人分析矩阵对他们进行分类。了解他们对项目的需要和期望。虽然这种分类对于规划不同的沟通和管理策略是有用且重要的，但不要陷入先入为主的误区——永远不要忘记，这些人的态度和行为在项目的整个阶段都会发生变化。如果没有对他们进行始终如一的和富有同情心的管理，项目的拥护者可能成为反对者，反之亦然。使干系人在项目的整个生命周期中积极支持项目，直到项目完成，这对项目的成功至关重要，但这也可能是一项艰巨的任务。项目经理需要让高管发起人给予帮助，毕竟，高管发起人在干系人管理中也扮演着重要的角色。

问及的关键问题

- 项目有多少关键干系人？
- 你能否识别可能导致项目失败的任何主要阻力？你将如何解决这些问题？
- 你能否识别可以充分利用的重要支持，以增加干系人对项目的认同？
- 在项目中，你将如何调整你的干系人策略以适应不同的阶段？

在本章中，我们学习了如何处理由人的因素连接的三个构建模块。现在，你已经意识到高管发起人在监督和支持项目方面的重要性，以及对这样一个关键角色的期望。然后，我们研究了如何为团队配备人员，包括项目经理、项目人员和外部承包商，以及创建高绩效团队的重要性。最后，我们了解了，主动的干系人管理是当今项目经理和高管发起人最重要的任务之一。项目受益人、高管发起人、项目经理和项目团队成员都是受价值观、个性、道德、观念和利益驱动的个人和群体。这些独特的人员在不同程度上影响着项目的实施，并决定了项目能否成功。要设法抓住每个机会，让他们参与到项目当中。

在下一章中，我们将介绍创建领域（也是最后一个领域），这是人们在想象项目管理时通常会浮现在脑海中的内容。创建领域是“项目冰山”的可见部分——范围、需求、可交付物、输出、计划、风险和变革管理。

07

第7章 创建领域

可交付物、计划、变革

我们已经看到，当今的项目往往是庞大且复杂的，它们需要在不确定的和快速变化的世界中开展，并会面临多种形式的风险。未能定义项目范围应包含（或不包含）的内容，就会导致计划外的或不必要的工作、进度延误、预算超支，或者无法实现收益。未能仔细地规划项目，或者使用了错误的规划方法，就会导致返工和延误。未能准确传达计划并满足干系人的需要，就会导致对项目的困惑和抵制。在本章中，你将获得一系列的工具，以帮助你躲避各种“陷阱”并开发成功的项目。

创建领域包含的三个构建模块组成了项目的“可见”部分（见图7-1）。

- 可交付物。项目将生产、建造或交付什么。可交付物由关键干系人和项目团队定义，并将产生项目的收益。
- 计划。如何开发项目的可交付物；计划何时、由谁进行这些工作。

- 变革。项目将如何争取干系人的支持，以及如何管理项目的风险。

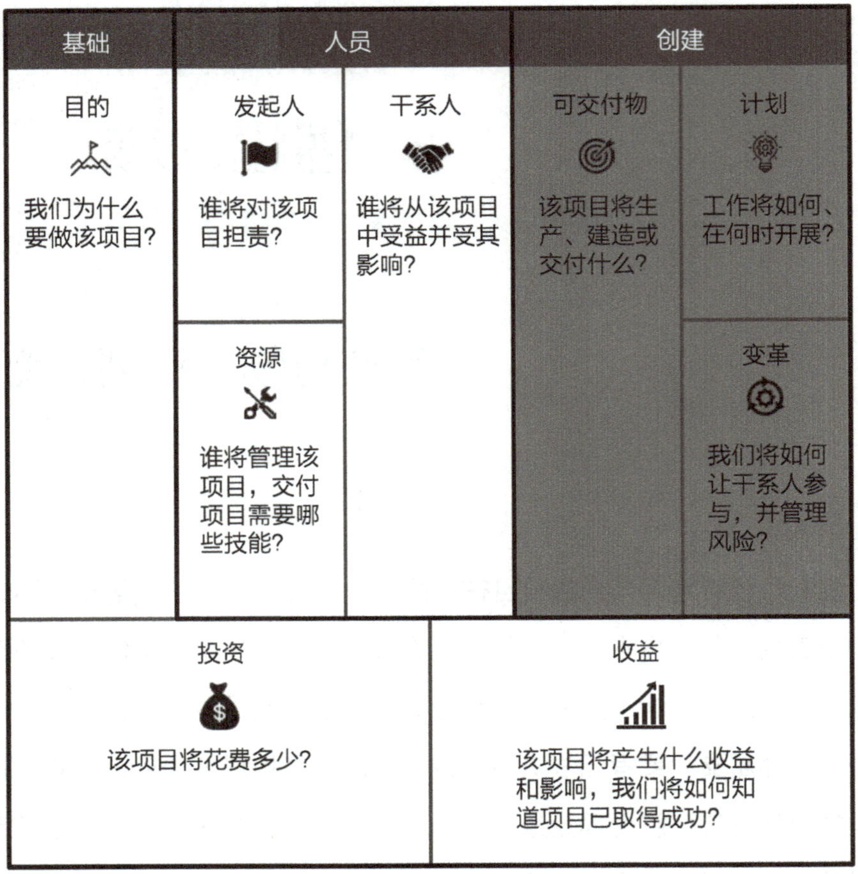

图7-1　创建领域

创建领域既包括项目管理的硬技能方面（定义、范围、设计、进度、计划、里程碑、成本和风险），也包括软技能方面（动机、同理心、培训、教练、沟通和变革管理）。在正确的时间点上足够深入地解决以上各个方面的问题，可增加项目成功的机会。

可交付物：该项目将生产、建造或交付什么

项目的存在是为了开发一些东西——通常是新的东西，并将它们以输出和可交付物的形式呈现出来。这些可交付物应该导向项目目的和收益的实现。尽管项目的可交付物（例如，新公司网站的设计和特性）和其收益（例如，获得其他业务）彼此有关联，但二者仍应被区分开来。

设想、定义、理解、同意项目的组成和交付内容，是项目管理存在的一个理由，也是其主要挑战之一。

项目的内容也被称为范围。其他常用的术语包括解决方案、规范、详细需求、设计、功能或干系人期望。定义项目的范围涉及设置边界（项目中包含哪些内容，以及不包含哪些内容），以便在项目计划中涵盖（且仅涵盖）项目范围内的所有活动。

不应将项目的范围与项目的收益混淆。例如，学校想建一座新的大学礼堂，该项目的范围将包括礼堂的建筑面积、座位数量、建筑材料、施工技术等。然而，这个项目的收益可能是学习体验的提升，以及最终会带来入学人数的增加。

在所有项目管理方法论中，确定范围都是相当重要的一步。对于最终成果明确的项目（不确定性很低的项目，如房地产开发项目），项目领导者可以在早期阶段准确且详细地确定项目范围。对于不确定性较高的项目（如数字化转型项目），只有在项目启动后范围才会完全显现。对于最不确定的项目，在项目开始时估算的持续时间和成本将是限制性的或紧急性的。限制性的意思是，高管团队会给出一份他们一致同意的工作预算，然后由项目团队在这个预算范围内尽可能多地交付功能或资产性元素。紧急性意味着，高管团队将先对一段时间（如12个月）内的预算达成一致，然

后在这一阶段的初期和临近结束时重新审视项目，以定义下一个阶段何时开始和何时结束，并为其确定进一步的预算。

正如我们在第2章中看到的，当你开始一个项目时，总会有不确定性存在。在决定使用传统的预测型项目管理方法还是敏捷方法时，范围的不确定性程度是关键的考量标准。

传统的项目管理：设想和定义你要创建的成果

传统的项目管理方法认为，定义范围是起草项目计划、估算时间和成本，以及开始实施的先决条件。这种方法符合人们的直觉：在我们确切地知道新组织的样子前，不要急于将其推出。或者，在我们不了解详细的楼层计划图和要使用的材料前，不要开始建造房屋。然而，当不确定性很高时，要确定项目范围只能进行有根据的猜测。这个决策是项目管理中最困难的任务之一。

通常，有关范围的工作和分析都被包含在范围说明书里，这个文档会提供项目输出的细致描述。从项目的目的开始。问问自己：什么概念将解决我们的问题？什么产品将帮助我们抓住机会？这是新的流程、新的系统、新的文化还是其他什么？通常，在范围说明书中，都会说明可交付物是什么，以及它必须满足怎样的验收标准。范围说明书还会写明假设条件、制约因素和项目除外责任（用于标识并明确说明哪些内容不属于项目的范围）。

清晰、全面的范围说明书有助于管理干系人的期望。范围说明书的详细程度将是影响团队随后控制范围变更的一个因素。我们不能轻易控制一些尚未得到充分定义的事物。我们在高层级上定义得越精确，越容易进行下一步工作：将范围拆分为工作分解结构。

工作分解结构（Work Breakdown Structure，WBS）是一个全面的、系统的定义项目工作的方法。PMI将WBS定义为以产品为导向的项目“家谱”，这种结构方式组织并定义了项目的全部范围。每向下分解一层表示对某项目组件更进一步的定义。最低的层级描述了可以定义的最小单位的工作元素和可以分配给一个人的责任。项目范围包括WBS所有元素的总和。相反，没有包含在WBS中的元素不是项目的一部分，也被称为超出范围的元素。

生成WBS是一项需要人们达成共识的活动，最好（酌情）邀请高管发起人、项目团队、关键干系人、供应商、外部专家和关键客户共同参与。你的目标是，将项目分解为独立的组件活动，这些组件活动需要足够小以分配给单一责任人（负责人），同时还要能对组件活动的进展进行有意义的测量。WBS看起来就像一个“家谱”，家谱中的每一代都被称为一个层级（见图7-2）。WBS的顶层通常被称为“层级0”，下一层被称为“层级1”，依此类推。

每个活动（任务）的责任人负责定义活动完成的条件，确定谁应该参与活动，并确保活动能够成功完成。在定义项目的WBS后，每个活动的责任人将估算开发每个元素所需的时间和持续时长，这些信息将作为项目计划的主要输入。

当然，虽然WBS是为项目提供稳定性的基本要素，但在一个动态的环境中，随着各种活动的发生，项目的变更通常是不可避免的。所以，你还应考虑如何对WBS进行变更（见“管理范围的变更”一节）。

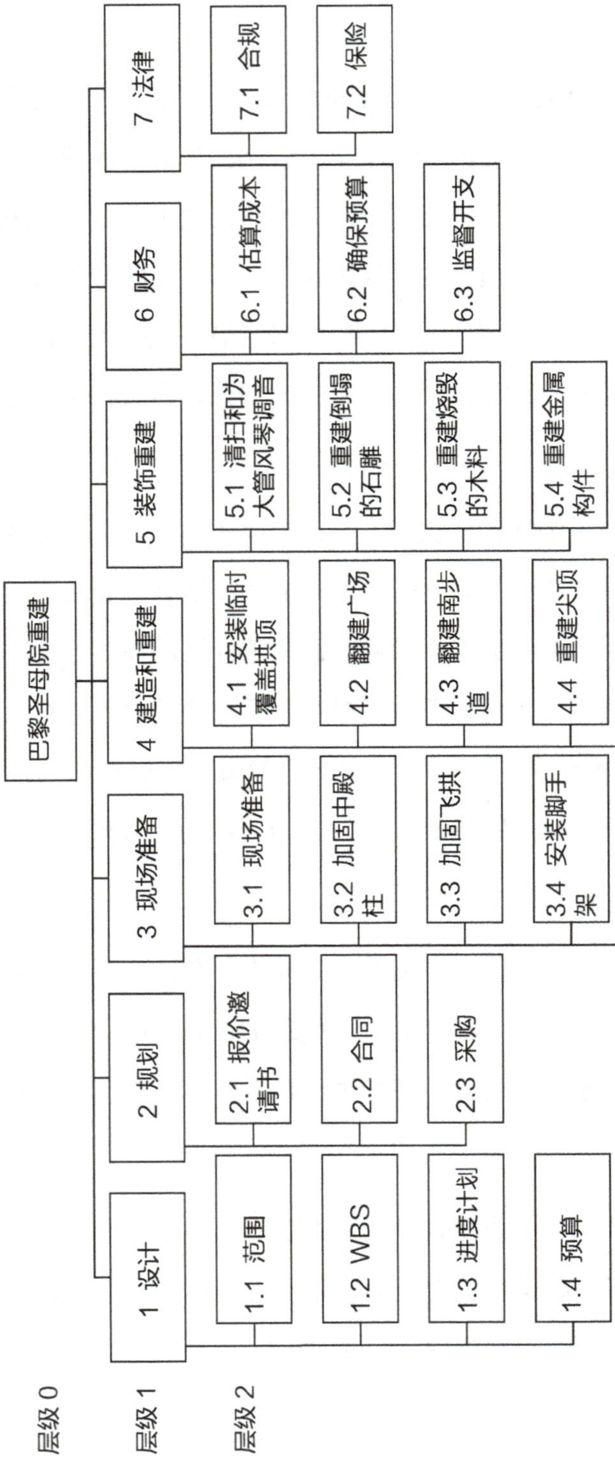

图7-2 工作分解结构（**WBS**）示例：巴黎圣母院重建

创建项目WBS的步骤

1. 召集高管发起人、项目团队、专家、关键干系人、供应商、关键客户（如果合适的话）一起举行详细的设计研讨会。这个工作不应该是仓促的，即使对于小型项目，你也应该至少花半天时间来进行。
2. 准备白板，并为每个人分发便利贴。
3. 在白板的顶部写下项目概念，让每个人都来定义项目的元素（每个便利贴写一个元素），并将写好的便利贴贴在白板上。
4. 根据类别对便利贴进行分组。如果几个人提出类似的元素，这是一个好兆头：大家对项目应该产生什么结果的看法是一致的。
5. 在第一行列出项目概念，在第二行写下项目的各个主要类别。将已分组的便利贴放入相应的类别。
6. 对于规模更大或风险更高的项目，通常需要更多的详细层级。
7. 继续分解工作，直到可以为每个最低层级的元素分配一个责任人。对于其中的每个元素，责任人都应估算其成本并负责将其完成。

敏捷方法：开发产品待办事项列表

当项目范围不确定时，适应型项目管理方法比传统的项目管理方法更适合。如果你正在从头开始创建系统，或者价值主张和功能有很多不确定性，或者你不知道应优先考虑什么或客户想要什么，那么敏捷方法就是更好的选择。

敏捷方法最初是为软件开发而创建的。IT项目有着一系列独特的不确定性挑战，因为不仅IT项目的可交付物是可以使用的，而且在用户或客户试用前，没有人知道他们会认为IT项目的哪些部分最有价值。如果将传统项目比作一次从南非开普敦飞往华盛顿特区的旅程（可以为旅客提供确定的行程和到达时间），那么IT项目则相当于对丛林中一个新区域的探索，探险家只能根据一天内走了多少路程来测量进展。

让我们来看看Scrum（现在流行的敏捷方法之一）是如何进行定义的。Scrum方法由三个角色组成：产品负责人（客户或发起人）、Scrum Master（类似项目经理，但敏捷方法不认可项目经理这个角色）和开发人员（工程师或构架师）。Scrum方法包括四种会议：冲刺规划会，其中冲刺（Sprint）表示一个工作周期（例如，对丛林的探索）；每日站会（我们今天要探索丛林中的哪个区域，以及我们将走多远）；冲刺审查会（我们现在走过了丛林的多少区域）；冲刺回顾会（我们今天如何有效地探索了丛林）。Scrum方法还包括三个工件：产品待办事项列表、冲刺待办事项列表和潜在可发布的产品增量。如前所述，产品是可交付物（例如，在现有网站上添加一个事件管理功能）。产品待办事项列表是产品中尚未开发的部件（例如，你构建了预订功能，但还需要添加付款流程）。冲刺待办事项列表是项目团队通过冲刺来进行开发的功能列表。潜在可发布的产品增量是对产品的一次改进，使团队能够向客户和用户发布产品。

产品负责人负责确定项目的内容。产品负责人与团队一起以产品待办事项列表的形式描述项目的范围。Scrum最好的（也是最简单的）规则之一就是，将范围（产品待办事项列表）与工作（冲刺待办事项列表）明确分开。产品待办事项列表中的事项可以是任何内容：想法、功能、需求、原型、文档、图片——随你的喜好。在某些时候，团队会分析所有事项，并将它们分门别类地放入用户故事（一种功能组合，用来描述用户类型、用户想要什么以及用户为什么想要）。一旦确定了产品待办事项列表，开发人员就可以决定在每个冲刺期间完成哪些工作，以及如何完成。

管理范围的变更

即使在项目开始时已经很好地定义了范围，在项目的生命周期中范围也很有可能发生变化，从而需要变更项目的持续时间、成本、计划和收益。范围变化越大，根据最初的计划成功交付项目的挑战也越大。在我和同事进行的研究中，项目专业人员强调，需求（范围）和时间线的频繁变更是他们在实施项目时面临的头号挑战（见图7-3）。

范围蔓延描述了这样一种情况：干系人总想在最初商定的范围内加点什么——每次都提出一个新的需求，却不同意相应地调整进度计划或增加投资。项目领导者应该抵制范围蔓延。范围蔓延将破坏你的预算或迫使你削减原计划的其他方面（在最初商定的范围内）。在极端情况下，范围蔓延可能使你交付的结果与原始商业论证完全失衡。

在极少数情况下，范围蔓延可以向相反的方向发展——成本问题或政治顾虑可能使项目原有的范围慢慢变得越来越小，直到项目失去价值。2002年，作为一个项目启动的英国身份证计划就属于这种情况。在项目开始后，其他政府部门及公民自由组织要求削减原定的虹膜扫描、芯片和PIN码等功能。结果，这种新身份证的功能只比驾驶执照已有的功能稍微多了一点。

传统的项目管理将不断变化的需求视为一种前期规划失败的迹象，但范围的变更有时不可避免，应被视为一个机会。通常，人们会尽早地锁定范围，但是，根据干系人的合理要求或项目经理提供的情报和建议，在增加的收益会超过额外费用的情况下，项目发起人有时可能决定扩大范围。此外，如果其他变更可以大大增加项目成功的机会，并提供额外的收益，或者由于政治原因难以拒绝，你将根据这些变化和它们所需要的成本进行调整。虽然我们要抵制范围蔓延，但与干系人进行持续的范围讨论并做出妥善应对都是项目管理中不可避免的、重要的组成部分。

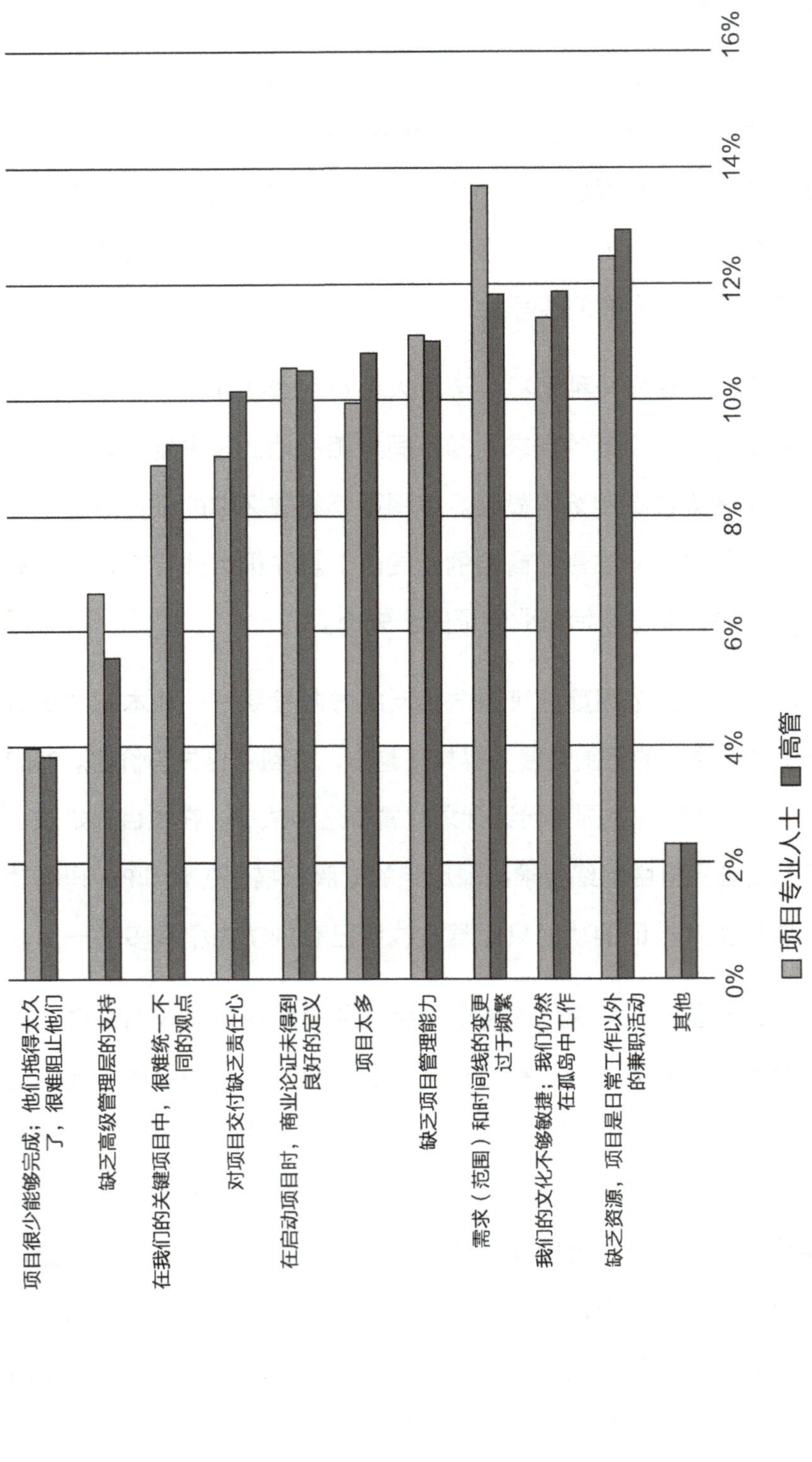

资料来源：《HBR项目管理手册》项目专家调查，2020年7月，*N*=728人；以及《HBR项目管理手册》高管调查，2020年7月，*N*＝566人

图7-3　实施项目面临的最大挑战

工具和技术

BOSCARD框架（背景、目标、范围、约束、假设、风险和可交付物）由法国跨国公司凯捷（Capgemini）在20世纪80年代创建。该框架由以下七个方面组成，可以帮助你确定项目的范围：

- 背景（Background）。描述相关事实，以表明对项目实施的环境、政治、商业和其他背景的理解。
- 目标（Objective）。陈述项目的目标，并展示出对业务原理的理解。
- 范围（Scope）。描述项目要开发什么，并将项目的各个阶段分解为里程碑。描述可用的资源和相应的外部合作伙伴（如果适用）。
- 约束（Constraints）。描述在规划项目时需要处理的主要挑战和障碍。
- 假设（Assumptions）。陈述用于定义项目基本原理、目标、计划和预算的关键假设。如果所做的假设后来发生了变化，则可能需要对该项目重新进行谈判。
- 风险（Risks）。列出可能影响目标实现、项目影响力、时间线和财务的风险。
- 可交付物（Deliverables）。描述项目将产生的关键元素，以及它们如何相互联系并与项目目标相关联。

通过考虑每个领域，你就可以清楚地知道应该做什么（以及不应该做什么）。还需要与高管发起人和关键干系人就项目的边界预先进行讨论，并考虑以下关键内容。

- 范围描述。范围是否明确，是否包括创建项目可交付物所需的所有特性和功能？
- 验收标准。你是否确信项目团队和干系人有相同的标准来确定项目的成功？
- 可交付物。在项目的不同阶段需要哪些具体产出才能取得进展？
- 除外责任。你和干系人商定的哪些功能或输出将被明确地排除在范围之外？

传统的三重约束或铁三角

如前所述，三重约束这个说法在历史上一直被用来表示项目的三个主要限制。项目经理广泛使用这一概念，以保持项目正常运行并防止项目失败。传统的三重约束由图7-4所示的三个考量因素组成。

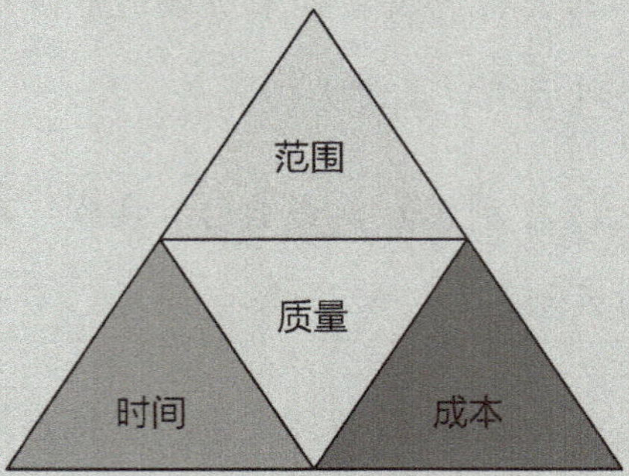

图7-4　传统的三重约束

- 范围。项目将交付的内容。需求、功能、规范和可交付物都属于范围的元素。正如我们在前面看到的那样，这里的挑战在于提前精确地定义范围，同时知道范围可能随时间的推移而变化。

- 时间。完成项目所需的时间。时间也可被称为进度或进度计划。有时，时间的长短由一个强制的、预定的截止日期决定。

- 成本。成本也被称为预算。预算由开展项目所需的工作量和投资量确定。对于可以花费多少来实现预期或确定的结果，一般会规定具体的上限。

三重约束说明，成本是时间和范围的函数，这三个因素以明确的和可预测的方式相关。最终，这三个因素共同决定了质量（见图7-4）。如果我们想在保持项目范围和质量的同时缩短时间，我们需要增加项目成本。如果我们想在项目范围外添加更多的功能，我们需要增加项目成本或时间。每当项目经理被要求更改这三个因素中的一个或多个时，都应该分析后果，并在引入变更前向高管发起人提交利弊权衡以进行确认。

正如第3章所述，传统的三重约束存在一些缺陷，因此，本书提出了另外两个三重约束：收益三重约束和参与三重约束。

将此模块付诸实践

在项目开始时，作为项目经理，你应该召集主要干系人和关键贡献者，以尽可能详细的方式共同定义范围并对其达成一致。不要害怕多花几天时间来解决重大的不确定性问题。在范围界定阶段延迟一周可以避免在项目实施过程中出现更长的延迟，要知道，那时的小故障将破坏整个项目。

让专家、干系人和过去项目团队的成员参与早期讨论，以确定项目的主要风险。不要忘记评估组织在投资该项目时将承担的风险，或者组织不投资该项目而产生的风险。

有些项目会有成千上万的风险，所以不要让风险管理变得过于官僚化。尽管从广泛的风险识别开始是很重要的，但重点还应该放在最有可能和最严重的风险上。

在项目开始后，定期讨论新出现的或发生变化的风险可以帮助你感知态势，管理即将发生的风险事件。

问及的关键问题

- 该项目的内容是否已明确定义？你是否确切地知道项目的成果应该是什么样子？
- 你认为项目范围不发生改变的可能性（0~100%）有多大？你是否相应地调整了你的方法？
- 你是否有明确的流程来管理变更？

计划：工作将如何、在何时开展

项目规划是我们定义如何工作及何时工作的基石，这最终将形成项目的可交付物和收益。如上一节所述，项目的内容定义得越好，就越容易确定项目计划。

项目规划决定了完成项目的时间框架、资源需求的预算和成本，以及要完成的任务顺序。根据项目的预期持续时间、资源可用性、目标日期或其他时间限制，项目计划详细说明了活动的开始或结束时间。规划项目是一项复杂且需要进行迭代的任务，通常会涉及以下几项职责。

- 识别满足项目范围和WBS所需的所有任务。
- 识别并选择开展工作所需的资源。
- 估算完成每项任务的工作量和成本。
- 平衡完成日期与可用的适当资源，以便在可用的时间内完成所有任务。
- 识别任务之间的依赖关系，以便按正确的顺序安排任务。
- 为每个既定任务确定实际的起点和终点。
- 使用关键路径分析来识别成功和及时完成项目所需的任务，以及必须按时开始和完成的任务。

从WBS转换到甘特图

在完成项目计划后，将以甘特图的形式加以展示。这种图形以亨利·甘特（Henry Gantt）的名字命名，发明于20世纪初期。甘特图可以展示从WBS派生出的一份项目进度计划。甘特图是显示工作进度计划的有用方式，可用于规划各种规模的项目。在甘特图中，包含以下几个重要的项目信息。

- 项目的开始日期和结束日期。
- 项目任务、任务持续时间及负责这些任务的人员。
- 任务之间的相互依赖关系。
- 项目的里程碑和可交付物。

如今，人们通常使用Excel或项目管理软件来创建甘特图。图7-5显示了WBS与甘特图间的关系。

项目的生命周期阶段

项目的生命周期因行业和组织而异，但大多数周期至少具有以下不同的阶段：（1）启动和构思、（2）规划、（3）执行和监控、（4）移交和收尾。通常，每个阶段具有不同的成本和相关的风险水平，并涉及不同的团队或个人。因此，与执行和监控阶段（构建或创建资产的过程）相比，启动和构思阶段（想象和构架项目的过程）所需要的成本更低，并且更容易实现（或终止）。这几个项目阶段还可以被进一步细分，分解为构成这些主要阶段的独立元素。例如，建筑项目的机械和电气阶段指的是，建筑物的主体框架已经就绪，电工、水管工和油漆工可以开始作业的阶段。

不要以为团队成员的工作是从项目发布才开始的。越来越多的项目规划师和设计师会在启动和规划阶段让项目交付人员或承包商参与进来，以确保其设计的内容是切实可行的。不同阶段之间的过渡通常也是风险的来源，因为这涉及一个团队将项目移交给另一个团队。当处在执行和移交阶段的交界时（项目的输出或资产将被移交给新的所有者、最终用户和运营商），尤其可能出现问题。

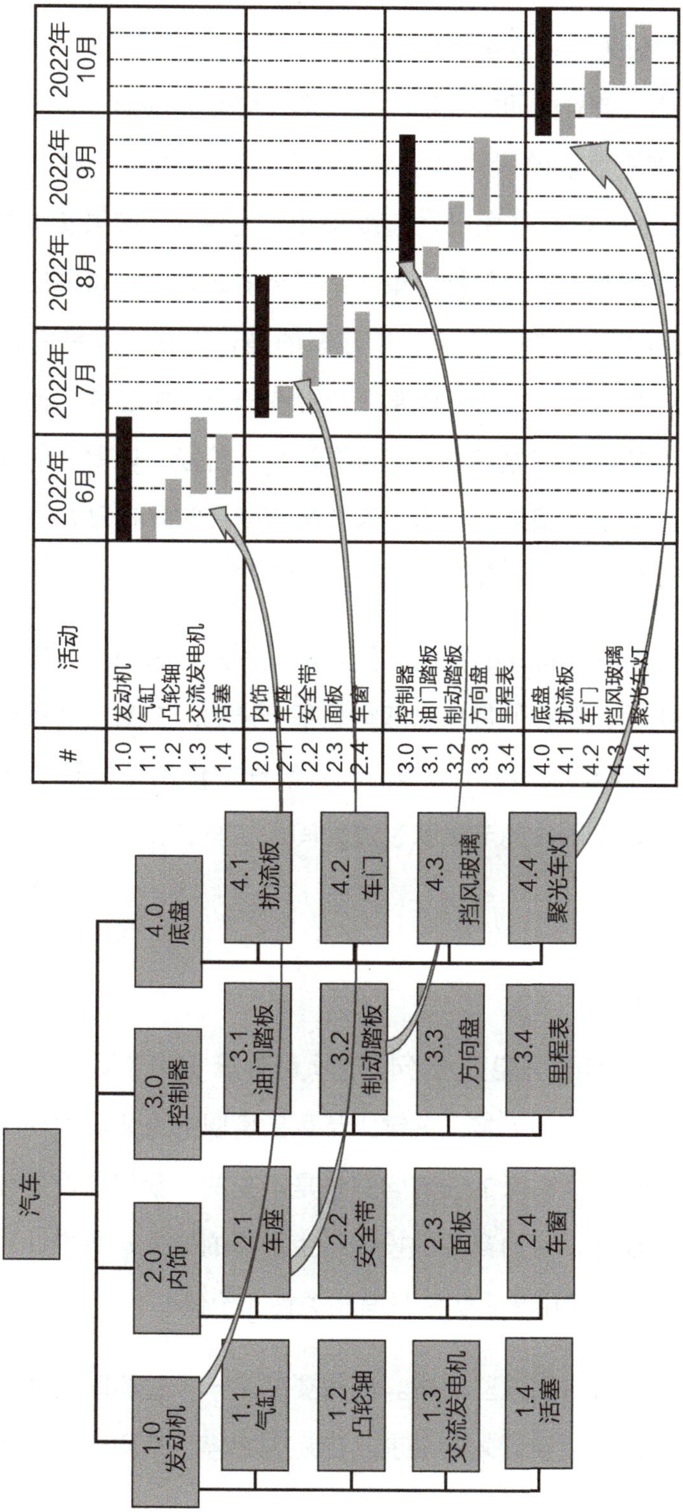

图7-5 从WBS转换到甘特图

里程碑和阶段关口审查都提供了重要且可见的标记工具，可以表明某个阶段已经完成或新阶段即将开始。里程碑使你能够根据自己的日程安排推进工作并确保进度。阶段关口审查可以识别项目生命周期中的重要时刻，即根据商定的一套标准做出“继续/停止”的决定。如果使用得当，这两个指标工具都有助于项目保持健康并具有经济必要性。如果使用不当，它们会增加成本并导致官僚主义。要注意的是，里程碑只是名义上的成就，实际情况往往是，一个项目的某个部分在里程碑中已被标记为完成，但这个部分其实还远没有做好。我们还要注意，阶段关口审查的过程是相当费力和耗时的，或者相关结论所依赖的决策者会恰好缺席，以至于进行这种审查不仅没有成效，还增加了工作时间和成本。

项目中的时间具有特殊的性质。例如，项目开始后的一周与项目结束前的一周长度相同，但它们带来的感觉是不一样的。在临近截止日期时，人们往往会变得紧张并且容易出错。项目经理的角色就像管弦乐队的指挥。项目经理设定了乐曲的节奏和过渡时间，这些在整个项目生命周期中都是各不相同的。

定义良好的计划

不同的人员和团队可能负责不同的项目阶段（甚至阶段内的不同时段）。项目发起人可能被替换，关键人员可能离职或退休。即使人员会发生变化，组织需要持续思考的任何问题仍是不变的：我们是否还可以在商定的期限内交付项目，并为商定的投资产生所需的成果？我们计划交付的东西在业务以外的环境中是否仍然具有相关性和价值？

良好的计划应考虑到这些问题。你需要确定一个整体时间框架和其中的关键阶段，以测量项目计划的进展。你还需要停下来问一问，我们是否有能力进入下一阶段？

除了你正在处理的项目，你的组织可能还运行着多个其他项目，每个项目都在相近或不同的时间使用资源。因此，具有一定规模的组织通常会设立项目管理办公室（PMO）。PMO（有时也被称为项目组合或项目集管理办公室）可以报告并监督项目的各个阶段或项目组合中的各个项目（见第9章）。

计划的详细程度和规模完全取决于项目的规模、复杂性、成本和时间框架，但以下几个问题对于所有计划都是通用的。

1. 该计划是否有意义？它现实吗？它是透明的吗？换句话说，每个人都知道在何时、由谁及如何将不同的活动组合在一起以创建产品吗？

2. 该计划是否能为不同级别的相关人员提供适当的细节？例如，项目经理希望确切地知道何时及如何采购给定软件所需的153个许可证。

3. 该计划是否为领导者提供了决策所需的信息？例如，推迟一个重要里程碑的后果应该是显而易见的。决策者需要了解应该发生什么，正在发生什么以及为什么会发生。

4. 该计划是否适当地区分了确定性和不确定性？设想一下船舶的雷达系统是如何工作的。船舶需要安装一套雷达系统，以便在靠近港口时保证自身的安全。虽然该雷达系统覆盖的范围非常有限，但它不仅能识别地理方面的风险，而且还能识别来自机械（如港口中的其他船舶）或人员（如摩托艇上的人员）的风险。当然，在海上行驶时，船舶还需要另一套雷达系统——该雷达系统可以覆盖更大的范围，但提供的细节信息要少得多。你应该参考这种双雷达技术的思路来构建和更新项目计划。它将使你既能做重大的长期决策，又能做小得多的短期决策，而且同样重要的是，它不会涉及那些具有高度不确定性的且容易变化的细节。过于详细的未来计划可能让你产生一种错误的安全感，或者导致你忽视事件或风险本身，因为它们没有出现在计划的细节中。

从基于可交付物的计划转到基于收益的计划

正如我们所讨论的那样，项目管理过于关注内部。在传统的项目管理中，项目计划包括可交付物、输出、资源和时间——但所有这些组件都无法描述何时会交付收益并实现目标。要试着从基于可交付物的计划转到基于收益的计划（见第5章）。

测试和质量保证

确保项目的成果符合质量预期是项目管理中不可或缺的却又经常被忽视的一部分。团队倾向于将精力集中在完成工作上，并将质量保证留到项目的最后，而在那时再做调整是代价最高的。

项目经理负责确保项目可以满足或超出质量预期。未满足质量预期意味着，该项目不再适合启动的目的，应该被取消。简单来说，项目的质量有两个不同但相互关联的方面：输出质量和过程质量。请注意，虽然你可以交付满足目标的资产，但是如果这涉及由于返工和延迟而产生的大量额外费用，则这些缺陷就会像不合格的资产一样损害项目的原有价值。

一些项目需要在开始商业生产之前进行官方的和重要的质量验证测试。许多基础设施、制造、生命科学和工程项目都是如此。

在IT项目中，开发人员通常会进行用户测试和其他模拟来确保产品满足干系人的需求。在使用传统项目管理方法时，会在项目结束后对新系统进行测试，这种做法通常会导致额外的工作和进度延误。而在使用敏捷开发方法时，则几乎每周都会进行质量检查。

智能眼镜项目是谷歌公司开发AR（Augmented-Reality，增强现实）眼镜的一次尝试。该产品于2012年4月推出，但由于许多质量缺陷及隐私和安全问题，项目最后被取消，产品也于2015年1月停产。当谷歌智能眼镜首次发布时，谷歌公司联合创始人谢尔盖·布林（Sergey Brin）建议将其视为成品并开始向公众销售，然而谷歌实验室里的每个人都知道这款智能眼镜更像一个初级原型，仍有很多重大问题需要解决。该产品在发布时面临严重的质量问题，例如，产品的设计缺乏吸引力，产品在使用时让人感到不舒服，电池的续航时间很短等。同时，安全、健康、隐私和道德问题也随之而来。该示例说明，良好的质量管理实践对提高项目的成功率是非常重要的。

工具和技术

自上而下规划和自下而上规划

制订计划和确定现实可行的截止日期的最佳也是最准确的方法是，对完成项目的最佳时间（如发布日期或开放日）定一个高层级的目标范围。接下来，将项目工作分解为活动，然后创建一个自下而上的计划，并评估最初的截止日期是否现实。如果不可行，请考虑缩减项目的持续时间：增加资源、并行工作，或者分不同的阶段完成项目。如果可能的话，将分配给团队的时间缩短5%~20%，以增加团队的压力。

较短的期限或冲刺

每个项目经理都会告诉你，项目有一种自然的进展模式。在项目开始时，你会有一种放松的感觉，因为距离项目结束似乎还有很长时间。随着项目进入中期，压力开始袭来，团队也会意识到截止日期即将临近。在项目接近尾声时，每个人都争先恐后，疯狂地要把事情做好。

为了减少这种影响，项目经理的一项关键工作是，依据截止日期将项目分解成较小的可交付物。通过将工作分解成每周或每两周要完成的最重要的事情，然后坦诚地讨论在这期间应取得什么成就，团队会对自己负责，并专注于他们需要做的事情。养成每周做出承诺并审查承诺的习惯是一个很好的方法，可以让你专注于重要的事情，并清楚地了解正在做的事情。

质量控制和质量保证

在项目中取得成功需要质量控制和质量保证。质量控制用于验证项目输出的质量，而质量保证是质量管理的过程。这两个术语的字面意思就很能说明问题：控制意味着检查组件的一套标准或功能；保证意味着消除项目将成功交付的不确定性或疑虑。

测试的目的是，确保项目的可交付物在呈现给最终用户（客户和其他干系人）时是令人满意的。几年前，测试处于项目生命周期中产品推出前的阶段。由于频繁的延迟和预算超支，这一步骤经常被缩短甚至被跳过。今天，项目经理应该在整个项目生命周期中嵌入常规测试。可交付物的不确定性越大，需要的测试就越多，项目计划必须包括定期的质量检查、原型设计和测试时间。

将此模块付诸实践

每个项目都必须有明确的截止日期。对于最重要的项目和战略项目，高管团队需要承诺最后期限并将其正式宣布。尽管如此，你不一定要在项目启动时就立即宣布项目的截止日期，特别是当存在不确定因素时，你更需要先把它们处理妥当。

确定的最后期限表明了优先级和紧迫性。一方面，它帮助人们时刻牢记项目的结束日期，并创建必要的关注点（当他们不得不决定如何分配时间时，这会对他们有所帮助）。另一方面，如果截止日期是不切实际的，它会破坏项目的输出和最终的成功。

质量管理工作必须嵌入项目的生命周期。让质量管理专家（内部的或外部的，或者两者兼而有之）参与进来，并确保他们在项目中投入必要的时间。质量检查、原型设计、测试、预演等，所有这些活动都必须纳入项目计划并得到报告。越早发现产品中的潜在故障和其他偏差，它们对项目进展、预算和时间线的影响就越小。

问及的关键问题

- 计划的制订是否基于范围和以前定义的WBS?
- 该计划是否包括收益何时能部分和完全实现的里程碑?
- 是否定义了项目的预期质量和验收标准?
- 项目是否包括定期质量检查（包括最终用户和干系人的反馈）?

变革：我们将如何让干系人参与，并管理风险

像英国奎奈蒂克（QinetiQ）这样的大公司正在不断提升项目经理的地位。通过自动化、PMO和其他形式的支持，很多公司使管理人员能够从日常工作（如日程安排和报告）的流程中解放出来，并鼓励他们（通过提供时间和个人发展）更多地关注干系人参与和变革管理。

变革管理可帮助组织及其员工做好准备，以接受由项目引入的变革。在进行干系人分析时，项目经理需要与专家一起沟通，共同制订变革管理计划，该计划定义了将要交付的信息类型、接收信息的人员、沟通形式以及发布和分发的时间。变革管理计划必须得到高管发起人和指导委员会的认可，因为通常需要领导层在领导变革方面发挥积极的作用。根据PMI的《PMBOK®指南》，项目经理在项目实施阶段会将75%~90%的时间用于正式或非正式的沟通。根据PMI的《2016年职业脉搏调查》（关于项目管理趋势的年度全球调查），高效的沟通者更有可能按时并在预算内交付项目。

为了推进一个项目，每个人都必须在正确的时间获得正确的信息。先要找出每个干系人群体需要什么样的信息或干预措施来接受项目引入的变革。有多种形式的变革管理方法，如书面更新、简报、面对面会议、演示、全员大会、培训课程和项目网站。为干系人提供足够的信息，以便他们了解情况并做出适当的决策，但不要令他们“淹没”在太多的信息中。

欧元的推出

我观察到的变革管理的最佳示例之一是欧元的推出。在1999年1月1日首次发布时，欧元只是欧盟国家之间用于兑换的一种通货，而每个国家都

还在继续使用自己的货币。然而，三年后，欧元取代了欧元区成员国的本国货币。在引入欧元之前的几年里，以及在过渡期间，几乎所有欧洲居民都知道这个项目（欧元的推出），并为这一变革做好了充分的准备。不同背景、国籍和年龄的人都知道欧元推出的关键日期，以及欧元将给他们带来的好处，他们甚至知道本国货币与欧元之间的兑换率。

该项目有两个关键的成功因素。首先，欧洲领导人将“帮助欧洲居民为变革做好准备和进行必要的沟通”当作头等大事。其次，这个复杂的项目以极其清晰的方式呈现，使每个欧元区的居民都能理解欧元兑换项目的目的、收益、影响和时间。

平衡风险

风险管理是项目管理中不可或缺的技术，也是项目经理的基本职责。坦率地说，如果一个项目失败了（要么商业论证仍然成立而你无法交付项目，要么在交付时资产或产出的价值不能满足投资要求），肯定与风险有关。也就是说，项目经理或团队没能及时识别或减轻项目的风险。

我们必须区分项目失败和良好的项目治理。将项目作为投资工具的全部意义在于：如果（1）最初的收益不再合适或不能提供必要的价值，或者（2）出现了另一个项目并能提供更好的回报，那么你可以重新调整项目或取消项目。因此，基于这两个原因而做的决策并不构成项目失败；它代表了良好的项目治理。与之不同，项目失败意味着项目已经结束，但没有提供所需的资产或产出（因为项目根本没有提供任何东西或提供的东西价值过低）。想想一些IT项目，很多新软件在推出后不久就被用户抛弃了。或者，项目交付的输出或资产无法产生接近预期的价值。请记住，项目的价值与成本相关。因此，那些虽交付了所需的输出，但在时间和成本

（或两者都有）上都超出计划的项目也是失败的。

项目的本质是产生一些新的和独特的东西，这项工作本身就充满了不确定性。因此，项目管理的核心目的是识别和管理项目风险。项目越具有创新性或不确定性，就越需要有效的和富有想象力的风险管理。更重要的是，指导委员会必须有承担风险的能力，因为这个群体需要接受剩余风险——那些无法避免、减轻或转移的风险。

许多项目最终失败并不是因为在风险避免、减轻或转移方面存在不足，而是因为项目遇到的风险被项目团队忽视了。请记住，对于项目团队或指导委员会来说，最容易化解的风险是那些已经制订良好的避免或减轻计划的风险。如果你发现风险矩阵（在本章后面会有相应描述）似乎过于整洁，或者在一个创新项目或复杂项目中几乎没有剩余风险，那么请你务必留心。这些观察结果可以表明，项目发起人认为，将本应归类为风险的事件转到一般的、未定义的“不确定性”类别中是更容易的。与项目管理中的其他活动一样，风险识别及减轻应该是一系列反思性的权衡和有意识的、透明的决策。

在提到风险和价值这两个术语时，我们都喜欢加上一些绝对的数字，但实际上，两者在本质上都与人类的感知相关。某物的价值取决于为它付费的人怎么看待。项目的风险也与组织和个人的感知有关，这里的感知指的是“风险态度”——你的感受或你的组织对不同类型的风险的感受。假设组织和个人都能获得充分的信息，并且能自我感知，那么你的风险承受能力越强，你的项目组合中就越有可能包含风险较高的项目。这种意愿可能源于你对自己有能力承担风险或管理一系列复杂情况（通常，两者兼而有之）的信心。

当你在项目中管理风险时，“意愿”是首要问题。都有哪些风险？我们如何通过做一些不同的事情或采取某种形式的保险或对冲措施来减轻或避免风险？接下来，要与项目团队的其他成员一起探索和想象“假设场景”。想象力在风险管理中起着重要的作用。与其简单地就项目相关风险进行头脑风暴，不如向参与其中的人提出以下两个问题。

1. 你规划的工作内容要素有可能出现什么问题？为什么？

2. 假设你的项目以灾难性的失败告终，失败会如何发生？

实施包含不确定性因素的项目好比在夜间驾驶，而风险管理则相当于增加了一个副驾驶，他会盯着地图以查看前方道路，他会大声提示驾驶员减速、换挡、准备向左或向右急转弯。在项目的风险管理中，团队要一起进行前瞻性判断，查看整个路线的地图，向了解路线的其他专家寻求建议，还要就如何应对道路状况不完全符合预期的情况达成一致。许多项目经理过于依赖原始计划，难以实时适应变化。项目领导者可以向团队提出的最有价值的问题莫过于：“告诉我，在项目的这个阶段，接下来可能发生的最糟糕的事情是什么？”处理大型复杂项目的团队可以在风险管理中使用统计分析，从而了解应为项目准备何种级别的资源或应急储备。

如图7-6所示，越早识别和减轻风险，项目的成本就越低。在风险识别滞后方面，法国铁路运营商SNCF提供了一个“很好”的例子。该公司在2014年订购了2000列新列车，但新列车的尺寸有误（对于许多途径的车站来说，车体太宽了）。列车运营商承认，在订购新列车前未能核实测量结果。由于这个错误，大约1300个站台不得不进行改造，耗资5000万欧元。

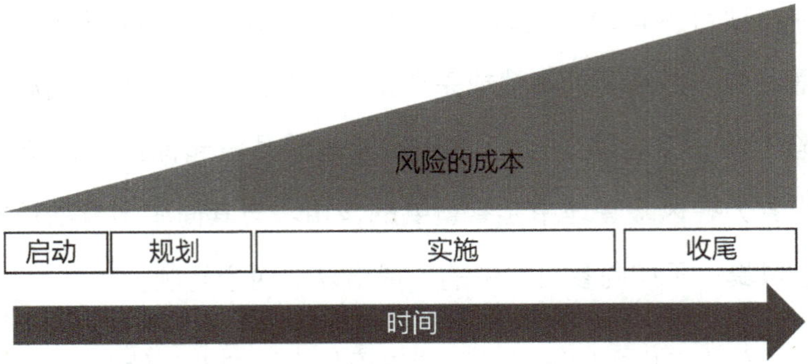

图7-6　时间与风险的关系

一个经常被忽略的评估是，每个项目都会给组织带来额外的风险。项目会生成活动，而许多组织会错误地将活动与进度关联在一起。正是这种关联让组织陷入同时启动太多项目的陷阱。在已经运行着很多项目的组织中添加额外的项目，会增加整个组织的失败风险。在有些情况下，组织会因为启动太多的项目而破产。富通私人银行的倒闭就是这样一个典型的例子。在启动新项目前，领导团队必须确保必要的资源是可用的，不需要从其他项目中“抢夺”。另外，领导团队还必须处理新项目与现有项目组合之间的任何依赖关系（将在第10章中进行讨论）。

风险管理包括制订B计划。如果在项目启动前发生一些不可预见的事情（会影响项目）应该怎么办？一个典型的例子是户外活动：如果下雨，有哪些替代方案？

众所周知，在2007年1月的苹果大会上，首次发布第一代iPhone手机其实还没有完全准备就绪，但在参会者眼中，这款手机看起来一点问题也没有。苹果公司的项目团队意识到了iPhone样机的缺陷，并通过详细的风险管理来减轻可能出现的风险。根据该团队设计的方案，在整个发布会的演示环节中将使用多部iPhone样机，每部样机对应一项关键功能（如拨打电话、浏览网页）的演示。为避免在最后一刻出现意外，团队成员们还进行了多次的排练。最终，他们成功地发布了iPhone。

工具和技术

科特八步法变革模型

约翰·科特（John Kotter）是哈佛商学院的教授，也是著名的变革专家，他在《领导变革》（*Leading Change*）一书中介绍了八步法变革模型。他研究了正在经历变革过程的100个组织，并以此开发了这个框架模型。具体步骤如下：

1. 营造紧迫感。

2. 组建强大的联盟。

3. 制定愿景和策略。

4. 沟通愿景。

5. 清除障碍。

6. 创建短期成果。

7. 促进深入变革。

8. 将变革融入企业文化。

科特八步法变革模型为整个变革过程提供了清晰的描述和指导，并且相对容易在项目中实现。该模型强调：应为变革做好准备；对变革有一定的接受度；为了项目的成功，员工能够积极参与。

库伯勒–罗丝改变曲线

瑞士裔美国精神病学家伊丽莎白·库伯勒-罗丝（Elisabeth Kübler-Ross）最初在20世纪60年代开发了一种变革模型，以展示绝症患者如何应对即将到来的死亡。后来，所谓的库伯勒-罗丝改变曲线被加以修改，用来描绘人们如何处理其他损失和悲伤。到20世纪80年代，库伯勒-罗丝改变曲线在企业和变革管理专家中越来越受欢迎。以下是改变的五个阶段（也被称为悲伤阶段）：

1. 否认。

2. 愤怒。

3. 恳求。

4. 沮丧。

5. 接受。

库伯勒-罗丝改变曲线使我们能够适应变化并指引我们进行转变。它不仅可以帮助我们在个人层面上应对变革，还可以被企业有效地利用，使其员工能够管理变革项目并取得成功。

DICE框架

DICE框架是由BCG创建的一个工具，可以测量项目的持续时间、完整性、团队的承诺及每个人的实际效率，以帮助项目经理实施变革。DICE框架会用客观的测量数据来确定项目成功的可能性。鉴于员工承受的时间压力巨大，这个简单的工具无疑很有价值，它提供了一种高效的方法，能够在项目偏离正轨之前找出潜在的问题。以下给出了对DICE框架四个要素的评估方式。

- 持续时间（Duration，D）。总时间或两个关键里程碑之间的时间。项目审查多久进行一次？
- 正直（Integrity，I）。团队成功实施项目的能力、技能和动机。项目经理和团队是否具备所需的技能和经验？
- 承诺（Commitment，C）。支持水平。承诺由两个要素组成。一是，高管发起人和资深高管对项目的有形支持（C_1）。例如，资深高管是否参与了项目目的的沟通？二是，受项目影响的人员对项目的支持（C_2）。例如，员工是否有机会分享他们的反馈？
- 努力（Effort，E）。在正常开展日常业务的基础上，还需要为项目投入多少人力？员工是否可以接受额外的工作？

按四分制对每个要素进行评分，其中1表示“最佳”，4表示“最差”。例如，如果你将持续时间（D）评为1分，则意味着你的团队在遵循截止日期和实现里程碑方面都表现出色。要计算你的项目是否会成功，可使用以下等式：

$$\text{DICE分数} = D + (2 \times I) + (2 \times C_1) + C_2 + E$$

DICE分数一般为7~28分。

- 如果你的DICE分数为7~14分，那么你的项目很可能成功。

- 如果你的DICE分数为15~17分，那么你的项目将面临失败的风险。

- 如果你的DICE分数为18分或更高，那么你的项目很可能会失败。

影子组织结构图

大多数组织现在都既使用传统的“推式”沟通技术（如电子邮件和简报）也使用“拉式”沟通技术（如网站或变革仪表板）。正式和非正式的沟通网络在组织或跨项目中的作用得到了沟通团队的认可。

2015年，股权管理平台Carta启动了一项绘制“影子组织结构图”的活动，以勾勒出知识、沟通和影响在企业中进行非正式流动的全景图。

Carta要求其每位员工回答3个基本问题。

1. 谁在工作中激励着你？（列出4人或更多。）

2. 你会向谁寻求帮助和建议？（列出4人或更多。）

3. 当需要做出决策时，你会找谁？（列出4人或更多。）

每当有一个人被列入名单时，都记作一次提名。然后，Carta团队用方向图将提名者与被提名者联系起来。

该团队发现，前10名被提名的员工（不包括像首席执行官这样明显的候选人）影响了该公司70%的员工。

沟通的鼓点

把沟通想象成一个架子鼓乐队，其中，每件乐器都有不同的振动频率和不同的用途。

- 低音大鼓。低音大鼓的鼓点好比通知，可推送简报、报告、视频和其他可以提前规划和安排的信息，以让人们对即将通知的内容心里有数。
- 小鼓。小鼓的鼓点为项目沟通提供持续的背景节奏。将沟通的时间安排在每周或每月的同一天。例如，尝试每月发布一次5分钟的视频，由项目团队中的某个成员讲述从事该项目所获得的经验。对于变革项目，可以试着每月向员工发起一次公开的挑战，邀请他们尝试新的活动或行为。或者，通过Zoom每月举行一次“开放麦克风”会议，由项目总监主持，项目团队成员或干系人可以提出问题或分享创意。
- 镲。镲有一定的“破坏性”，会打破其他沟通的节奏。镲代表你从项目之外获取和分享的故事或事件。这些故事或事件可能涉及有关行业的新闻报道、政府或行业监管机构发布的报告、市场或竞争对手的新闻，这些信息对项目的环境或交付项目的环境都有一定影响。镲能够引起人们的注意。

使用架子鼓乐队来建立一个有规律的、一致的节奏，这样你就可以在干系人之间建立期望，并鼓励他们参与项目。

风险矩阵

风险矩阵是评估项目潜在风险最常用的工具。图7-7是一个风险矩阵的示例，可用于评估和管理项目中的风险。首先，与关键项目干系人进行头脑风暴，以识别可能阻碍甚至导致项目失败的威胁。其次，通过考虑每个威胁出现的概率（从几乎肯定到罕见）以及影响的严重性（从不显著到极严重），来定义每个威胁的重要性。对于每个风险，都要确定它在风险矩阵中的位置。处在“极其重要”区块的风险可能是那些扼杀项目的风险——应该减轻这类风险；要密切监督处在“很重要”和“比较重要”区块的风险，并在其概率增大时实施减轻措施。这种评估不是一种科学的方法；相反，它只是一种简单的机制，可以增强干系人对项目风险的防范意识。有了更好的防范意识，项目领导者能更好地控制主要风险，并在适当的时候采取减轻措施。

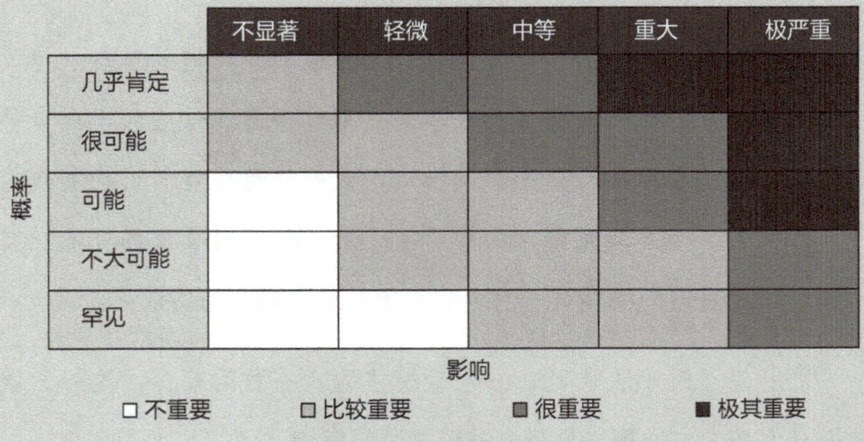

图7-7　风险矩阵

在对风险水平进行头脑风暴时，你和团队应评估多种因素。请考虑所需的创新数量、项目中的不确定性水平及资源的可用性。请查看组织内部的（或可用的）能力、项目的财务规模，以及组织中其他地方的财务风险敞口。当然，你还需要了解组织的风险偏好。

头脑风暴和风险矩阵练习有另外两个好处。一是，它能帮助你了解高管团队的风险偏好，以及团队在哪些情况下会寻求风险又在哪些情况下会避免风险。如果你要决定组织的变革方式，你就需要这些信息。二是，简单地进行有关风险的定期对话，能增强高管团队和整个组织的风险意识。

将此模块付诸实践

所有项目都需要可靠的变革管理计划和风险管理计划，但它们分发和传递信息的方法会有所不同。项目计划应考虑干系人的变革管理需求，并应具体说明会在何时分发信息，以及如何实施干预措施。

项目领导者必须优先考虑变革和沟通活动，并传达适量的信息。过多的沟通可能让人感到不知所措，导致重要信息无法传达到位；而过少的沟通则可能无法提供足够的信息。项目领导者应了解如何在正确的时间向正确的人发送适量的信息，这将使事情顺利进行，从而有助于获得项目成功。

问及的关键问题

- 项目是否有能突出干系人预期收益的沟通和变革管理计划？
- 是否规划了足够的沟通和变革管理活动来支持新的现实？
- 项目的风险有多大，组织能否应对风险？
- 是否已识别和减轻了重大风险？

所有项目都需要在项目控制和项目管理之间取得谨慎的平衡。项目控制是传统项目管理所定义的一部分，包括规划、成本核算、进度编排和按计划工作，以确保交付的内容符合最初的承诺。而现代项目管理超越了这些限制，使组织能够调整计划、预算和其他项目要素，不仅要交付项目，而且还要确保项目的收益满足组织的战略需要。

组织的战略是其中最具挑战性的因素，它有时还是一个活动目标。你要花时间好好地定义范围或明智地管理风险。对范围或风险的关注太少可能导致一场“灾难”，但关注太多又可能浪费大量的时间和金钱。你要确定规划项目的最佳方法，并且不要忘记将干系人的需求作为计划的一部分。

现在，我们已经全面研究了项目画布的三大领域——基础、人员和创建，并探索了三大领域影响项目交付的方式。在第8章中，我们将了解这些领域如何在项目画布中组合在一起，以及如何在组织中将项目画布作为项目管理的实用工具。

08

第8章

把项目画布付诸实践

在组织中应用项目画布

在本章中，我们将先学习如何通过项目画布的视角分析项目，然后学习如何构建项目画布。我们将在一些实际案例中看到项目画布的应用，并学习如何将项目画布应用于组织的项目集、敏捷实践和其他项目。

项目画布的主要用途是，使你能够捕获并沟通项目的关键要素和驱动力。这项工作使所有干系人都能够对项目目标达成共识。它鼓励人们提出有价值的问题，并引导团队在项目中的任何时间点上进行对话。在项目早期阶段，你和其他人都可能问这样的问题：项目是否有成功交付的基础？这个项目是交付预期收益的最合适的方式吗？一旦项目开始，你又会问，项目是否仍有可能产生最初确定的收益，我们能否更快地实现收益？最初的假设是否有任何改变？在项目完成后，你还会问，我们对面临的挑战有着怎样的预期，我们管理项目的有效性如何？

以下3个原则将使你在应用项目画布前更好地了解其背后的理念。

1. 它是一个起点，而不是终点。就像商业论证或收益地图需要显示它们被创建的理由一样，支撑项目画布的证据和假设也必须随时可供你的干系人使用。项目画布力求简洁，但简洁不应妨碍清晰度，要使项目画布背后的数据和文档易于读取。建议为项目画布附加与之对应的细节信息，以便干系人能深入探索并获得更多详细信息和依据。

2. 它表达了指导项目的基本原则。项目画布建立在显性知识和隐性知识的原则之上。显性知识可以用书面形式传达，可由项目画布的文档和流程支持，能被人们看到。隐性知识是我们从自己的经验、判断和习得的行为中获知的。隐性知识不能被写下来，我们需要通过举例或对行为建模来展示它。隐性知识使我们能够将项目画布上的简单描述作为判断项目可信度、质量、风险和健康状况的基础。

3. 它帮助你与所有干系人清晰地进行沟通。任何文档都可能被误读，你可以使用项目画布来避免这种风险。有四种方法能帮助你确保这一点。

   - 让干系人共同参与项目画布的构建。请记住，构建项目画布的价值与其最终成果的价值一样多。
   - 确保你对项目或项目集的描述反映了一个或一组可以让大家客观商定的成果。
   - 使用确定的表述。像巩固、增强、探索、促进等动词听起来不错，但表达的是模糊的愿望，不同的干系人对此可能有不同的解释。
   - 语言要通俗易懂，不要用战略和项目方面的术语或行话。在设计项目画布时，应使项目专家和决策者都能一目了然。

如何使用项目画布

在你或组织决定启动项目并任命项目经理后是应用项目画布的最佳时间。

构建、维护和沟通项目画布

项目画布是一个共享文档——服务于项目团队、担责的资深高管和其他干系人。

在共识的基础上构建项目画布。项目经理应将关键干系人、专家、项目发起人，以及能够在项目定义研讨会中提供相关信息的任何人（客户、供应商或其他人）聚到一起。请不要过于匆忙，这个重要的开工会议要花2~3小时。在开工会议期间，要与参与者分享项目背景和已收集的有关项目的详细信息。你收集的数据可以放在项目画布的各个构建模块中。请打印空白的项目画布（大海报尺寸的纸张、长卷纸或白板）并准备便笺和记号笔。

你和其他参与者可以按照自己喜欢的方式与项目画布进行“互动”。从基础领域开始，然后转到其他两个领域——人员和创建。在总结关键思想前，让参与者进行头脑风暴，并发表自己的观点和意见，如果有必要可以对此过程进行迭代。

在完成全部领域后，请确保它们能组成一个有意义的整体。要从战略和组织的角度来看待项目。请记住，项目不是孤岛，它们会在快速变化和多优先级的环境中实施。与你的组织和其他干系人共享项目画布，同时积极采纳他们的反馈。项目画布将让你充分了解未来的挑战，并帮助你做好继续推进项目的准备。

项目画布是一个需要不断得到完善和更新的文档。项目的内容和持续的基本原理总会发生变化，因此你需要定期回顾项目画布，以检查是否有任何原始要素已经变更，以及你应该如何应对。每当面对重大决策时都要这样做。如果在阶段关口审查后对项目做出了调整，请确保新的假设已反映在项目画布中。应使用版本控制，以便每个人都清楚项目画布的哪次迭代是最新版本，要对旧的版本进行记录和存档。这些都将成为进一步分析和反思的有用工具 。

每当你进行变更时，请与大家共享最新版本的项目画布。时不时地发送项目画布也是一种很好的做法，可以提醒每个人：正在做的工作背后有着怎样的宏大图景。

最后，你还可以利用沟通鼓点（见第7章）来展示你的画布。请考虑定期（如每月）制作一段视频或撰写一篇文章，或者围绕项目画布的一个要素举办简短的研讨会。这种做法将让干系人时刻心系项目画布，并提醒他们每个领域和模块的主要要素。

项目画布基于的假设应与项目的目的和计划相同。资深干系人可能希望了解与项目相关的确定性或不确定性，他们需要访问商业论证中的基本假设、项目需求、收益策略或干系人地图背后的逻辑。项目画布所表述的内容应反映在商业论证和项目需求的详细文件中。如果一组项目启动文档所描述的项目与项目画布所表述的有所不同，那么这些文档就很难令人信服。

逐个将模块写入项目画布

项目画布应采用何种表述方式取决于你需要它做什么。根据组织文化，你可以在每个标题下使用简单的项目列表，也可以使用较长的句子。以下案例研究可为你和团队提供一个指南，以便更好地定义每个构建模块。在案例中，“有用的”条目为项目团队和干系人提供了清晰、有意义的描述。“无用的”条目显示了人们在描述项目关键要素时最常犯的错误。

下面这个项目（出于匿名的目的，项目涉及的名字已经更改）来自旅游行业，说明了你可以如何构建项目画布的内容。Travels4You是一家总部位于瑞士的传统旅游公司，因为受到互联网公司爆炸式增长的严重冲击，其营业收入在过去三年中一直在持续下降。新任首席执行官了解到情况的严重性，并启动了“加速项目”，要将Travels4You转型为数字化旅游运营商。这是一个要么适应变化，要么死亡的问题。

基础领域

目的：我们为什么要做“加速项目”？

有用的要点	无用的要点
• 将公司转型为完全数字化的公司。 • 成为领先的数字化运营商。 • 成为有吸引力的雇主。	• 创建一个网站来吸引在线客户。
有用的陈述	**无用的陈述**
2024年年底前实现完全数字化，成为欧洲领先的和最有价值的高品质旅游运营商。	开发公司的网站并接受在线交易。

投资：“加速项目”将花费多少？

有用的要点

- 1000万~1200万瑞士法郎的投资。
- 1000~1200人天。

有用的陈述

基于行业内类似的转型项目，成为一家完全数字化的旅游运营商估计需要的投资额为1000万~1200万瑞士法郎。我们将在总投资额的基础上增加10%的资金以作为应急储备来应对可能发生的意外情况。

见本项目的商业论证。

无用的要点

- 400万瑞士法郎的投资。
- 人天数需要确认。

无用的陈述

我们的预算为400万瑞士法郎；看看用这笔钱能维持多长时间。

收益：“加速项目”将产生什么收益和影响？

有用的要点

- 在2年内恢复盈利。
- 在2年内实现80%的收入来自在线预订。
- 成为瑞士十大雇主。

有用的陈述

实施转型以开展新的可行的业务，再次实现盈利，并在2年内从新的在线平台中获得80%的收入。

见本项目的商业论证和收益卡片。

无用的要点

- 新公司的网站。
- 增加收入。

无用的陈述

本项目的主要收益是创建一个新的网站，以吸引新客户。

人员领域

发起人：谁将对“加速项目”担责？

有用的要点

- 高管发起人：苏珊·格拉德比（Susan Gladby）——每周花半天时间参与该项目。
- 指导委员会成员（配有详细列表）——每两周举行一次会议。

无用的要点

- IT部门将执行该项目。
- 高管团队将监督执行工作。

有用的陈述

“加速项目”由以下角色治理：

- 高管发起人：IT副总裁苏珊·格拉德比（链接到苏珊的页面——包括她的职权、职责和联系方式等）。
- 指导委员会（链接到指导委员会的页面——包括指导委员会的成员、职责和联系方式等）。
- PMO（链接到PMO的页面——包括PMO对项目的职责等）。

见本项目的组织结构图。

无用的陈述

“加速项目”由IT副总裁苏珊·格拉德比负责。

资源：谁将管理“加速项目”，交付项目需要哪些技能？

有用的要点

- 项目经理：卡拉·桑切斯（Carla Sanchez）——全职（链接到有关项目经理和其联系方式的页面）。

无用的要点

- 项目经理：卡拉·桑切斯。
- 信息技术开发技能。

- 负责设计新业务模式的各部门和业务单位代表，如销售、营销、法律和战略（包括高层领导者）代表。
- 开发网站所需的IT技能。
- 如果没有内部资源，则需要获得外部的IT能力。

- 网页设计。

有用的陈述

在项目经理的引导下，整个组织都将参与新业务模式的设计、影响的评估和过渡计划的制订。

我们将建立一个由商业分析师和开发人员组成的专业团队，并根据新的业务模式来创建新网站。

无用的陈述

该项目将需要IT开发技能。

干系人：谁将从“加速项目”中受益并受其影响？

有用的要点

- 所有员工和所有部门。
- 管理层。
- 所有者。
- 工会。
- 客户。
- 合作伙伴。
- 供应商。

无用的要点

- IT部门。

有用的陈述

这种转型将在不同程度上影响整个组织，包括员工，以及我们的客户、合作伙伴和供应商。

见本项目的干系人分析。

无用的陈述

当我们开发网站时，将主要影响我们的IT部门。

创建领域

可交付物：“加速项目”将生产、建造和交付什么？

有用的要点

- 新战略。
- 新的业务模式。
- 新的上市计划。
- 现代的、易于浏览的网站。
- 手机App。

无用的要点

- 新的网站和App。

有用的陈述

转型项目将为新的数字化业务模式引入新战略。它还将包括新的上市计划，以吸引在线客户。新的网站和手机App将成为我们公司的新形象。

无用的陈述

新的网站将允许我们在线出售机票和预订酒店。

计划：工作将如何、在何时开展？

有用的要点

- 业务模式的传统方法；4个月后准备就绪。
- 用于网站和App的敏捷开发；3个月内完成第一个最小可行产品。
- 9个月内完成项目并上线新业务。

无用的要点

- 项目截止日期为9个月，越快越好。

有用的陈述

我们将使用多种项目管理方法。使用适应型的敏捷方法开发网站和App；使用传统的预测规划方法开发和实施新的战略及业务模式。我们的目标是，在3个月内完成第一个最小可行产品，并准备好在9个月内上线新业务。

见本项目的实施计划。

无用的陈述

我们将使用敏捷开发、迭代和冲刺。应尽快完成最小可行产品。

变革：我们将如何让团队参与，并管理风险？

有用的要点

- 化解来自资深员工和工会的潜在阻力。
- 让早期支持者参与。
- 让有影响力的人员参与进来以鼓励变革。
- 沟通项目目的。

无用的要点

- 可能面临一些阻力。
- 变革从来都不是一件容易的事。

有用的陈述

由于项目影响的范围很大，我们预计会有来自资深员工和工会的强大阻力。我们会和他们交谈，了解他们的需要并说服他们，这是让我们的业务继续下去的唯一选择。我们还将制订一个变革管理计划，并通知参与项目的关键干系人。

无用的陈述

我们预计会有一些来自资深员工和工会的阻力，但他们肯定会适应。

从这个例子可以看出，我们用来定义项目关键要素的语言不仅要做到“意思到了”，还要做到“表述清晰且具体”。当项目画布使用清晰、特定和具体的语言时，项目团队和关键干系人能更好地保持一致。

项目画布的案例研究

现在，让我们以项目画布的视角来看看一些令人惊叹的现实生活中的项目——波音777客机的制造和巴黎圣母院的重建。

波音777

在20世纪80年代后期，当波音公司宣布开发777机型时，该公司的747机型已经成功飞行30多年。正如汽车制造商一样，如果飞机制造商想在竞争激烈的世界中生存，就需要不断创新，并推出新的机型。设计、规划和开发一个新机型是一项巨大且复杂的投资。波音公司在艾伦·穆拉利（Alan Mulally）的领导下，为777机型采用了创新和协作的设计开发流程（见图8-1）。该流程涉及客户、航空公司、技术人员、财务专家、计算机专家，甚至其他飞机制造商。

项目画布分析

基础领域

- 目的。在80年代后期，当空中客车公司成为客机行业的主要参与者时，波音公司承受着相当大的商业压力，面临着与空中客车公司非常激烈的竞争。为了保持竞争力，波音需要一个新的计划，而且要快速执行。为了给航空公司留下深刻印象并赢得它们的业务，需要一个全新的概念——一种新的思维方式、一个新的设计和一种制造客机的新方式。

- 投资。预算超过60亿美元，超过1万人参与该项目。全部制造设备的占地面积超过70个足球场的大小。
- 收益。通过这个项目，波音公司旨在实现3个战略目标：（1）大幅缩短客机的开发时间。（2）通过让客户参与开发过程来更好地满足客户的需求。（3）消除昂贵的修改程序。

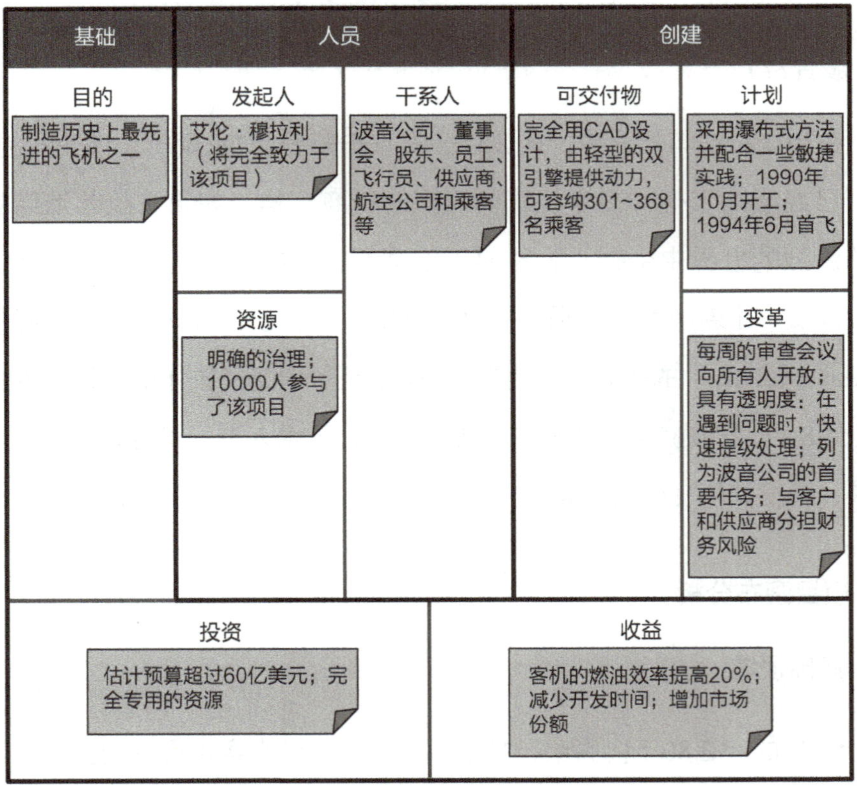

图8-1　项目画布：波音777

人员领域

- 发起人。艾伦·穆拉利担任波音 777 项目的工程总监。他将完全致力于这个项目。1992年9月，他被提升为波音公司副总裁兼总经理。

- 资源。穆拉利决定在项目中引入新的工作机制。有史以来，8家主要航空公司首次参与了客机的开发流程。这种程度的合作与行业的惯例相背。根据惯例，制造商通常在设计客机时只会接受极少的客户输入。穆拉利改变了项目团队的配置方式，他把所有贡献者都纳入了团队，包括工程师、采购人员、制造人员、客户和供应商。在设计、开发和制造流程，所有人员一同工作，共同努力。
- 干系人。在1999年和2000年进行的一项全球调查显示，在乘坐过波音777和空客330/340客机的乘客中，有超过75%的人更喜欢波音777。如前所述，穆拉利引入的最大创新之一就是，他要求一些关键干系人成为项目核心团队的一部分。

创建领域

- 可交付物。新客机有两种机身长度可选，最多可并排容纳10名乘客。新客机提供3级客舱布局，载客量为301~368名，航程为9700~15840千米。波音777是第一架完全用CAD设计的商用客机。新客机由更轻的双引擎提供动力，该引擎是有史以来最强大的发动机，其燃油效率比之前的型号高出20%。在机身框架方面，其中一些部件是用新开发的材料制造的，这也有助于提高燃油效率。
- 计划。1990年10月，在收到美国联合航空公司的订单后，波音公司于1994年4月推出原型机，在2个月后原型机进行了首飞。美国联合航空公司于1995年6月7日将波音777机型投入商业飞行服务。2000年年初，波音公司推出了可以飞行更长距离的777机型，并于2004

年4月首次交付使用。

- 变革。在波音777项目中，由领导层引入的文化变革的重要方面是，员工应如何与经理互动。该项目鼓励团队成员将自己的问题提交给管理层。如果他们没有得到答案，该项目还鼓励团队成员将问题提交给上一级管理层，直到他们找到解决问题的方法。此外，分担财务风险也是波音777项目引入的一项关键创新。波音公司在自己的工厂生产驾驶舱、机舱的前部、机翼、机尾和发动机舱（外壳），而将其余部件（约70%）分包给世界各地的供应商。

结论

对于任何行业来说，波音777项目都堪称良好项目管理实践的典范。从项目开始，项目画布的所有9 个构建模块都得到了正确和充分的关注。该项目引入了重要的创新，例如，让客户和供应商作为设计团队的一部分参与其中。

波音777获得的订单比任何其他宽体客机都多。截至2020年10月，已有60多家客户订购了2012架波音777客机（包括不同型号），其中1646架已交付使用。波音777已超过波音747，成为波音公司最畅销的机型。

重建巴黎圣母院

巴黎圣母院是法国哥特式风格的最伟大的建筑之一。它始建于1163年，于1260年基本完成。该建筑在两次世界大战期间都幸免于难，但在2019年4月15日，巴黎圣母院的屋顶被大火吞噬了。这场灾难被现场直播，全世界有数百万人观看。一天后，法国总统埃马纽埃尔·马克龙宣布，巴黎圣母院重建项目将在5年后的2024年4月16日前完成。建筑界对如此短的工期提出了许多担忧。现在，让我们通过项目画布（见图8-2）来分析一下这个雄心勃勃的项目，并探讨其成功的机会。

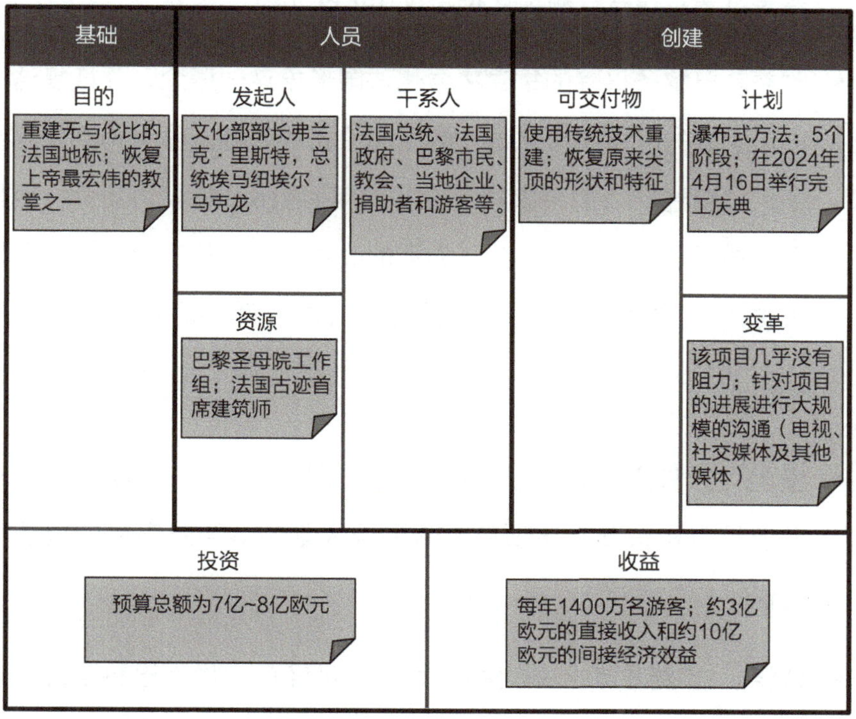

图8-2　项目画布：重建巴黎圣母院

项目画布分析

基础领域

- 目的。重建法国最伟大的地标。巴黎圣母院是中世纪哥特式遗产的一部分，也是巴黎的象征。对于天主教团体来说，其目的是恢复上帝最宏伟的教堂之一。

- 投资。该项目的总成本预计为7亿~8亿欧元。需要固定大教堂内部和周围的结构，更换屋顶和框架，而加固和修复工作将消耗大部分的预算。为筹集重建资金，人们发起了好几个不同的倡议。许多干系人在法国政府的帮助下，开设了筹款网站，以安全、透明的方式筹集资金。捐款数额预计将超过10亿欧元。

- 收益。巴黎圣母院的重建将强化法国形象这一概念，并恢复这一属于天主教的、作为文化遗产的无与伦比的奇迹。作为马克龙总统的个人“赌注”，如果该项目在2024年4月16日前成功交付，他将树立成功领导者的形象。除了无形的收益，对于旅游业来说，平均每天接纳3万名游客的巴黎圣母院还是一棵利润丰厚的摇钱树。

人员领域

- 发起人。官方高管发起人是文化部部长弗兰克·里斯特，而马克龙总统也积极参与该项目。他们两人都被认为对项目的成功负有责任。
- 资源。让-路易斯·乔治林将军是项目经理。作为巴黎圣母院重建工作组的负责人，他负责项目的规划、执行、监控和收尾。法国古迹首席建筑师菲利普·维伦纽夫提供了他的专业知识及对大教堂的深入了解。乔治林将军向董事会报告并接受董事的建议。作为指导委员会，董事会由多个干系人代表组成，包括来自国家、教会、巴黎市和科学界的代表。分包商由采购团队管理，负责收集捐款的基金会由财务团队管理。
- 干系人。主要受益者将是巴黎市民、教会和可以再次参观大教堂的游客。主要干系人是马克龙总统、法国政府、教会代表、当地企业、捐赠人和联合国教科文组织等。

创建领域

- 可交付物。大教堂的尖顶将按照传统技术重建，并应恢复原来尖顶的形状和特征。尖顶将具有以下特征：高305英尺，将使用500吨木材（来自高大的橡树）和250吨铅。16座铜像将被恢复至原来的位置。还将增加一套现代化的火灾监测系统和其他预防技术，以防止类似事故再次发生。

- 计划。屋顶和尖顶的修复工作必须按照联合国教科文组织和国际古迹遗址理事会认可的保护原则完成。因此，修复人员将使用传统技术，以保证建筑结构百分之百的稳定。大教堂的重建分为5个阶段，从2019年5月的准备工作开始，到2024年2月的装修工作结束。

- 变革。该项目几乎没有遇到任何阻力，绝大多数关键干系人都赞成它，并在力所能及的范围内支持这项工作。变革管理活动将侧重于对项目进展进行大规模的报道（通过电视、社交媒体和其他媒体），以展示一些早期的成果，并在项目接近截止日期时宣传项目所取得的伟大成就。安全性是该项目的一个重要方面。在重建期间，大教堂会面临倒塌的风险，工地周围的铅含量也可能超出健康安全的极限。另外，还需要确保工人的人身安全及周围社区的安全。

结论

马克龙总统提前宣布完工庆典的确切日期是一个不同寻常但又相当勇敢的举动。随着这一日期的临近，项目团队将承受巨大的压力。一方面，赶在最后期限前，并争取在2024年奥运会之前重新开放巴黎圣母院是该项目的首要任务。另一方面，该项目的工作还不能太仓促。施工质量也是同等重要的优先事项，因为巴黎圣母院必须经过重建才能继续屹立好几代人的时间。

正如项目画布所展示的那样，该项目的所有构建模块都已得到很好的关注。除非出现一些不可预见的情况，否则这个辉煌的项目应该能按时完成。

将项目画布应用于敏捷项目

正如我们在之前看到的那样，根据项目的不确定性、复杂性和其他几个因素，不同类型的项目应该使用不同的实施方法。有时，传统的项目管理方法可能不是最好的选择。幸运的是，项目画布可用于采用任何实施方法的项目，当然也包括敏捷项目。对于这些项目来说，关键的成功因素（9个构建模块）也都是相同的。

敏捷项目中的9个构建模块

在将项目画布应用于敏捷项目时，让我们看看应如何阅读项目画布，然后从真实的案例研究中学习如何将其付诸实践。

基础领域

- 目的。在项目开始时，无论使用何种实施方法都需要明确定义实施项目的原因。一个定义明确的目的对于传统和敏捷项目都是必不可少的。这两类项目之间的区别在于是否易于定义目的。对于某些敏捷项目来说，很难在前期就定义更高的目的，因为这些敏捷项目有时被视为一系列的持续改进。尽管如此，项目领导者还是应该为他们的敏捷项目考虑更高的目的。

- 投资。两类项目都需要在资源、预算和材料方面进行投资。对于敏捷项目和传统项目来说，用于开发估算的方法是不同的，但它们都有着相同的目标，即对估算成本有清晰的预先理解。

- 收益。无论项目的启动原因是干系人想要实施一个突破性的创意，还是找到一个痛点的解决方案，是否要继续进行（或投资）该项目很可能取决于项目的收益。就像目的一样，与传统项目相比，敏捷项目的收益更难确定，因为敏捷项目通常被视为一系列的持续改进。尽管如此，领导者也应该像考虑传统项目一样，在敏捷项目中多考虑更广泛的收益。

人员领域

- 发起人。在敏捷项目中，高管发起人扮演的角色与传统项目中的高管发起人类似，但产品负责人要与团队成员共享项目的所有权。每个人都通过协作来制订计划，目的是在估算的时间和成本内完成工作。

- 资源。由Scrum Master负责交付敏捷项目，而不是项目经理。Scrum Master与产品负责人（负责产品待办事项列表）和开发团队一起构建项目。

- 干系人。无论在传统项目还是敏捷项目中，都需要识别并评估项目对干系人的影响。在敏捷项目中，干系人倾向于定期向团队提供反馈。

创建领域

- 可交付物。传统项目侧重于范围和工作分解结构，以定义项目将产生什么。敏捷项目创建了一个产品待办事项列表，这是需求的唯一来源。产品待办事项列表以用户故事的格式编写（例如，用户必须能够在我们的网站上注册）。敏捷开发使用最小可行产品（MVP）方法。MVP是一种具有足够基础特性的产品，能够吸引想尝鲜的早期客户，并能在开发周期的早期验证产品创意。
- 计划。敏捷项目团队专注于更快的迭代或冲刺（Sprint），而不是预先规划整个项目。如本书前文所述，Sprint基于的是产品待办事项列表中特性和用户故事的优先级。
- 变革。两类项目都必须通过变革管理计划来处理最有影响力的干系人的需要（和阻力）。

项目画布案例研究：使用敏捷方法创建葡萄酒电子商务网站

一些企业家认识到，在线葡萄酒销售商通常只提供一份目录——他们没有为想获得葡萄酒和葡萄酒行业高级知识的客户提供可访问的信息。企业家们决定启动一个项目以填补该行业现有的空白。该项目可以帮助非专业客户选择优质的葡萄酒，也可以帮助餐厅服务人员提高专业知识以更好地服务专业客户。企业家们决定使用敏捷方法为这项业务创建一个网站。

让我们看一下项目画布的每个构建模块，以便了解这个敏捷项目是否得到了很好的定义（见图8-3）。

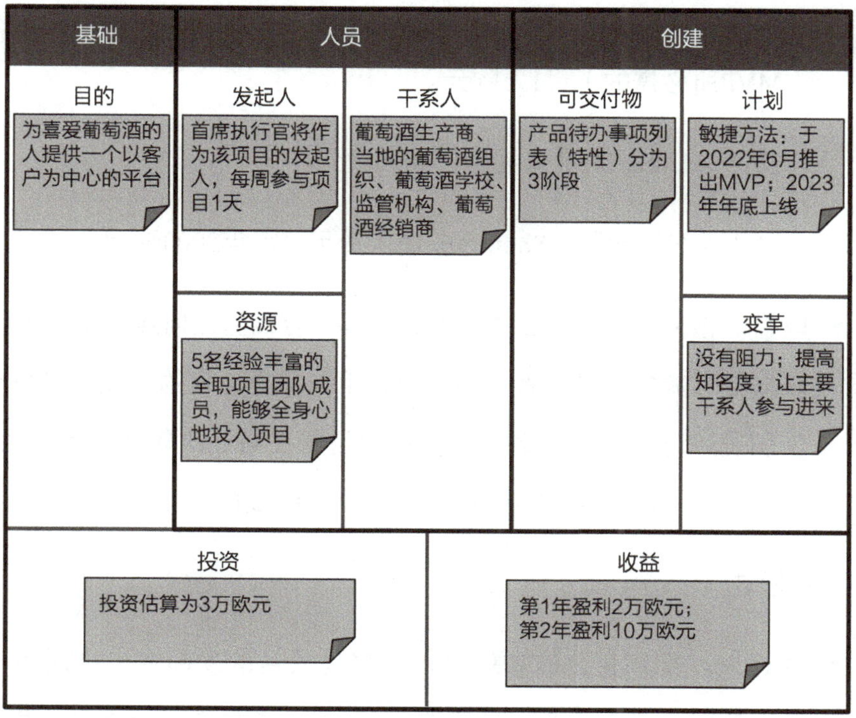

图8-3　项目画布：使用敏捷方法创建葡萄酒网站

项目画布分析

基础领域

- 目的。从古希腊文明的鼎盛时期到今天，葡萄酒通常被认为是精英阶层的专属。该项目的目的是在全球范围内打破这些“传统观念”——为想购买、了解世界各地的葡萄酒的人们提供一个以客户为中心的在线平台。

- 投资。建立网站所需的投资额估计为3万欧元。

  – 开发网络平台（包括标识、照片或视觉效果、网页设计、编码等要素）：1.3万欧元。

– 研究和文案撰写（起草教学视频的核心文本和脚本，这些是发布MVP所必需的）：1万欧元。

– 通过VideoScribe准备视频：5000欧元。

– 订阅内容管理系统Shopify的使用费用：每年2000欧元。

- 收益。该网站在上线后的前6个月内不会产生任何显著的收益。为获得尽可能多的订阅者，该平台在第一年是免费的。收入将来自广告和通过订阅销售的葡萄酒。该项目将在第一年年底开始产生2万欧元的利润，到第二年年底将产生10万欧元的利润。

人员领域

- 发起人。初创企业的首席执行官将是项目的发起人。她对电子商务、葡萄酒和风险投资都有很好的了解，并致力于每周至少花一天时间参与该项目。指导委员会由高管发起人、Scrum Master、产品负责人和首席网站开发人员组成，每两周举行一次会议。

- 资源。敏捷团队将包括5名全职员工：1名文案、3名Web开发人员和1位Scrum Master（负责协调团队工作）。他们都有开发网站的经验，并将全身心地投入该项目。产品负责人和一些潜在客户将定期加入团队以提供反馈意见。

- 干系人。该项目的主要干系人是初创企业的所有者。如果项目失败，企业将难以生存。其他相关干系人包括葡萄酒生产商、当地的葡萄酒组织、葡萄酒学校、监管机构（线上酒类销售）和跨国葡萄酒经销商（包括超市）。

创建领域

- 可交付物。用户故事（将作为网站的功能）的代办事项列表分为3个阶段。
  - 第1阶段（MVP）。该团队将开发包含6个葡萄酒产区的目录。除了提供一系列的基本教学视频，还介绍了每个产区的葡萄品种、酿酒方法等。对于订阅用户，每个月都会收到由各个产区提供的葡萄酒学习包（包括葡萄酒“品尝”游戏和其他学习资源），以及来自该产区的6瓶葡萄酒。
  - 第2阶段（扩展）。在这一阶段，重点关注一些扩展销售机会，并通过网站促销、现场聚会和电子邮件营销来销售与学习包所涉内容相关的产品。该网络平台将根据用户调查逐步整合更多的葡萄酒产区（以及与之相关的葡萄酒学习包）。
  - 第3阶段（多样化）。学习包将为用户提供拜访酿酒师和参加品酒会的机会（增加主题自驾游的预订功能，用户可驾车前往平台介绍的各个葡萄酒产区）。
- 计划。项目的开发方法是，通过周期为2周的Sprint进行迭代，其总体时间安排分为3个阶段。
  - 第1阶段。为期6个月的开发过程包括监管机构的批准、现场品酒、甄选、与葡萄酒生产商的合同谈判、网站开发和撰写文案。该过程将于2022年9月30日结束。MVP需要在2022年6月推出，以进行转换测试并开始将项目变现。
  - 第2阶段。扩展阶段是一个持续的过程，应为每个额外学习包的开发提供30天的期限。在2023年1月前，应创建专门的销售渠道并启动电子邮件营销活动。

– 第3阶段。该网站将于2023年年底上线。

- 变革。该项目最重要的变革管理要素是，提高网站知名度并吸引关键干系人（如当地的葡萄酒生产商）。与其他次级经销商不同，该网站的目标不是从葡萄酒生产商的利润中分一杯羹，而是通过创新的功能为用户提供附加值。当然，还要与传统的葡萄酒学校签订联盟协议并建立合作伙伴关系，使它们对网站产生兴趣。

结论

葡萄酒电子商务网站项目经过了精心的规划，并采用了敏捷方法以进行渐进式的开发，目标是在项目开始后的6个月内推出MVP。项目成功的一个挑战在于可用的预算不多，因为当前的估算仅包括创建MVP之前的预计成本。另一个挑战在于变革管理，要提高网站的知名度并迅速获得足够的订单才能使项目可行。

在组织中引入项目画布的一些提示

可以在不同的组织层级（职能部门、业务单元、公司、国家）引入项目画布和其他新的工作方式。范围越大，所需的发起人层级就越高。你需要考虑的早期问题是，如何在组织中引入项目画布以及由谁负责引入。事实上，“引入项目画布”本身就是一个变革管理项目，项目发起人必须由相信新方法的资深高管担任，并由PMO总监担任这个变革管理项目的项目经理。在熟练使用项目画布之前，你需要建立以下关键的基本概念。

1. 定义项目画布的目的。引入项目画布将建立新的能力，并将影响整个组织、组织的文化和人们的工作方式。与项目团队一起定义9个构建模块中的每一个，并与指导委员会讨论这些构建模块的元素以确保得到他们的支持。广泛地使用项目画布来沟通项目信息，并获得初步的支持。

2. 定义变革项目的关键阶段。选择最适合你的时机；时间越短，压力越大，关注度越高。以3~6个月的项目为目标，并考虑以下3个阶段。

   1）开发。本质上，项目画布是一种工具，可用于构建组织的项目实施能力并改进组织管理其项目的方式。这意味着，尽管项目画布很简单，但它并不是一成不变的模板。你可以根据组织所用的特定术语和最佳实践进行调整。在你决定投资某个项目前，项目画布也可以作为评估项目可行性的工具。

   2）试用。在此阶段，你需要获得认同，使项目画布适应用户的需求，并在项目画布对用户产生的影响方面获得一些早期的成就。

   3）推出。项目画布需要被整合到用于启动、管理和报告项目的流程中。你需要调整 PMO 的行为以及现有项目仪表板的使用方式。如果你只是简单地把项目画布当作另一项人们要完成的任务，或者将其视为发起人还需要额外阅读的另一份材料，那么项目画布注定要失败。

3. 根据项目画布制定通用原则。在保持简洁的同时，项目画布也需要有广泛的适用性——它可以为你负责的所有项目提供价值，无论项目的特点或方法如何。你需要为项目画布的用户创建一组足够灵活的原则，以适应各种项目。此步骤不仅仅意味着你要创建一个术语表。当你开始使用项目画布时，尽可能多花点时间，根据行为和你自己的角色来表述不同的元素。围绕项目画布的使用建立原则，这是帮助你的组织确定项目的优先级和选择项目的关键指南（在第10章将有进一步的描述）。当执行团队开始定期召开项目审查会议时，项目画布也应该获得高管团队的广泛认可。

4. 提供有关项目基础知识和项目画布的培训。为整个组织制订有关项目基础知识和项目画布的培训计划（本书为这一计划提供了基础）。培训将为整个公司提供坚实的基础和共同的理解。为了从高层推动这一变革，你尤其需要培训资深高管人员——我们的研究表明，他们中的许多人从未被教导过如何成为成功的发起人。

5. 选择最有资格和最有热情的人作为项目大使。与任何重要变革一样，项目会遇到阻力，也会获得支持。专注于识别最有资格和最有热情的人——那些相信需要把项目做得更好的人。首先，培训这些项目大使。其次，为他们提供项目画布的素材，使他们能够在整个组织中传播信息，并使其同事也逐渐适应新的工作方式。

6. 从一系列战略项目开始。如果项目在不确定性、预算、进度或干系人方面非常具有创新性或挑战性，那么从中学习、改进和发展能力的机会也会很大。如果只在最简单、风险最小、价值最低的项目中使用项目画布，你可能永远不会将它应用于任何其他项目。如果想证明项目画布的战略价值和灵活性，你就需要找机会进行“破坏测试”。一旦你通过项目画布取得了一些早期成就，就应为此庆祝，即使这些成就并不显著。

在组织中引入项目画布需要彻底改变项目的提议、选择、优先级排序、定义、规划和执行的方式。如果你的组织已经是项目驱动的敏捷组织（如第11章所述），或者已经采取一些步骤来成为敏捷组织，那么采用项目画布总是更容易一些。

实施项目画布的组织的示例

让我们来看一个真实的例子——一个全球娱乐组织是如何引入项目画布的。该组织正在经历变革所带来的常见困难：竞争迅速加剧；产品生命周期缩短；迫切需要创新；在过去几年中启动了数百个项目。所有这些变化导致对组织所投资的项目缺乏监督。对于这些项目，尽管有一个可以接受的项目列表，但列表缺少责任人、理由和状态等项目信息。总部也不了解在不同地区和地点开展的项目的基本情况。当该组织的一些战略项目错过了重要的截止日期时，情况就会变得非常棘手。这些战略项目之一是，推出一款备受推崇的新产品，让人们能够在电影院或通过App购买电影。在这次失败后，首席执行官卡琳启动了一项调查，该调查显示，一些部门没有为战略项目做出贡献，因为这些部门的团队都忙于自己的项目（他们认为这些项目的优先级更高）。同时发现的问题还包括：缺乏明确的治理；任何人都可以在没有进行足够检查的情况下启动项目；无法检查最关键的项目需要哪些资源；没有清晰的、经过优先级排序的项目列表。

在意识到情况的紧迫性后，卡琳启动了一个基于项目画布的管理框架，试图将组织转变成项目驱动的敏捷组织。卡琳向管理团队和区域主管明确表示，这个项目——将组织转变成项目驱动的敏捷组织——是优先项目，他们都必须为这个项目的成功做出承诺和贡献。他们确实做到了。这个项目获得人们的支持并不困难，因为除了运营职责，每个人都在为自己和团队必须处理的大量项目而苦苦挣扎。

他们成立了一个由管理团队组成的项目指导委员会。卡琳将高管发起人的角色委托给她的助手——战略办公室负责人玛尔塔。卡琳还任命了一名项目经理，以帮助指导委员会设计和实施新方法。他们的目标是，在6个月内测试并实施新方法。

在高管发起人的积极参与下，项目团队先为这个转型项目定义了项目画布的构建模块，并由指导委员会对其进行了确认。在首批引入的解决方案中包括一种“阶段关口—资金提供”方法，以确保新项目只有在达成共识的情况下才会启动。这种方法要求项目在获得进一步资金之前应通过阶段关口审查，因此团队可以更直观地了解正在运行的项目组合。此外，这对于集团控制项目的进度和组织的支出也有所帮助。最后，这一方法最终帮助团队将重点放在了项目的收益上。在引入这种方法后，团队还梳理了当前正在进行的项目——足足有210个。

在团队开始详细分析前，至少有50个项目因为重复或缺乏明确的目的而被取消。还有100个“项目”（应被视为任务）被认为不合适作为项目——只需要不到50个工作日的小型变革的活动。虽然这些“任务”在理论上可以被认为是项目，但将项目管理应用于这些任务只会增加不必要的复杂性和官僚主义。这100个“项目”被重新归类为持续改进举措，并被从项目列表中删除。对于剩下的60个项目中的每一个，团队都要求项目经理开发对应的项目画布。

项目画布的实施、能力的发展，以及向敏捷和项目驱动的组织转型都被认为是成功的项目。首席执行官和她的管理团队都对结果感到满意，他们对所投资的项目有了更清晰的认识。他们能够更好地将资源分配给最具战略意义的项目，并对其进行更密切的监控和支持。关注度的提高也使项目交付收益的速度变得更快——新产品的上市周期大幅缩短，实施重要变更所需的时间也大幅减少。

在第2部分中，我们探讨了本书最核心的内容，即项目画布。这种看待项目和项目管理的新方式可以帮助组织在变革驱动的世界中取得成功。毫无疑问，你获得了以更专业的方式定义和管理项目的工具，获得了能够更好地沟通任何项目关键元素的通用语言，并学会了在组织中应用项目画布。

在第3部分中，我们将研究对个人和组织的项目管理至关重要的三个领域。在第9章中，我们将研究成为有效的项目经理和项目发起人所需的能力，以及这两个角色应如何发展额外的能力，以超越他们的角色成为真正的项目领导者。在第10章中，我们将重点介绍项目选择和优先级排序的重要性，以及如何有效地将组织资源分配给项目。在第11章中，我们将探讨如何调整组织的结构和文化，使其更加敏捷，更加基于项目，以便在这个多变的世界中取得成功。

第 3 部分

个人和组织的项目管理能力

09

第9章 项目领导力

有效的项目管理和项目发起能力

本章着眼于成为有效的项目经理或项目发起人所需要的能力，描述了这两种职位的人员如何超越其角色在人们心中的固有认知，从而成为成功的项目领导者。

通常，项目经理角色的重点是，制订详细的计划并监督专家团队完成工作。本质上，这些都是项目管理的硬技能或技术技能。项目发起人也要重点关注项目的技术层面——确保项目经理根据时间、范围和预算来交付项目。在这两个方面进行项目指导都是必要的，尤其是在工程和基础设施领域。不过，人们通常不认为项目管理的软技能（领导力、参与、同理心、干系人影响力等）也是这两个角色的重要组成部分。作为全球性的项目管理参考文献，《PMBOK®指南》涵盖了十大知识领域，但只有三个知识领域与软技能相关（人力资源、沟通和干系人管理）。其中，干系人管理知识领域直到《PMBOK®指南》（第5版）才被引入。

我们将研究项目经理和项目发起人的角色是如何向项目领导者方向发

展并实现超越的。新角色需要更广泛的能力，还需要在纯粹的技术型项目管理的基础上，增加对软技能、干系人、战略和变革管理的理解。

越来越需要有效的项目领导者

当今世界，随着项目数量的不断增加，组织越来越需要能够有效管理项目的人员。在领英（LinkedIn）上快速搜索一下，你就会发现对项目管理人员的需求有多大——在很多职位描述中，都要求应聘者具有良好的项目管理技能和项目管理经验。在我以前服务的两家公司中，一个主要的技能差距是跨组织领导项目的能力。尽管我们通过直觉和实践掌握了其中的一些技能，并且许多人员可以说已经是事实上的项目经理了，但现实是，我们仍然需要针对项目管理的核心能力进行专门的培训。

在有效的项目发起方面，也存在同样的差距。大多数高管从未接受过这些基本技能的培训，他们只是在工作中建立了项目发起的能力。在我们的研究中，只有13%的受访者（共566名高管）接受过与项目发起相关的专门培训（见图9-1）。

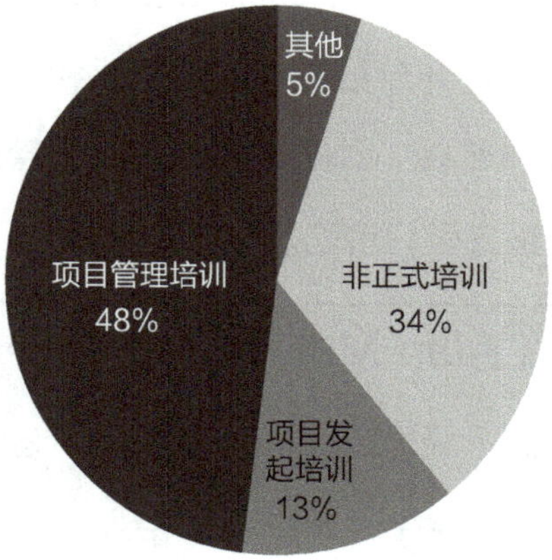

图9-1　高管的项目培训

简而言之，优秀的项目经理和发起人会让他们的项目更加成功。最有效的项目经理就像足球教练或管弦乐队的指挥。作为真正的团队合作者，项目经理可以召集一群具有独特专业知识的人员，并利用差异化的个人才能创建高绩效的团队。每个参与者都必须有一个明确的角色，能够意识到自己正在为项目目标做出贡献，并能得到其他人的赞赏。成功的项目经理会寻求团队构成的多样性，并鼓励和运用思想的多样性。

最有效的项目发起人更像足球俱乐部或歌剧院的主席。他如同项目大使：提供指导；亲自承诺；无条件地支持项目和项目经理。他必须接受多样性，与项目经理打交道，并在需要时快速做出决策。当然，成功的发起人还必须为项目投入大量时间。每个月1~2小时是不够的——项目越重要，发起人越应该投入更多的时间。发起人的承诺可以精确到每周的天数。不过，令人担忧的是，这种奉献程度在大多数组织中并不常见。

任何人都可以成为成功的项目经理，任何高管都可以成为优秀的项目发起人。然而，两者的职责都需要专注、承诺、决心、个人意识、持续学习的渴望，以及在失败时的毅力。正如美泰（Mattel）公司可持续发展负责人帕梅拉·吉尔·阿拉巴斯特（Pamela Gill Alabaster）所说："持续学习促进持续改进，要致力于提升自己的知识、技能和专长。商业环境瞬息万变，对领先实践、思维和新兴工具的理解将有助于管理工作，并能帮你获得更好的结果。做一个终身学习者吧。"

与艾伦·穆拉利（Alan Mulally）的对话——项目领导力

以下内容摘自我对艾伦·穆拉利的采访，他曾是波音公司和福特汽车公司的首席执行官，也曾是波音777项目的总监。对于以客观、包容的方式来领导他人，穆拉利分享了自己独特的见解。

你在波音公司应用了怎样的项目领导力方法？

包括所有人——一切都与人相关。非常感谢他们，正是因为他们的加入，你才有机会与来自世界各地的才华横溢的人们一起工作，切记，每个人都需要被包括在内。

围绕令人信服的愿景（关于客机、项目集或业务）、实现愿景的战略及严格的实施计划。

当然，还要有明确的绩效目标，要有一个计划，并使用事实和数据。最重要的可能是，每个人都知道该计划，每个人都知道项目状态，每个人都知道需要特别注意的领域。

从项目一开始就让干系人参与进来，包括客户、供应商等——你能告诉我们更多关于这种创新方法的信息吗？

我相信，波音公司多年来取得成功的原因之一是，在每个客机项目中，尤其是在波音777项目中，波音公司都会将航空公司纳入客机的实际设计。

航空公司对如何操控客机，如何使用客机，可靠性需求……有着深刻的见解。它们知道如何保养客机，如何驾驶客机，以及如何维护客机。实际上，我们邀请了希望将该客机投入运营的航空公司来加入项目团队。

航空公司中的一些人也担心："如果在竞争对手面前与你分享我的知识，这会让我处于竞争劣势吗？"之后，在项目早期的一次会议上，有12家世界上最棒的航空公司齐聚一堂，其中一位航空公司的领导者说："好吧，交易达成。我们希望帮助波音公司制造世界上最好的客机。当我们拥有世界上最好的客机时，由于我们都为此做出了贡献，那么作为航空公司，我们也就更具竞争力了。"

波音777项目中最困难的部分是什么？

我真的没这么想过，因为当你按照这些原则和实践进行操作时，一切都是公开的。所以这些都不是问题——当有人遇到问题时，就像找到珍宝一样。

将问题视为珍宝，是因为你现在能够知道问题出在哪里，而且你也认识到这是一项发明，这是一个迭代的过程，这就是工程、设计和制造的意义所在，所以这几乎就像你在授权项目管理的过程。并非一切都会按计划进行——这意味着你有一个过程来发现需要特别关注的领域，你身处这种文化之中，每个人都会分享需要特别关注的领域，并共同努力解决出现的问题。

项目经理和项目领导者

正如第2章所解释的那样，项目经理与项目领导者之间的区别常常令人困惑。下面给出了简要的定义提示，用以阐明这些术语的区别，并帮助你理解这些术语在本书中的使用方式。

- 项目经理是一个角色（通常也是一个职位），其职责集中在项目管理的技术层面，并同时要关注项目管理的软技能层面。其思维模式是，按时、在范围和预算内产生可交付物。
- 项目发起人是高管履行一系列职责的角色，主要负责监督和支持项目经理成功地实施项目。
- 项目领导者不是头衔，而是一套能力、一系列行动和一种特殊的心态。（例如，销售副总裁可能是项目领导者，但这不体现在其名片上。）因此，项目领导者可以是有效的项目经理和具有领导力素质的项目发起人的统称。

2020年，泰勒·洛克（Taylor Locke）采访了摩根大通的首席执行官杰米·戴蒙（Jamie Dimon），他总结了戴蒙对领导力素质的看法。

戴蒙说："管理意味着完成、跟进、规范、规划、分析、事实、事实、事实……但发挥领导力的关键不在于只做这些。"

他说，要"对人尊重"，而不是运用"魅力"或"脑力"。

戴蒙还说，拥有这些特质会提高你的生产力，并获得成功。如果你"自私自利"或"包揽功劳"，会导致其他人"不想工作"，这将影响你的项目效率。

在项目需要时，项目经理和项目发起人都应该通过展示领导力的技能、能力和心态成为项目领导者。本章的其余部分将描述成功的项目领导者所具备的最重要的特征。

项目领导者的素质和能力

在项目驱动的世界中，我将成为卓越领导者所需的主要能力分为以下6类：

1. 项目管理的技术技能。

2. 产品开发和领域专业知识。

3. 战略和商业敏锐度。

4. 领导力和变革管理技能。

5. 敏捷性和适应性。

6. 道德和价值观。

态度（或积极的心态）同样是一种能力，也是领导力的一个必要条件，对其他能力及项目的成功有指数级的影响。在本章的后面，我将研究“态度”，并解释为什么我没有将其列在第7位。

接下来，让我们依次探索这些能力。

1. 项目管理的技术技能

有效的项目经理使用工具和技术来确定项目的基本原理和商业论证。他们应该能够与关键贡献者和合作伙伴一起准确地定义范围。将范围分解为可管理的工作量；识别相互依赖关系；确定工作优先级；将活动转化为全面的、清晰的、精确的项目计划。这些能力构成了关键的技术技能。这些技能需要项目经理对细节（分析技能）和全局（战略技能），以及范围、时间和预算之间的相互依赖和权衡有深度的理解。风险识别和风险管理技术也是必不可少的。一旦项目开始，项目经理就需要建立报告机制来监督计划的执行，并确保进行了足够的质量检查和测试。当预见计划延迟或变更时，优秀的项目经理会分析其后果并为项目发起人和指导委员会提供可行的替代方案。不断演进并获得经验的项目经理可以进一步发展自己的能力，并在项目集管理、重大项目、项目组合管理和PMO实践等相关领域中得到成长。

要成为有效的项目发起人，高管和高层领导者都应该了解项目和项目管理的基本要素。他们应该考虑以下问题：

- 项目成功或失败的关键因素是什么？

- 他们应该提出哪些问题来确定项目的技术基础（如范围的清晰度）是否足够以启动项目?
- 对于最出色的项目经理，项目的哪些特征会影响他的选择?

此外，项目发起人必须了解与如何制订合理计划和开发估算相关的技术复杂性和制约因素。一个巨大的挑战是，高层领导者对截止日期、成本、特性和质量经常有着不切实际的期望，这些期望通常会导致各种权衡。如果把客机做得更大，那么它就不能在任意的机场降落，而且飞行成本也会更高（即使在满员的情况下）。如果让笔记本电脑的性能变得更强大，电池寿命就会受到影响。你要有雄心，但也要务实。

很多例子都说明了高估或低估项目复杂性将如何导致失败。有一个澳大利亚墨尔本的Myki项目，该项目引入了智能卡系统，可将整个城市的公共汽车、铁路和电车车票整合到一张智能卡上。公共交通部长琳恩·科斯基（Lynne Kosky）承认她对项目感到“非常沮丧”——延误问题一直困扰着该项目。该项目晚了5年，在最初的5亿澳元的基础上还需要3.5亿澳元的援助资金。她承认，作为项目高管发起人，她大大低估了通过网络引入新的智能卡系统的复杂性。高管发起人应该了解设计可靠的范围、定义正确的时间和成本估算，以及在它们之间进行权衡的基础知识。

如何获得这些能力

对于项目经理，我的建议是，除了阅读并应用本书的思想，还应寻求项目管理基础知识的培训。最终，你的目标是获得认可你的知识的资格证书。最常见的全球认证是PMI的项目管理专业人士（PMP）认证。当然，还有其他认证，例如，如PRINCE2从业者资格认证，它在英国和英联邦国家都有不错的认可度；Praxis是一个免费的项目、项目集、项目组合管理框架，它包括知识体系、方法论、能力框架和能力成熟度模型；IPMA的认证并不广为人知，但它提供了一个能力框架（Individual Competence Baseline，ICB），这是建立项目经理技术技能的一个很好的补充。如果你想完全沉浸在培训中，还有为期一年的项目管理硕士学位课程可供选择。

作为项目发起人，你一定会从发起人的项目管理基础培训中受益。你会渴望掌握这些基础知识。你应该了解不同类型的项目和实施它们的方法，如何选择项目并对其进行优先级排序，以及何时将创意视作项目。你还应该了解项目成功的原因，以及启动项目时的一些常见陷阱。最后，你应该知道如何为你的项目开发强大的商业论证和设定目的。

我曾用一个更好的选择帮助过许多组织，那就是开发属于自己的内部培训项目，具体到组织的需求和语言。这样，你就有了统一的方式来培训所有的经理和高层领导者。

2. 产品开发和领域专业知识

项目经理和发起人都需要具备产品开发技能和领域专业知识来领导影响力大的项目。他们应该精通项目产生的任何成果：技术（如人工智能或大数据）、特性、产品、服务或其他能力。这些能力可帮助你获得团队和干系人的信任，让你能够以专家和产品团队的语言进行沟通，并且能够帮助你很好地把握项目收益，以及如何、在何时实现这些收益。你的专业水平应该是全面的而不是详细的。决定或完成大部分工作不是你的工作，但你需要对此有足够的理解才能“挑战”整个团队。

只有对技术有基本的了解，项目发起人才能很好地理解项目是如何与组织的整体战略相联系的，也才能在项目的关键方面为项目经理和团队做出贡献并提出挑战。对于这种能力，有一个很好的例子。从2004年到2007年，史蒂夫·乔布斯全身心地投入并参与了首个iPhone项目的开发——这是苹果公司当时最具战略意义的项目。最初，乔布斯对智能手机知之甚少，但很快他就学习了相关技术，并定期在设计研讨会上做出贡献。高管们常常很难理解区块链或机器学习等新技术，这些困难加剧了管理团队和董事会在实施数字化转型项目时所面临的挑战。

如何获得这些能力

无论是作为项目经理还是项目发起人，都要保持好奇心和开放的心态。在一个新领域开始项目时，至少要花一些时间来阅读文章，观看视频并查看分析师的报告。可以通过许多大学和专业行业协会提供的大量开放的在线课程进行在线培训。如果可以接触到一些专家，请与他们会面。了解一下相关行业的一些关键信息以及该行业所面临的一些主要挑战。要善于总结自己的发现。永远不要害怕承认你是该行业或课题的新手——强调你渴望学习，并向那些为你提供信息的人员表示感谢。还要借此机会向他们解释这个项目、项目的目的、需要他们参与的原因，以及如何共同努力才能取得成功。

3. 战略和商业敏锐度

项目经理应该对组织、战略、主要竞争对手和项目实施的环境有很清晰的认识。例如，如果项目的目的是增加受教育的机会，那么有效的项目领导者需要了解各种各样的教育系统——哪些系统最成功，这些系统为什么会成功，哪些替代方案最适合项目的特殊需求。财务知识也是必需的。另外，将项目收益和目的与具体的业务挑战和优先事项联系起来的能力对于项目的认同和成功至关重要。如果项目经理能够建立这种联系，他将获得干系人（包括高级管理人员）的更多支持。在本类别中，最重要的能力是要对收益和其他影响保持高度的关注，即使在项目早期阶段也是如此。在项目驱动的世界中，价值创造是一个关键且受欢迎的元素。

大多数高管发起人已经获得达到高层职位的能力。作为项目领导者，高管发起人必须预测市场趋势，发现新的机会，以防止组织停滞不前，并在项目的整个生命周期内保持项目存在的必要理由。如果需要解决一些与初始市场或客户假设相关的问题，高层领导者应与项目经理协商，进行干预以纠正路线，或者最终推迟甚至取消项目。

如何获得这些能力

尽管MBA教育仍然是获得良好商业技能的最佳途径，但MBA课程的高成本和所需的大量脱产时间使大多数人无法走上这条道路。建立类似能力的替代方法包括相关课题（如创新、财务和战略）的在线课程（部分免费）。一些较大的组织已经开发了自己定制的硕士水平的课程。虽然这些课程无法达到传统MBA教育的深度，但它们仍可以为项目经理提供巨大的价值。

对于一些已经拥有MBA学位的高层领导者，终身学习的原则同样适用。你应继续观察并学习，以不断丰富自己的专业知识。新技术和潜在的颠覆者代表着巨大的发展空间，因此你需要不断地更新知识。奇点大学（Singularity University）和TED演讲（TED Talks）等教育项目提供的产品，以及严谨的商业书籍，都可以激发伟大的领导力。

4. 领导力和变革管理技能

变革速度加快、复杂性增加、优先事项重叠、寻求共识的文化、跨代际劳动力——所有这些因素使项目的实施比过去更加困难。虽然纯粹的管理技能在很大程度上已经满足前几代人的需求，但今天的项目经理和项目发起人必须培养强大的领导力和健全的变革管理能力。从不同的立场出发，他们必须提供方向；沟通进展和变化；评估、发展和聘用员工；即使没有正式的权力，他们也要激励人们。他们还必须培养一项技能，即有效且恭敬地面对并挑战他人的技能。不同的意见和不同的解决问题的方式会在整个项目生命周期中导致潜在的冲突，并且会产生误解——这些都是从事项目的正常部分。最好的项目领导者将这些视为进行对话而不是辩论的机会。对话需要与他人合作，以各方都能接受的方式处理分歧意见。而辩论是一种有输有赢的情况，人们对个人获胜更感兴趣，而不是对问题的替代解决方案持开放态度。

有效的项目经理还应该能够争取项目发起人的参与，并获得项目高层领导者和组织的支持。了解自己和有效维护与他人工作关系的能力（情商）是至关重要的。项目经理和项目发起人都必须了解不同的文化，以及如何从不同的人那里获得最好的工作成果；管理和说服多个干系人，包括一些反对该项目的人；在整个组织（通常是孤立且资源短缺的）中架起桥梁；打造高绩效团队；花足够的时间来培养和指导团队成员。

项目经理必须做出有效的决策，并做到积极主动、自律、以结果为导向。最后，他们必须具有韧性——能够从生活中遇到的任何困难和变化中恢复过来。韧性是项目管理中非常宝贵的领导力技能。

所有这些技能都是情境性的。尽管你可以在一定程度上规划自己的角色和参与度，但在本书描述的快速变化的复杂环境中，你作为项目经理的大部分角色都是引导型的：预测、塑造、构建和响应。你负责的每个项目都需要有不同的方法和重点。

曾作为战俘被囚禁了7年的海军中将詹姆斯·斯托克代尔（James Stockdale）在谈到领导力时说："领导者的工作分为三个部分。首先，领导者要定义当前的现实。其次，领导者不但要着眼于当下，还要看到更美好的未来。最后，在定义现实并看到更美好的未来后，领导者要设法采取措施并带领团队走向未来。"

如何获得这些能力

对于项目经理和项目发起人来说，领导力技能是最难教授和培养的。与其他技能相比，有些技能（如沟通技能）更容易学习。但大多数技能都需要意识、时间、练习和毅力。在瞬息万变的世界中，领导者比以往任何时候都更需要情商。

获得这些能力的第一步——也是最重要的一步——是自我认知。诚实地审视自己，评估自己的优势。更重要的是，想想你的弱点。你还应该学会对他人开放和坦诚。接受自己并非什么都擅长的事实，然后选择一两个领域来改进或发展。你可以自学（自我发展），也可以选修一门专业课程或聘请私人教练。

5. 敏捷性和适应性

在当今不断变化的世界中，有效的项目经理需要在不确定的情况下感到"舒适"，凭借有限的信息来制订计划并做出决策。当事先不知道行动的需求时，对于会有什么样的结果，或者在整个项目生命周期中，需求是否会发生变化，都存在很大的不确定性。在这些情况下，项目经理应该准备应用一些敏捷方法（适应型方法）。在众多适应型方法中，最常见且最有价值的有敏捷项目管理、Scrum、看板和规模化敏捷框架（简称SAFe，稍后将会介绍）。

项目发起人也需要学习敏捷的工作方法。通常，人们期望项目发起人根据预先确定的计划进行领导，并将决策视为简单和二元的活动。果断和专一是高层领导者的首要性格特征。这些预测方法现在得到了高层管理风格的补充，这种风格涉及将未来描绘为其他人可以理解的一系列选项，然后逐步进行：试验，巩固，调整，或者退后一步，或者重新开始（具体取决于结果及其他情况）。至此，高管们必须坦然承认，他们没有所有问题的答案，但他们有勇气改变方向并取消不相关或不再有价值的项目。

随着组织越来越寻求更快、更灵活，人们认识到原本在软件开发中使用的敏捷原则可以更广泛地应用于整个组织。领导者通过鼓励每个人做出贡献，促进共同解决问题，鼓励所有项目团队成员对个人和团队成果负责等方式来专注于创建这种敏捷环境。

敏捷领导力是为自组织创造合适条件的技艺。在当今的市场中，在完全无序的状态与过于严格的结构之间找到平衡至关重要。培养和维护这种环境通常是一项艰巨的工作，需要你关注他人的需要，并促进主人翁心态、反馈和长期目标。在这种环境下，微观管理退居二线，敏捷团队将能更好地相互协作，不断相互学习，快速获得用户反馈并专注于质量。

丽塔·麦克格雷斯（哥伦比亚大学战略教授）谈项目管理的适应性

我认为项目经理的困境之一是，他们倾向于将分配给他们的项目视为绝对的——“请打破那堵墙……好吧，我要打破那堵墙。”他们不会后退一步，也不会思考打破这堵墙与更大的目标之间的联系。我鼓励项目经理思考“发现”和“发现驱动”的概念。在任何情况下，你做的假设与你拥有的信息之间都存在一定的比例关系，我们将其称为“假设知识比”。

例如，你已经对ERP的实施有所了解。你知道每个人的角色是什么，需要发生什么，以及你想达到的结果是什么。当你对项目不了解时，情况就完全不同了。例如，“让我们了解纳米技术将如何影响成本结构”就是完全不同类型的项目，我认为这也是项目经理陷入困境的地方。他们倾向于认为假设知识比非常低。而事实上，如果假设知识比非常高，那你应该做的是以低成本快速学习，重新制订方向并改变计划，而不是坚持计划。

如何获得这些能力

管理敏捷项目可能不需要继续教育，毕竟，许多可用的课程和认证都提供了坚实的知识基础。PMI提供了敏捷管理专业人士（PMI-ACP）认证。Scrum联盟提供了8种专业认证，其中最受欢迎的是Scrum Master认证。APMG为敏捷项目经理和敏捷项目集经理提供了相关认证。国际敏捷联盟（ICAgile）提供了涵盖敏捷方法所有原则的专业人士、专家和大师认证，包括领导力、团队教练与引导、企业教练、交付管理、价值管理、开发和测试。最后，规模化敏捷（Scaled Agile）为那些在实施SAFe方面寻求知识和专业技能的人员提供了多个认证。

要成为敏捷领导者，高级管理人员需要在以下领域培养额外的技能。

- 了解敏捷基础知识。如前所述，一些在线课程提供了敏捷方法的基础知识。
- 服务型领导力。当领导者展现服务型领导力时，他们会将群体的需求置于自身之上。服务型领导力需要：学习如何在员工之间建立信任；帮助他人发展；表达感谢；分享权力；倾听而不做评判。

- 情境式领导力。凭借这种流畅的领导力风格，你始终可以根据时间和环境的要求来适应团队和项目的需求。情境式领导力需要：学习不同的领导力风格，并评估被领导人员的情绪状态和成熟度。《情商》一书的作者丹尼尔·戈尔曼（Daniel Goleman）谈到了6种领导力风格：教练型、示范型、民主型、亲和型、权威型和强力型。请确定自己掌握了哪些领导力风格以及还需要培养哪些领导力风格。

6. 道德和价值观

道德在项目管理领域的日常交互和行为中发挥着重要作用。项目管理专业人士必须遵守很高的道德标准，以确保决策和行动始终是可敬的，并符合干系人的最佳利益。PMI的项目管理专业人士道德规范描述了对项目经理的品行期望："责任、尊重、公平和诚实是驱动项目管理职业道德行为的价值观。"

因此，在很大程度上，项目领导者在道德层面影响他人的能力将决定领导力的有效性。项目领导者应营造并维持一个心理安全、尊重他人、没有偏见的环境，这将为团队建立公开交流所需要的信任。人们要有提出建议、否定意见或尝试新事物的勇气。对此，可以构建一种实验文化。项目领导者应通过自身的行为向他人表明，勇敢尝试新方法是安全的。然后，团队成员才会披露他们认为的项目风险，表达他们的其他担忧，并随时分享坏消息。当优先考虑并尊重道德和价值观时，项目更有可能成功。在这方面，项目发起人和项目经理都应该成为团队成员和组织的榜样。

IBM公司执行主席、前总裁兼首席执行官吉尼·罗睿兰（Ginni Rometty）表示，一个多世纪以来，IBM公司通过不断地自我改造和承担风险来维持其作为领先商业技术供应商的地位。如今，IBM公司提供的大约45%的产品和服务是在过去2年推出的。罗睿兰表示，在所有这些变化中，公司坚持了一套核心价值观。在IBM公司，工作的重点是为企业和社会提供创新技术。“每个人都有自己的价值观，”她说，“但重要的是当没有人注意时你应该怎么做。我们致力于每个客户的成功，致力于重要的创新，并在所有关系中建立信任和责任感。”

如何获得这些能力

道德是无法获得的——它们是我们自己的一部分。但是，你可以制定道德规范，在道德问题上为你自己、你的项目和项目团队提供指南。在为自己或项目制定道德规范时，可以参考其他人和其他公司的道德规范示例。例如，PMI的8页“道德和职业行为规范”定义并命名了责任、尊重、公平和诚实的“强制标准”和“期望标准”。IPMA的道德规范也是一个很好的示例。

在研究了这些示例后，请确定你自己的价值观：我真正的信念是什么？我希望别人被怎样对待？我希望怎样对待别人？与你的团队分享结果，并针对“团队成员是否对这些价值观感到满意”进行讨论。一旦项目的道德规范获得批准，项目团队的每个成员都应该应用并遵守它（从你开始）。“以身作则”这句格言在道德领域最为重要。

X. 态度

除了项目领导力的6种关键能力，良好的态度也很重要。我将态度标记为第X种能力，而不是第7种能力，因为它对所有其他能力和项目的整体成功具有乘数效应。态度会“传染”，作为项目经理或项目发起人，你的态度会强烈影响你周围的其他人。

态度是对人和情况做出反应的既定方式——我们从自己的信念、价值观和假设中学到的方式。态度通过我们的行为表现出来，并帮助我们坚持到项目最具挑战性的时刻。态度有时比事实、经历和教育更重要。对于一位知识渊博、经验丰富的项目经理，如果没有积极的态度，他往往也无法交付项目。当为要求很高的项目选择领导者时，组织最好选择态度坚决、积极的人员，哪怕他们经验较少或缺乏某些能力。

保持积极的心态并不容易。即使在困难的时候，也要像在平常的项目工作中那样，寻找每种情况的积极一面。与乐观的人在一起会帮助你保持积极的心态。表达感激之情是保持积极态度的另一种有效方式。对团队成员及其贡献表示感谢，他们可能因此为当前的项目做出更多的贡献，并希望在未来的项目中与你合作。

2010年，在智利的阿塔卡马地区的一个项目中，呈现了一个令人惊叹的与积极态度相关的案例。8月5日，这里发生了巨大的爆炸，伴随着地面的震动和剧烈的颤抖，在地下深处，圣何塞矿井已经坍塌。矿井入口附近的矿工已设法逃脱，但仍有33人被困在矿井深处，位于地下约700米处，距离矿井入口约5千米。紧急救援指挥官无法与被困的矿工取得联系。经过两天的搜寻，救援人员无法确定这33人是否还活着。智利总统塞巴斯蒂安·皮涅拉获悉，找到矿工的概率不到0.00000001%。尽管困难重重，皮涅拉总统表示，智利政府将把所有必要的资源交给救援队，尽一切可能将矿工们活着带回地面。在这项史无前例的救援中，项目发起人、矿业部长劳伦斯·戈尔本全天驻扎在营地，负责指挥并代表总统采取行动。尽管遭遇挫折，但救援人员和被困矿工的士气依然高涨。

剩下的故事创造了历史。在事故发生70天后，首名被营救的矿工弗洛伦西奥·阿瓦洛斯乘坐Fénix救生舱（NASA协助研发）返回地面。在皮涅拉总统、戈尔本部长和所有被困矿工家属的注视下，以大约每小时救援1名矿工的速度，所有33人全部获救且安然无恙。迄今为止，这是采矿史上规模最大、最成功的救援项目。

战略项目通常需要大量的沟通和积极的领导力，这使项目经理和高管发起人高度可见。良好的项目领导力不仅可以改善项目，还可以积极塑造组织文化。在下一章，我们将看到，这些领导力特质如何在有效运行数百个项目的过程中发挥作用，同时着眼于未来的项目管道以寻找新的创意和机会。如果负责任的高管运用本章刚刚介绍的能力和素质，这个过程（项目组合管理）将是最成功的。项目组合管理包括项目的选择和优先级排序，以及有助于提高项目组合透明度和控制力的治理活动。

10

第10章 项目的选择和优先级排序

管理你的项目组合

优先级排序有助于组织分配资源，尤其是时间、资金、管理和员工注意力等稀缺资源。它使组织能够平衡不同项目的投资。有效的优先级排序为组织设定了议程，反映了组织的短期和长期战略，并向项目经理和员工传达了哪些是领导力真正重要的方面。

被指定为最高优先级的项目更有可能得以成功交付。大多数成功的组织清楚地知道它们的顶级项目是什么，并且在这些项目的执行过程中会非常规范。2018年，《通用数据保护条例》（General Data Protection Regulation，GDPR）开始生效，旨在让欧盟公民控制自己的数据。以与GDPR相关的项目为例，GDPR合规项目具有固定期限和对违反条例的严厉处罚，因此，在大多数组织中，它都是高优先级的项目，并且管理人员很乐意为该项目提供资源。类似的情况也发生在大型公共项目上，例如举办奥运会。尽管这些艰巨的项目很复杂，但它们几乎总能被按时交付。

组织可能并行管理数千个项目，同时持续关注潜在的新创意或项目机会以及它们可能带来的价值。在许多方面，管理项目管道并决定投资或终止哪些项目与运行项目一样具有挑战性。在某些情况下，投资了错误的创意，或者根本不投资，都可能使组织破产。例如，“黑莓公司、诺基亚公司与智能手机技术”的著名案例——黑莓公司在实体手机键盘上错误地“押注”，而诺基亚公司根本没有“押注”。

这种与潜在项目管道保持同步并决定投资、持续投资或终止大量项目的过程被称为项目组合管理。

优先级排序为什么有用

优先级排序提高了组织中最具战略意义的项目的成功率，提高了高管团队围绕战略目标的一致性和关注度。同时，它将资源转移到能解决任何燃眉之急的项目上——当前的重大威胁或机遇。此外，通过设置优先级，领导者可以消除运营团队在为项目分配时间时面临的大部分疑虑。最重要的是，通过向每个人阐明哪些项目是最重要的（或最不重要的），优先级排序可在组织中建立一种执行心态，从而确保对重要项目的实施进行密切监控。表10-1列出了设置优先级的若干注意事项。

表 10-1　管理项目管道：设置优先级的若干注意事项

价值
项目将产生多少资金（以及何时）？ 项目将带来哪些新能力（以及何时）？ 项目对实现战略目标有多重要?
风险
成功的概率有多大? 如果不能交付会发生什么? 如果我们什么都不做会发生什么?

续表

资源
项目要花费多少（我们是否有足够的资金）？ 项目将涉及谁（我们是否有合适的人员，或者我们是否可以得到他们）？ 我们具备必需的技能吗？
平衡
我们还能投资什么？ 我们的员工还能做什么？ 这种对资金或人员的投资会如何影响其他项目？ 其他项目有多大的风险或不确定性？ 我们必须现在做这个项目吗？

项目组合管理使组织能够完成多个有助于组织战略的任务。

- 专注于组织能负担得起且拥有（或可以获得）必要资源的项目。
- 识别瓶颈。在遇到瓶颈时，除非采取行动，否则项目很可能相互竞争资源和能力。
- 整合项目组合以平衡短期与长期目标和投资；平衡紧急且重要的变更和能力；承担与组织风险偏好一致的总体风险。
- 传达明确的战略意图，使高管团队和整个组织可以将他们的工作与战略保持一致。
- 为运营团队制订计划和做出决策提供相应的环境。
- 奠定执行的基础。降低项目交付速度的主要因素有：不确定性、对时间或资源的冲突需求、因运营团队失去了对未来的清晰视野而需要高管进行微观管理的环境。

在当今的大多数组织中，PMO会选择项目并确定其优先级。一些组织会有一个监督所有项目的企业级PMO，另一些组织则在区域或业务单元层级（或在企业级之外）设立PMO。PMO所处的层级将决定其选择、进行优先级排序和监督的项目范围。企业级PMO通常与高层领导者合作，以选择更具战略性的项目；区域和业务单元级PMO将涉及企业确定的战略项目，并根据需要开发和排序自己的项目组合。

我们正在运行多少个项目

大多数组织和政府部门都在努力为其项目创建优先级清单。遗憾的是，许多组织甚至没有当前正在运行的所有项目的完整清单。之前，当我在一家大型欧洲银行担任项目组合管理的领导者时，我也遇到了这样的问题——人们不知道有多少个项目正在运行。在我开始分析并提交项目投资建议书前，一个由4人组成的团队花了6个月的时间收集并澄清了400多个现有项目的细节。由于原因众多（包括以下原因），可将该问题看作可理解的普遍现象。

- 你需要一定数量的项目和建议书来使项目组合管理变得有价值，但你也需要项目组合管理来获得一定数量的项目和建议书。这是一个“先有鸡还是先有蛋”的困境。
- 许多成熟组织没有意识到它们从一切照旧的运营实体到项目驱动型组织的缓慢演变。项目过多、结果不佳、资源竞争等问题已经蔓延到组织身边。
- 西式管理推崇以行动为导向的经理，促成了出勤主义（带病工作）、长时间工作，以及专注于活动和输入，而不是生产率和成果的文化。
- 组织的孤岛性质使董事、事业部和部门能够生成自己的项目组合，这通常会破坏企业级的项目。

- 在一些组织和政府部门中，人们倾向于淡化失败的项目，因为他们知道在把该项目移交给继任者之前，该项目不太可能“爆雷”，他们也因此才会感到心安。

- 许多高管对项目管理缺乏兴趣，尤其是那些没有在以项目为中心的环境中成长的人员，这使得详细的报告或监督无法落实。

学习削减项目、砍掉项目或对项目说“不”

不久前，我为一家领先的生物技术公司做了些工作。尽管公司只有78名员工和7名高管，但除了日常活动，该公司还有超过200个项目记录在清单上。难以置信！如今，项目超负荷的问题几乎影响着每个组织，并在多个方面造成附加损失。有效的优先级排序需要对很多潜在的创意说“不”，并取消不再支持组织目标的项目。赞同并投资每个不错的创意是很诱人的。在最乐观的情况下，这些创意看起来都很有前景和潜力，你不想错过其中任何一个。但是，投资所有创意会导致大量金钱和资源的浪费、无法执行战略、项目失败、负担过重、员工不快乐以及员工忠诚度的下降。成功人士都非常专注，这同样适用于组织。

2017年，星巴克公司聘请罗莎琳德·布鲁尔（Rosalind Brewer）担任首席运营官。布鲁尔将为我们展现有关优先事项和重点关注的良好示例。她通过取消2/3的日常办公项目来重新安排业务，并只专注于3个优先事项：饮料创新、店面体验和数字业务。布鲁尔对自己的方法进行了解释：“我们只是让所有人都排成一排，然后说，如果这3条‘车道’都不适合，那我们就停止工作。”

根据我的经验，大多数组织可以终止40%~50%的项目，并且几乎不会产生任何影响。项目画布是一个很好的工具，能够发现可以终止且后果很小的项目，请注意，取消这些项目还可以防止未来价值受到破坏。如果某个项目缺少项目画布中9个构建模块中的4个或更多，那么该项目失败的概率就会很高——这样的项目应该被取消。将释放出来的资源分配给那些更具战略意义的项目，这将加速这些项目的落地。

虽然对某些项目说“不”并削减其他项目是确定优先级的重要组成部分，但这些做法会给项目引入一些固有的冲突。在项目获得批准前，组织坚持要有一个精心构思的商业论证是完全正确的，但一定要仔细设计筛选过程和标准，否则那些投入了大量时间和精力的项目经理会把项目的成功与项目的批准联系起来。凭借这种信念（项目被批准意味着项目成功），他们会用最积极的方式构建自己的项目建议书。与此类似，高层领导者通常难以终止那些已投入大量时间和资源的项目。因为所有项目都有财务和情感上的沉没成本，所以人们很难公开承认自己错了。成功的企业只会进一步投资那些能构建组织未来和组织长期可持续性的项目。

即使是一个设计良好的项目，特别是一个需要很多创新或敏捷性的项目，在任何阶段都会存在失败的风险，在项目后期的失败可能既难以预测又违反直觉。例如，伦敦地区的“伊丽莎白线”地铁项目最初始于一个工程项目。挖掘隧道和铺设轨道都按计划进行。然而，在项目后期，在安装机械设备和电气系统时，该项目面临着崩溃。

在尝试适当地管理项目时，上市公司可能面临特殊挑战。市场的易变性和企业声誉的脆弱性，使人们在备受期待的项目面临挑战和挫折时很难做到透明和诚实。这种对短期问题轻描淡写的回避心态，可能升级为“鼓励”公司对更严重的问题不诚实。有时，这些行为是无意识的，或者出于更好的动机，但结果总是一样的：不能容忍失败的文化会在公司的各个层级中鼓励不诚实的行为。

纳西姆·塔勒布（Nassim Taleb）介绍了“黑天鹅”的概念，这代表一种几乎无法预测的毁灭性风险。虽然新冠肺炎疫情以及最近出现的一些动荡和灾难可能表明这些最稀有的鸟类正变得越来越常见，但现实是平淡无奇的。项目管理专家莎拉·哈吉卡泽米（Sara Hajikazemi）和她的合著者说：“对火鸡来说可能是‘黑天鹅’事件，但对屠夫来说不是。”在现实生活中，项目失败的原因更有可能是托马斯·L.弗里德曼（Thomas L. Friedman）在2014年《纽约时报》发表的文章中所描述的“黑象”。黑象是一个像黑天鹅一样具有灾难性影响的事件，但它是可预测的，实际上是众所周知的房间里的大象。换句话说，这是一个非常令人尴尬的情况，每个人都心照不宣地无视问题，因为公司文化不鼓励怀疑主义，或者严重缺乏思维的多样性。

大多数公司只有在陷入危机、濒临倒闭时才会考虑对项目进行优先级排序。在重新关注核心业务方面，苹果公司、福特汽车公司、波音公司、飞利浦公司和乐高公司都为我们提供了十分著名例子。2018年3月，在经历了数年业绩下滑和销售未达目标之后，在过去10年中投资超过300亿美元收购了50个品牌的联合利华公司，宣布将转型为更简单、更敏捷和更专注的企业。事实上，在新冠肺炎疫情暴发的前几个月，很多组织都通过对项目进行极致的优先级排序来维持业务活力（有关在危机时刻管理项目的更多信息，见本书第4部分）。

通常，只有当高管团队面临维持公司生存的压力时，他们才会做出艰难的抉择——放弃数百个项目和产品，并将注意力、资源和预算集中在少数几个重要项目上。通常，这些项目都处在最初使公司成功的领域。

知道何时启动一个项目：6个问题

成功的领导者知道何时启动一个项目。然而，很多公司都不具备培养这种战略人才的能力。如果你仓促地启动了一个项目，那么该项目很可能错过最后期限——如果项目没有彻底失败的话。通过使用S曲线学习框架（认识到学习是一个缓慢开始，随后快速推进，然后再次缓慢进展的过程。通常，这一过程将持续几年），我们可以帮助决策者设想一个启动项目的正确时间，然后对其进展进行建模。曲线的底部代表投入资源相对较少的调查时期。该阶段的目标是确定是否真的存在机会。在该阶段，你应该寻求以下6个基本问题的答案。

- **该项目以前做过吗？**

  创意越新，在S曲线底部所需的探索时间就越多——避免立即启动项目。

- **该项目是否属于核心业务的一部分，是否需要发挥你的优势？**

  你的项目离核心业务越远，你需要在S曲线底部花费的时间就越多。此外，请考虑在核心业务之外已经运行的项目数量。项目太多会危及项目成功，使公司处于危险之中。

- **你知道该项目完成后会产生什么吗？**

  如果你对项目交付内容的清晰度低于50%，请继续探索和迭代以更好地定义项目或应用敏捷方法。在传统的项目管理理论中，建议在项目开始时就定义100%的需求，但我们知道情况并非如此。我们的目标是，在进入成熟的项目阶段之前定义80%~90%的需求。

- **投资成本是多少？**

  项目的成本很高，而且可能比最初计划的成本更高。因此，在启动项目前，你必须明确谁将为此买单。你还需要验证资源的承诺，包括高管投入项目的时间。所有这些重要的决策都需要在S曲线的底部考虑。

- **你是否得到关键领导者和更广泛组织的支持？**

  由于重要的干系人未能对项目提供支持，优秀的创意和出色的项目都遭遇失败。在探索阶段，应围绕项目创建临界值，增强其可行性。你是否得到了关键干系人的支持？在组织内部，人们是否对该创意有所动摇？如果机构也有意愿，其他必要的资源也可能正在筹备中。

- **时间线是什么？**

  本应继续推进却停滞不前的项目成本高昂，而且不会产生令人满意的结果。要为必要的标杆制定时间线。严格的里程碑应聚焦于组织和团队，所以要明智地使用它们。对于没有为探索阶段分配时间的项目时间线，你要格外留心。

最终，你会到达一个拐点，是时候做出决策了——放弃某个创意或积极推进某个创意。如果你要继续前进，该拐点就是开始加速增长的地方，也是正式创建项目的地方。此时，应该集合资源，部署人员，明确目标，并建立时间框架。在识别和满足关键需求后，项目才能开始，而不是在此之前。S曲线的陡峭上升部分代表了一个爆发性增长的时期。当项目启动时，它应该已经准备就绪，能够迅速推进——进入S曲线上升部分所对应的时期。

管理项目组合的收益

如今，组织面临的一大挑战是，如何在执行日常活动的同时实施数百个项目、敏捷举措、项目集和战略举措。项目组合管理鼓励领导者就组织的战略优先级排序进行讨论并达成一致。通过统一的方法，领导者可以与组织的其他成员分享这些优先级排序，并帮助其灌输企业文化。

自21世纪初以来，我在多家组织担任过项目组合管理的高管职位：一家大型电信运营商、一家欧洲最大的银行和一家领先的制药公司。在实施了项目组合管理框架后，所有这些组织都在以下几个方面取得了重大改进：

- 提高了最具战略意义的项目的成功率。
- 围绕组织的战略优先级和战略项目，提高了高管团队的一致性并提升了高管团队的关注度。
- 降低了约15%的项目管理成本（减少重复项目或合并项目，以及减少预算超支都有助于节约成本）。
- 最重要的是，培养了以语言、领导力及行为为特征的执行心态和文化，以专注于成功的项目成果。

尽管项目组合管理具有优势，但大多数高管仍缺乏对这种实践的良好把握。这是一个极好的机会，高管们可以学习如何应用这一概念来集中注意力和协调一致，突破孤岛，并加速其战略项目的实施。项目组合管理提供了一个框架以回答以下问题：

- 组织的战略目标是什么？

- 针对这些战略目标，我们将如何通过项目或日常活动来实现它们?
- 为了组织的长期利益，我们应该投资哪些项目?
- 如何最好地利用我们现有及未来的财务和运营能力?
- 我们是否有合适的资源来领导这些项目?
- 如果经济突然下滑，我们可以停止、暂停或推迟某个项目吗?
- 时机是否合适?
- 如果项目失败了怎么办?我们有B计划吗?我们能从失败中吸取教训吗?
- 我们从每个项目中获得了哪些价值和收益?

图10-1展示了一个定制化的项目组合管理框架的示例。

项目组合必备

从一开始，你就应该让所有关键干系人（业务单元、部门和职能部门）参与项目组合管理及其应用的定义。使干系人参与的一大优势是，增加了领域（以前不存在）的透明度——改变业务维度。有关优先项目的状态信息可为人们赋能。你希望主要干系人在项目实施的早期支持该项目。你需要让他们了解新方法的好处，以及作为一个组织一起工作的心态。如果只有少数部门参与，项目的选择和优先级排序就会出现问题。当组织在多个层级都拥有项目组合时，企业级PMO应专注于总体战略目标和公司范围内的项目，而业务单元的项目组合将涵盖更具体的项目，以满足其目标和需要。

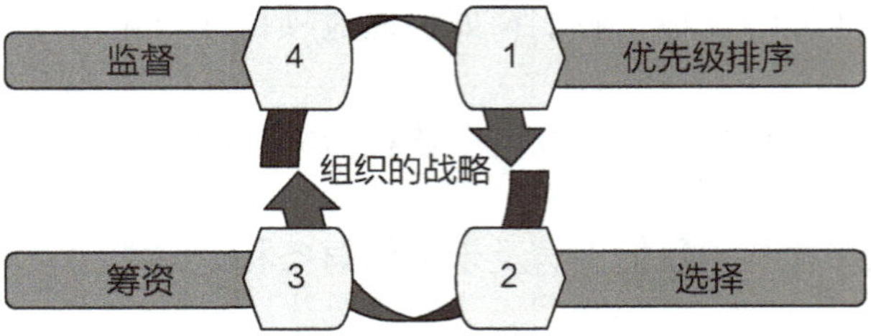

优先级排序和选择项目与项目集（步骤1和2）：

- 通过月度投资委员会进行适当的治理
- 独立于年度预算流程的持续活动
- 基于能力管理、决策标准、风险评估以及组织战略一致性进行优先级排序和选择

通过项目生命周期管理计划管道（步骤3）：

- 对项目组合管理实践实施一致且通用的方法
- 通过关口重新评估并确认项目在其整个生命周期中的相关性
- 分阶段分配资金和对项目的承诺，而不是一次分配全部资金

监督进展，预测风险，跟踪收益和收尾情况（步骤4）：

- 每月报告项目组合中各项目的进展和风险
- 每月跟踪所取得的收益和正式的项目收尾
- 根据新的需要，通过关闭、延迟和启动新项目来调整项目组合

图10-1　项目组合管理框架：4个主要步骤

虽然每个组织都应该开发一个适合其业务需要的项目组合管理框架，但该框架必须包含以下几个要素。

1. 项目评审委员会

项目评审委员会决定组织应该投资哪些创意和举措，以及应该停止或推迟哪些现有项目。项目评审委员会定义了组织的战略路线图并监督其成功执行。项目评审委员会在组织中的定位和其成员的参与，都将在很大程度上决定整个管理框架的影响和成功。在理想情况下，项目评审委员会的主席应由组织的首席执行官担任，其余成员应来自高管团队。在会期，PMO的负责人负责准备和召开会议并跟进会议所做的决策。

项目评审委员会应向组织的战略或风险委员会报告，并定期向董事会报告项目的状态更新。业务单元和区域项目组合的负责人应向项目评审委员会报告。

组织难以全面管理其所有部门的项目组合；这些框架通常由IT、研发或供应链等部门实施。为了最有效地工作，项目评审委员会应该监督组织范围内的所有战略项目，打破孤岛，并确保人们（作为一个整体）更紧密地合作。

项目评审委员会应至少每季度召开一次会议，最好每月召开一次。一旦制定了战略路线图，评审委员会应专注于监督项目组合的执行情况。

2. 对新项目的创意进行结构化、一致性的收集和分析

每个被提议的创意都需要明确的理由和目标。如果潜在的项目涉及大量财务和其他资源的承诺，则应开发商业论证，包括财务方面和定性标准，如战略一致性和可接受的风险水平。可以应用项目画布来评估一个创意的所有主要元素是否都能被处理。最具战略意义的项目（如并购项目）的创意通常直接来自高管团队；其他更具战术性的创意很可能来自中层管理人员和员工。每个人都可以贡献项目创意，并且这些创意将经过相同的评估过程。项目不仅涉及商业创意或研发。正如我们在第2章中所见，项目还可以解决组织改进、削减成本、风险管理、监管和资产报废等问题。

3. 对新项目的创意进行优先级排序和选择的方法

项目的选择必须公平、透明并基于商定的标准。分析新创意的一些附加标准是NPV（净现值）、ROI（投资回报率）、回收期、战略一致性、

风险、复杂性和相互依赖性。还必须对正在进行的项目进行排序，特别是当项目评审委员会第一次对项目组合中的项目进行优先级排序时。组织还必须保留一些好的项目，而不是立即启动它们。持续监控和管理项目创意对组织的长期生存能力至关重要。这种做法有助于管理层以被动防御性或主动进取性的方式对市场变化做出快速反应。

项目组合管理需要交叉检查和验证所有战略目标在短期或长期内是否具有通过日常活动或项目来实现的手段（和分配的资源）。一个重要的选择标准涉及组织的能力和产能。组织必须具备合适的能力和足够的可用产能来交付项目。不过，大多数组织都很难全面、及时地了解员工的可用性。我建议应用的一个简单规则是，在启动新项目之前，完成或取消至少一个（或更多）项目。

在几年前，每年进行一次项目的选择和优先级排序就足够了。但是，随着变化的加速和竞争的加剧，你应该每个季度对项目清单及新创意进行重新评审。

不要仅仅为了优先级排序而进行优先级排序。你应该把方法运用于最重要的项目，并使其成为一个简单的过程——而不是使其变得繁重或乏味。在处理所有项目和投资时，需要全部细节——这是很自然的，但如前文所述，获取并保持与项目相关的准确和更新的数据需要大量的资源和时间。专注于最重要的举措，而不要试图涵盖整个项目的范围。例如，首先确定优先级最高的20个最重要的项目，然后评估正常优先级（必须做的、乐意做的和不重要的）的其余项目。不要试图为所有的项目进行准确的排名，这样的清单在制作和维护时会很麻烦。请记住，有些项目在业务单元层面具有最高的优先级，但在企业层面则不那么重要（仍需要资金）。

此外，如果项目不太复杂——几乎没有不确定性并且需要很少的资源（例如，小于100人日），最好将这类项目作为持续改进来处理。这种处理将帮助你清理项目组合中很大一部分不重要的小项目。根据我的经验，在项目组合中，约有60%~70%的项目属于这种较小的类型。

在领导了多次优先级排序的练习后，我了解到，这个练习主要是为了给管理者提供不同的场景，鼓励他们通过战略对话做出共同的决策。尽管大多数理论都宣称，管理者可以通过自动化公式来生成项目优先级的完整列表，但这种做法并不实用。最终的决策必须由高管使用他们自己的人类智慧来做出。

选择活动的最后一个重要步骤是，确保组织的每个战略项目都有一个指定的高管发起人——专门负责交付项目。

4. 战略路线图

要制定战略路线图，请列出在未来三至五年内，组织将实施的优先项目。组织的战略目标和目的应清楚地反映在此路线图中。优先项目的清单应反映优先级排序工作的成果，以便清楚地识别最相关的项目。这些项目需要得到管理层的更多关注，并获得组织中最好的资源配置。

请记住，项目是动态的：随着项目在其生命周期中的进展，启动项目时考虑的初始参数（成本、收益、持续时间和范围）通常会发生变更。由于总体预算和产能的限制，这些变更可能对相关项目和项目组合中其他项目的盈利能力产生影响。尽管路线图的变更不可避免，但最高优先级的项目不应该频繁发生变更。

高管团队应至少每年向董事会征求一次意见，并获得董事会对战略路线图的批准。之后，高管团队应向组织中的所有层级分享和解释路线图。每个季度都应重新审视战略路线图。

5. 带资金关口的生命周期

在项目生命周期中设置关口可以让高管团队有效地监督项目组合并控制项目资金。该过程包括建立项目生命周期的3~5个标准阶段——如可行性、启动、规划、执行和关闭，每个阶段都以一个关口结束。在每个关口，就是否应该开始下一阶段评估项目的可行性。如果一个项目没有按计划进行，或者市场发生了变化，或者组织的优先级发生了变化，那么关口系统会为高管人员提供一个机会，以便他们在更多资源“沉没”之前调整或取消项目。

6. 监督战略路线图执行情况的方法

为确保战略路线图得以执行，PMO应定期向高级管理层和董事会报告战略项目的进展情况。项目评审委员会还应定期深入了解项目的实施进度。投资委员会应每季度深入评审优先项目的完整清单。PMO应向项目评审委员会提供有关路线图的进展、价值创造、影响、风险和战略项目所面临的最紧迫问题的详细更新。项目画布有助于引导这种对话。定期评审有助于管理层对市场变化做出快速反应并监督新项目的进行。

7. 与预算周期和企业风险管理相联系

项目组合管理应始终与预算周期和风险管理过程（组织范围内的）联系起来。许多组织（包括上市交易的组织）都根据其年度预算周期来运作。通常，该预算周期不包括项目的专门预算，因为它是从运营角度驱动的。这为项目组合管理带来了几个挑战：组织可能随时启动项目；项目经常是需要持续多年的举措，等等。为了解决项目与传统预算周期之间缺乏同步的问题，越来越多的组织开始将其预算周期分成两个部分：一个用于运营组织，另一个用于变革组织。

风险管理周期也是一个关键的涉及整个组织的周期，它需要得到调整以最大限度地发挥项目组合管理的影响。在组织的风险管理过程中，应在适当的时候评估、监督和减轻项目风险。从项目组合的角度管理风险的最传统的方法是，在全局级别整合每个单独项目的风险。但是，不应孤立地看待每个战略项目的风险程度；风险通常会影响组织的其他方面，如运营或合规。如果一个战略项目受到重大风险的影响——例如，新系统的启动被延迟，该风险还将对组织的其他部分产生影响。因此，应从大局出发来评估战略项目的风险，并应将战略项目的风险纳入组织的整体风险管理。

8. 收益跟踪

项目领导者需要实施跟踪项目收益的过程。我们可以从并购中得到启示：在并购期间，协同效应与整合计划中的特定里程碑相关联。当达到一个里程碑并产生协同效应时（例如，关闭一些商店），就可以计算收益并与计划进行比较。项目的战略路线图应包括这些实现协同效应的里程碑。这为管理层提供了一种监督项目组合收益的方法。

董事会的作用日益重要

高绩效的董事会尤其容易陷入自满的陷阱，他们依赖过去的成功而没有为组织的未来做好准备。这样的董事会往往很晚才意识到他们所处的环境发生了变化，新的竞争对手已经重新定义了行业边界，他们的产品和商业模式已经过时。另一方面，过度的变革会导致组织倦怠，在这种情况下，管理者会专注于变革，而忽视公司的战略核心。对此，董事会在确定变革项目的适当时机方面发挥着关键作用，以避免随着时间的推移而产生的组织倦怠和自满。

在动荡日益加剧的世界中，组织变革和数字化转型是董事会的主要议题。数字时代对董事会提出了前所未有的挑战，要求他们超越目前的监督职责。作为股东代表，董事会需要监督高管层的战略行动，包括旨在适应不断变化的商业环境的战略建议和项目组合。

董事在项目组合管理中发挥着关键作用。他们评估高管提出的转型项目建议并提供反馈，这些建议不仅涉及收购或战略项目组合的重新配置，还涉及重塑其业务模式。董事会应倾听项目评审委员会提出的不同战略项目和优先事项。在董事会批准后，董事负责监督组织战略路线图的实施。

然而，很少有董事会能够承担战略项目管理的方方面面，尽管他们应该这样做。战略实施和治理几乎不被视为董事的主要技能。事实上，尽管郭士纳（Lou Gerstner）认为这对他成功扭转IBM公司至关重要，但很少有董事会吹嘘自己拥有这种能力。在数字时代，这种运营能力以及治理和执行战略项目的专业知识都是董事会必须具备的。如同硬币的两面：一方面，战略项目的良好治理将防止严重的价值破坏。另一方面，战略项目的良好实施将使组织能够在数字时代有效地引领方向。成功是与最佳治理实践相关，还是与卓越的执行能力相关？答案是，成功的组织必须建立这两者，还必须同时具备这两者。

董事会必须通过建立有效的治理结构和流程来确保组织在一段时间内的适应性，从而为未来做好准备。从长远来看，适应性有几个含义。首先，必须建立健全的项目组合流程，并在整个组织内培养项目管理能力。其次，适应性还意味着培养项目经理，培训高管发起人，并对交付项目及其收益负责。最后，适应性有时甚至意味着，在CEO和其他高管的知识已经过时，以及在需要新技能时，替换他们。因此，在他们的继任计划中，董事会必须评估候选人未来所需的能力，以及他们在变革时期驾驭组织的能力。

让你的项目组合管理方法简单而实用。为你的组织定制方法，并使用组织自己的语言加以描述。避免过度设计流程，使其过于抽象。为一致性制定明确的说明，并在新流程的应用中遵循规范。引入项目组合管理本身就是一个文化变革项目；员工必须了解新流程的目标、最终收益以及对他们的期望。最有可能的情况是，在一开始会有阻力，所以管理团队需要以身作则，严格执行新流程。最好的情况是，确定优先级可以加强组织高层的战略对话，然后可以与组织的其他部门共享战略优先级。一旦高管团队了解“优先级可以加强战略对话”，他们就会将优先级嵌入组织及其组织文化。

用目标层级来排列项目优先级

优先级排序对个人和组织的成功至关重要，但令人惊讶的是，优先级排序的方法很少被理解且经常被忽视。通常，决定我们如何优先考虑项目的是能力和直觉，而不是战略和事实。在设定优先级时，我们经常根据真正重要的事项以及资源（尤其是时间和资金等稀缺资源）的分配方式来设置议程。以我的经验，许多组织之所以失败，一个主要原因是，这些组织对什么是重要的事项缺乏清晰的认识，或者它们只是选择了错误的优先事项。如果把优先事项弄错了，后果可能是灾难性的。

来看看最近两个典型的企业失败案例——首先，介绍的是柯达公司。我要说的并不是柯达公司没有预见数码摄影的兴起，而是柯达公司优先考虑了错误的事项。在20世纪90年代，柯达公司投资了数十亿美元用于开发使用手机和其他数码设备拍照的技术。但在克莱顿·克里斯坦森（Clayton Christensen）的《创新者的窘境》中，柯达公司不愿为大众市场研发数码相机，因为它担心这些新产品会扼杀其最重要的胶卷业务。与此同时，日本的佳能公司意识到数码摄影的战略优先地位，并迅速介入该市场。

同样，芬兰的诺基亚公司比大多数竞争对手都更早地研发了智能手机技术，但它决定不启动该领域的项目，并优先利用其现有的功能手机产品。如果选择了不同的优先事项，诺基亚公司可能仍然是世界领先的电信运营商之一。

如果高管团队不考虑优先事项，中层管理人员和员工就会自己做。乍一看，这种由较低层级的人员承担责任的做法似乎很好——毕竟，赋予人们做出决策的权力已经被称赞几十年了。然而，如果没有一组优先的战略目标，所选项目的后果往往是灾难性的。在“真空”环境中，员工将根据自己的认知选择对组织最有利的事情（或者可能对他们的业务单元、部门、团队或自己最有利的事情）以确定优先事项。

为了说明该问题，我们来看一个真实的案例（为了保密，我修改了一些细节）。萨曼莎在当地一家银行担任出纳。她热爱自己的工作，而且她父亲也将自己的整个职业生涯奉献给了这家银行。不过，与许多其他银行一样，由于低利率、竞争加剧及烦琐的监管负担，该银行难以生存。为此，高管团队工作了几个月，以确定有助于扭转银行局面的新战略。高管们确定了两个战略优先事项，他们认为这将确保银行的未来。

在一系列员工大会上，首席执行官通知包括萨曼莎在内的所有员工，银行的新战略将基于两个战略优先事项。

1. 改善客户体验。将客户满意度提高20%。

2. 提高效率。每天多服务20%的客户。

信息很明确：只要萨曼莎和她的同事们保持专注并完成这两个战略优先事项，银行的未来和他们的工作就可以得到保证。

第二天，萨曼莎表现得非常积极，因为她知道拯救银行的命运就掌握在自己的手中。她牢记两个战略优先事项，尽可能高效地为客户服务，并始终面带微笑。这种方法的效果很好，直到一位客户开始谈论他的个人损失和他正在经历的糟糕情况。他显然想和萨曼莎谈谈，起初，萨曼莎也很乐意一起谈谈，因为她的专注显然会提高客户满意度。

然而，在几秒钟后，她愣住了。如何平衡第二个战略优先事项——效率？如果她花几分钟的时间与客户交谈，她的“客户服务率”就会受到影响。她该怎么办？她不知道哪个战略优先事项更重要，她需要自己做出决定。其他银行柜员每天都面临着同样的窘境。高管团队认为，他们清楚地传达了可以扭转银行现状的战略优先事项，但实际上，高管团队造成了一个运营窘境：两个战略优先事项往往是相互矛盾的。

一套沟通良好的优先事项有助于使组织中的大多数项目与其战略保持一致。这种一致性通常受到商业思想家的拥护。但组织的实际情况远比这些思想家所认为的要复杂得多。有时，战略目标不明确、不存在或相互冲突。通常，组织的战略目标与不同业务单位、部门或职能部门的战略目标之间存在差距或缺乏一致性。

一个盛行的误解是，组织的所有项目都应该与其一个或多个战略目标保持一致。但由于大多数组织的工作都是多维的，不可能将所有项目都与战略目标相匹配。例如，持续的过程改进、外包和监管项目使组织保持高效运行，但它们很少与战略目标相关。我建议，至少最重要的项目和项目集——排在最前的20个项目——要与战略目标完全一致。

为了有效地对项目进行优先级排序，组织的领导者必须认识到并阐明哪些项目是最重要的。在我自己的职业生涯中，我曾尝试了很多理论和优先级排序工具，但没有一个被证明是成功的。一种流行的优先级排序方法是，将每个项目与至少一个战略目标联系起来。这种方法在理论上很有意义，但在实践中并不乐观——如果一家公司有800多个项目和10多个战略目标，则需要一个庞大的团队来保持这些信息的准确性。

为解决我在职业生涯中所面临的优先级排序挑战，我开发了一个简单的框架——目标层级。董事会、高管团队甚至个人都可以使用该框架对优先级进行排序并选择最重要的项目。

目标层级基于五个方面：目标、优先事项、项目、人员和绩效（见图10-2）。如图中的箭头所示，应依次考虑每个方面。只有当一个方面被确定并被完全理解时，组织才能进入下一个方面。

目标

愿景和使命一直是很流行的概念，但它们往往是由咨询顾问想出的华丽辞藻组成的。这两个术语经常被混淆，它们的区别没有被很好地理解。既然如此，那就改用“目标”一词吧。请说明组织的目标和支持此目标的战略愿景。为组织工作的所有人员都必须清楚地理解组织的目标。亚马逊公司的目标——“成为地球上最以客户为中心的公司”——足以避免任何歧义。瑞安航空公司是一家成功的（且颇具争议的）爱尔兰低成本航空公司，其宗旨非常明确：“提供尽可能低的票价并减少航班延误。”有趣的是，该航空公司将效率和绩效置于客户服务之前——正如我们在萨曼莎的案例中看到的那样，这也是许多领导者优先考虑的两个重要目标。另一个引人注目的例子是索尼公司联合创始人盛田昭夫设定的目标（当时，日本被视为生产廉价山寨产品的国家）。盛田昭夫为索尼公司设定的目标是“让日本以其产品质量而闻名”。值得注意的是，他说的是日本，而不是索尼公司。与其自身的声誉相比，索尼公司的目标显然指向更高的维度——这是一个大胆的但对员工极具激励性的目标。

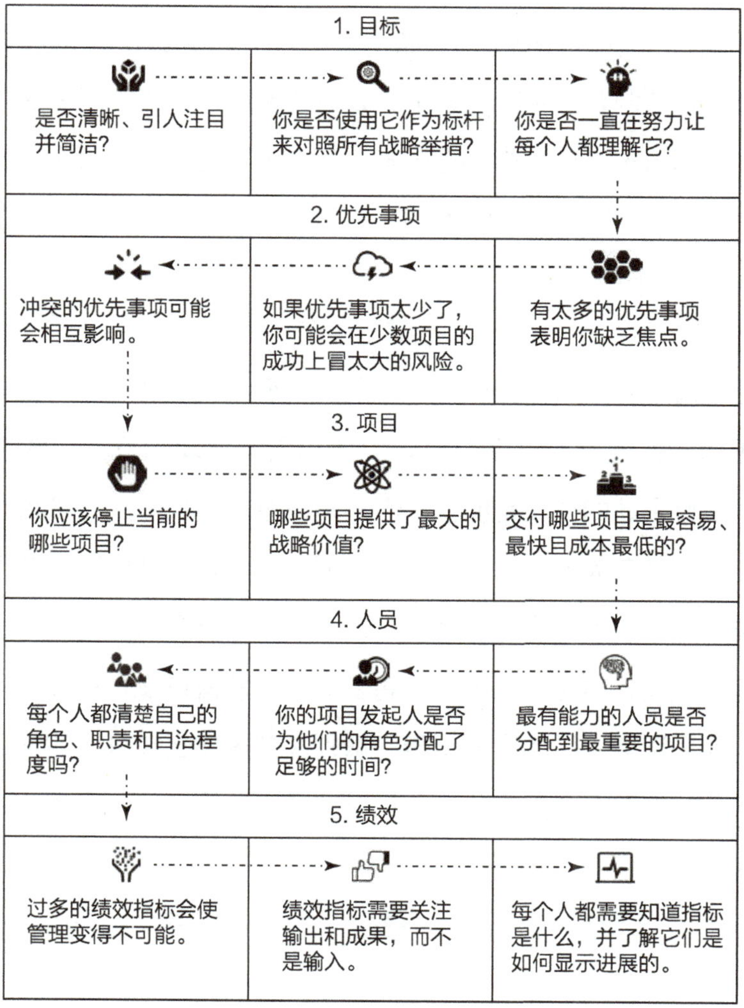

图10-2　目标层级

优先事项

组织宣布的优先事项的数量是很能说明问题的。如果高管是风险回避者，高管会倾向于列出许多优先事项——他们不想冒没有最新技术、错过市场机会或其他前景的风险。另一方面，如果高管是风险追求者，他们往往只关注少数几个优先事项。他们知道在今天和明天什么是重要的。作为项目领导者，你应该定义对组织的现在和将来最重要的事情。正如亚马逊公司的例子所示，它的目标显然是以客户为中心。在亚马逊公司工作的每个人都知道，当他们必须做出决策时，与客户相关的决策永远是第一位的。或者，正如制药巨头葛兰素史克公司的首席执行官艾玛·沃尔姆斯利（Emma Walmsley）明确指出的那样：“葛兰素史克公司的每个人都专注于3个优先事项——创新、绩效、信任。”

项目

在成功执行战略举措和项目后，会使组织更接近其目标和战略愿景。如今，组织会同时运行许多项目，主要是因为启动项目比完成项目更容易。决定项目启动的往往是能力，而不是战略。如果有人员可用，则启动该项目。如果没有人员可用，则取消该项目。但是，哪些项目是组织应该真正投资和关注的呢？谁愿意冒险错过一个大好机会呢？通过揭示组织的目标和优先事项，结合项目画布，高管可以识别值得投资的最佳战略举措和项目。他们还可以采取这些步骤来识别应该被停止或终止的项目。如前文所述，尽管有些人认为这些步骤可以变成一种算法，但人类的判断是无法替代的。

人员

在组织层面进行优先级排序是非常困难的。大型组织也是由个人组成的，而个人对“何为重要事项”则有着强烈的自我认知。组织中的每个人都有自己的一个独特的优先级列表。本质上，这是利己的，既受个人野心和抱负的影响，也受制于组织战略的一致性。然而，正如萨曼莎的例子所示，员工是执行公司战略的人员。他们执行日常业务活动并交付项目。他们每天还要做出许多次要的决策和权衡。明确组织的优先事项和战略项目将确保每个员工都朝着同一个方向努力。领导者需要将最好的资源分配给最具战略意义的项目，并将执行该项目的人员从日常运营任务中“解放”出来。

绩效

通常，绩效指标不能测量优先事项，也不用来表明实现组织战略的进展情况。项目指标往往是滞后指标，测量输入（范围、成本和时间）而不是输出。输入比输出（如收益、影响、可持续性和目标）更容易跟踪。当你使用目标层级时，应识别与组织的优先事项和战略项目预期结果相关的指标。在这种情况下，少即多，因此为每个领域安排一两个人就可以完成这项工作。当萨提亚·纳德拉（Satya Nadella）于2015年担任微软公司首席执行官时，他宣布了一项新的企业使命：我们渴求协助所有人提高生产力，无论他们身处何处，也无论他们使用何种设备。追求这一使命意味着改变组织测量成功的方式。在The Verge（一家美国科技媒体）的一次采访中，他解释说：“我们不再谈论成功的滞后指标，也就是收入、利润。成功的最重要指标是什么？客户的喜爱。”

如果人们能够牢记如何测量绩效，那就更好了。我的最终目标是，让少量成果绩效指标深入人心。

目标层级的好处

具有强烈优先级意识的组织将处于强势地位，并能从竞争优势中受益。通过将目标层级与项目画布结合使用，组织可以显著地降低成本，因为这样可以停止任何低优先级的活动，而这些活动不能按照明确阐述的措施进行交付。通过这些方法，组织还可以减少重复，整合活动并减少预算超支。总体而言，确定优先级可以提高大多数战略项目的成功率，提高高管团队围绕战略优先事项的一致性和专注度，最重要的是，可以形成执行心态和文化。

每当我初次与高层管理人员一同使用目标层级时，我都能看到一个隐藏的重要好处：讨论变成了激动人心的战略对话。例如，CEO可能问销售总监："如果我们目前只投资现有市场，或者合规工作占到我们项目能力的60%，我们将如何实现国际增长的目标？从长远来看，这是否具有可持续性？平衡我们的项目组合，更多地投资于增长和成本优化，减少合规工作，会有什么后果？"

想想组织的目标和优先事项。所有的员工是否都按照这些优先事项工作？活动的优先级顺序是否符合整个组织的最佳利益？如果经济突然下滑，你的优先事项将如何变化？

如果萨曼莎的高管团队应用了目标层级，他们将不得不选择哪个优先事项对银行的战略更重要：改善客户体验还是提高效率。当萨曼莎和她的同事不得不做出选择时，关于最高优先事项的决策会给他们更多的指导，并且可能给这家银行带来截然不同的结果。

随着项目经济的爆发，所有组织都必须实施健全的项目组合管理，并将其作为组织战略流程和能力的一部分。在下一章，我们将探讨为什么这种变化是更大规模组织转型的先决条件。我们将研究你和你的领导团队需要做些什么来成为一个敏捷和项目驱动的组织。

11

第11章 敏捷和项目驱动的组织

构建项目成功所需的结构和文化

组织的结构、文化和工作方式将影响项目的成功。传统的、自上而下的组织将在项目经济中苦苦挣扎。本章介绍了组织应如何适应环境以实现敏捷，如何以项目为基础，在动荡的世界中取得成功。本章还将从文化、组织和工作流程的角度讨论项目实施中最常见的8个挑战，以及你和你的领导团队该如何应对这些挑战。

许多西方公司仍然采用20世纪基于“命令与控制”原则的层级结构。预算、资源、职业路径、薪酬、KPI和决策权由业务单元、部门和职能部门的负责人所“拥有”。当以效率为中心时，这种安排非常适合运行日常业务活动。但毫无疑问，传统结构的成本太高、适应速度太慢、对客户的反应太迟钝、创造力和主动性太有限，无法应对当今环境的快速变化和竞争挑战。正如我们将在本章看到的那样，很多中国公司和初创公司的组织结构更加扁平、更加灵活，这些特征使它们能够对变化做出更快的反应。图11-1显示了传统的层级组织向更扁平、更灵活组织的演变。

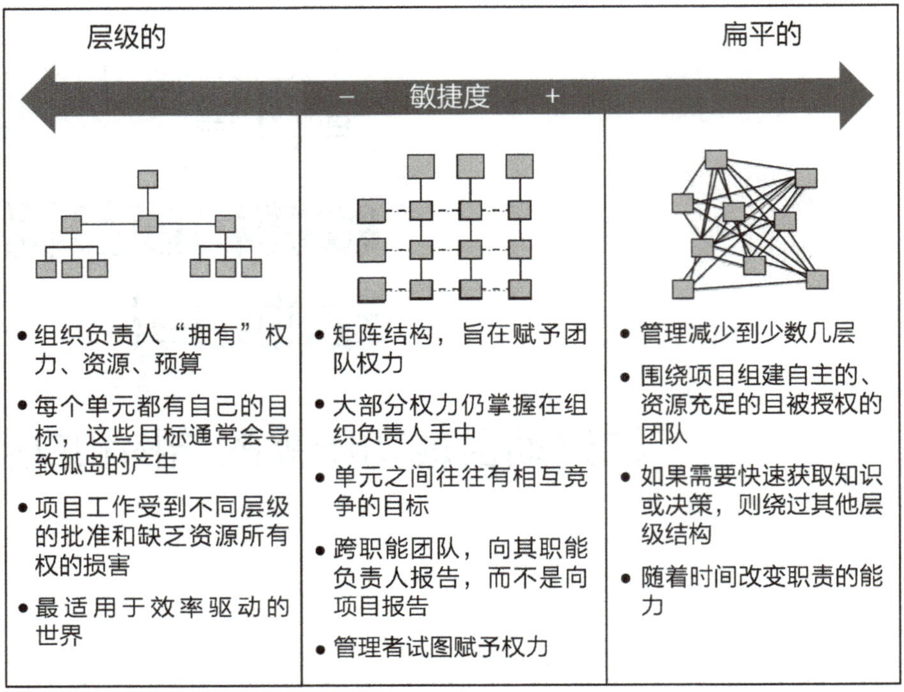

图11-1　组织结构的不同类型

战略项目本质上是跨越职能和层级的，跨越组织层级，需要众多部门和职能部门的资源和投入。在传统组织中，跨部门的项目也面临着同样的困难，其中包括以下问题：

- 哪个部门将领导该项目？
- 谁将担任项目经理？
- 谁是项目的发起人？
- 如果项目成功，谁会得到奖励？
- 谁是分配给项目资源的所有者？
- 谁来为项目买单？

孤岛思维增加了这种复杂性，职能经理经常好奇为什么他们要为一个项目投入资源和预算，尽管这个项目很重要，但即便项目成功了也不会给他们带来任何好处。更重要的是，当使用针对每个业务单元或职能部门定制的KPI来测量个人和团队的绩效时，部门之间也可能出现冲突。

在传统的层级结构中，项目无法快速执行。在这种复杂结构中，哪怕只管理一个项目都是一项挑战，更不用说选择和执行数百个不同规模的项目了。如今的组织需要一种结构来帮助人们在正确的层级（通常是在中层及以下管理层）上更快地做出决策。

一些中国公司如何体现组织的敏捷性

有趣的是，面对孤岛思维、缺乏敏捷性、固守现状、创新瘫痪以及传统组织结构的所有弊端，几家中国公司成功地重塑了其组织结构。通过三家成功的中国公司——小米、阿里巴巴和海尔——的视角，我们将学习最佳实践，即应用客户驱动项目等概念使组织变得更加敏捷。

小米

小米公司是一家专注于智能硬件和电子产品的中国移动互联网公司，曾被《麻省理工技术评论》列入“最聪明的五十家公司”榜单。小米公司的创始人雷军曾登上《连线》（*Wired*，著名科技类杂志）杂志封面，宣称“该是世界效仿中国的时候了”。

小米公司成立于2010年，发展极为迅速。它用了4年的时间超越了苹果公司在中国的智能手机销量。在此期间，小米公司以惊人的速度向市场推出新产品，几乎每次都能打破市场壁垒，或者至少让市场上的现有企业为之一震。截至2018年，小米公司已成功推出智能电饭煲、扫地机器人、联网跑鞋等40余款产品。

小米公司因其不同寻常的营销策略而备受关注，这完全依赖于数字技术。它使用低成本的在线销售渠道和社交媒体平台来满足目标客户的需求，而不是通过零售商店和分销商。然而，小米公司真正的创新之处在于，其组织模式是如何由项目驱动的。它在市场上销售的40多种产品未按照战略业务单元进行组织，也没有成为组织层级的一部分。

该公司的组织结构相对扁平——7位联合创始人与工程师、销售团队仅隔一级管理层。销售和工程师构成了员工群体的最大部分。此外，联合创始人必须直接参与项目和新产品的开发。他们参与用户交互（例如，在小米公司自己的平台上），并及时了解产品和项目。每位小米公司的员工，包括创始人在内，都肩负协议责任，直接处理一定数量的客户请求。复杂的分配系统将与数字产品相关的问题分配给任何合适的员工。贴近客户不仅成为员工的绩效考核标准，也成为客户驱动项目的要求。每款新产品的开发都被视为一个项目，可以通过调动小米公司内外部的资源来实现。小米公司的以下两个特性十分突出，值得研究。

产品开发和客户驱动项目的迭代

小米公司的新产品开发方法侧重于以足够优秀的品质尽快将原型推向市场。公司积极让用户参与技术和设计的微调及更新。在很大程度上，每个产品都是由社区通过一个高效的研发过程共同开发的，该过程可以使产品尽可能地满足市场需求。小米公司还使用最卓越的组件供应商，专注于集成和设计研发，而不是生产和硬件研发。小米公司的核心竞争力是项目驱动的组织结构，商业模式、营销、推广和设计都以客户交互为中心。因此，小米公司可以向客户提供他们想要的优质产品，而不需要传统组织结构所要求的生产和研发投入。

利用外部资源生态系统加速项目执行

在小米公司，客户驱动的项目通过利用外部资源而得以加速推进。在智能手机、电视机顶盒和路由器这三个最初的原创设计之后，其他所有小米产品都是与其他公司或企业家联合开发的项目。例如，小米公司发现空气净化器的市场需求巨大，但找不到合适的生产商。小米公司联系了原北方工业大学工业设计系副教授苏峻先生，建议他开发一款空气净化器（小米公司将投资这家初创公司）。在9个月内，该产品完成研发并上市，其零售价仅为当时空气净化器市场平均价格的1/3。

阿里巴巴

阿里巴巴集团是全球最大、最有价值的零售商之一，其业务遍及200多个国家和地区。阿里巴巴集团的成功在很大程度上归功于其创新的组织结构，自1999年集团成立以来，其商业生态系统一直促进着业务的快速增长和频繁的业务转型。

众所周知，阿里巴巴集团是一个由数百家公司、企业和项目组成的由数字技术支持的动态系统。这一商业生态系统至少涉及20多个行业。其中，大部分参与者都是独立运营的，既不属于战略业务单元，也不隶属于汇报体系。当然，还有一些规模很小的参与者。

阿里巴巴集团没有自上而下地主导新产品研发和实施项目，而是充当“重力提供者”和网络协调者。例如，阿里巴巴集团的核心是由阿里巴巴、1688、淘宝、天猫四大电商平台组成的，拥有七亿用户。此外，公司、企业和项目之间的相互依赖也不仅仅基于财务和股权，尽管这些是成为商业生态系统一部分的先决条件。它们的相互依赖体现在战略增长、投资方法，以及产品之间的互补性、业务协同效应和资源共享上。在这样的生态系统中，创业项目是允许失败的，失败对整个生态系统的可持续性或高管人员的职业生涯几乎没有任何影响。

在阿里巴巴集团的生态系统中，员工的选择和管理根据的是价值观而不是规则。集团的主要价值观包括客户第一、团队合作、拥抱变化、正直、激情和敬业。这种价值观驱动的方法鼓励冒险，能够形成强大的组织文化和内部竞争。

员工每季度都会接受评估，并根据绩效和价值观进行评级，这两种素质被视为同等重要。没有人力资源指南，只有一套强有力的原则来帮助员工在动态环境中运作。他们可以启动自己喜欢的任何项目，而无须考虑他们当前所在的公司或部门。事实上，阿里巴巴集团的生态系统提供了一个安全的资源市场，任何人都可以通过它来启动项目。创新者可以在公司层级边界和复杂的垂直汇报体系之外实施他们的创新。

到目前为止，阿里巴巴集团一直充当着全世界最活跃的新CEO“孵化器”。截至2016年年初，已有约450人从阿里巴巴集团脱颖而出，开始自己的创业生涯。在这些新项目中，有许多项目利用了阿里巴巴集团丰富的资源和机会，并从阿里巴巴集团的生态系统中孵化出来。在该生态系统内，新的项目举措和实施工作将不受官僚主义、部门孤岛或管理限制的影响。

海尔

海尔是当今世界家用电器领域的领导品牌。海尔集团成立于1984年，自2009年以来一直是排名第一的大型家用电器供应商，占全球市场份额的10%。2016年，海尔集团的收入超过2000亿元人民币，并以54亿美元收购了通用电气公司的家电部门。鉴于海尔集团在30多年前曾面临的窘境，这一成就是从前难以想象的壮举。

海尔集团也是最早不断将新产品推向市场的中国企业之一。该集团生产了许多满足中国特殊需求的产品——例如，具有快速洗涤和15分钟不间断洗涤功能的洗衣机。许多产品创意都来自海尔集团面向客户的群体，如维修人员和销售人员。海尔水晶系列洗衣机代表了多轮用户观察和调查的成果，在转速和运行噪音方面进行了创新。

自1998年以来，海尔集团一直在尝试自组织工作单元和内部劳动力市场，以减少层级和控制，增加自主权。2010年，海尔集团在全集团建立了一个独特的项目组织平台。第一步是消除战略业务部门和管理层级，使其与用户零距离。集团重组为三类项目单元：

- 第一类项目单元专注于新产品的研发、营销和生产。这个单元离用户最近。
- 第二类项目单元由企业支持部门管理，如人力资源、会计和法务。
- 第三类项目单元是高管团队。这是最小的单元，位于倒金字塔的底部。它的角色已被重新定义为面向客户、自组织项目组织的支持职能。

海尔集团现有上千个工作单元，其中年收入过亿元的单元有上百个。最近，该平台得到进一步发展，可以分拆非核心产品的工作单元。自2014年起，外部投资者被获准与海尔投资基金共同投资有前景的新产品。例如，一家家具制造商投资了一个电子商务平台（游族网络），而该平台曾是一个为家居装饰开发的工作单元。截至2020年，已有41个此类分拆获得融资，其中16个获得的融资数额超过1亿元人民币。

海尔集团的项目组织平台也对员工队伍产生了积极影响。通过去中心化、去中介化、消除内部沟通障碍等措施，海尔集团将自己的员工数量减少了45%，但它同时创造了超过160万个就业机会。

精益、敏捷和项目驱动结构的好处

尽管这三家中国公司都是具有强大自上而下领导力的大型组织，但它们都具有高度的创新能力，并通过快速实施项目来适应不断变化的市场。小米、阿里巴巴和海尔的案例说明了组织如何通过将精益、敏捷和设计思维方法与项目驱动的结构相结合来拓展业务。2020年，麦肯锡的研究人员发现，“敏捷组织对新冠肺炎疫情的反应更快速，而那些不接受敏捷工作的组织很可能失去新冠肺炎疫情之后‘下一个常态’所需的速度和弹性带来的优势”。

当今世界上最成功的组织已经调整了自身的结构，通过快速学习和决策的团队网络来促进并支持项目的执行。这些组织变得敏捷并由项目驱动：资源、预算和决策权已部分转移到项目活动中，通常由企业PMO或战略实施办公室负责落地。

成为敏捷和项目驱动的组织所面临的障碍

敏捷和项目驱动的战略对传统组织来说并不容易。改变组织文化或结构的基本要素需要领导团队的紧迫感和强大的承诺及驱动力。在向敏捷和项目驱动的组织转变时，组织会面临8个常见的障碍。其中，3个障碍与文化有关，2个与重要的组织设计挑战有关，另外3个与实施和监督能力有关。正如第1章所述，所有8个障碍都与维持组织二元性的冲突和挑战相关。随着组织将重点从效率转移到变革，这些障碍逐渐浮现。组织必须从根本上消除这些障碍。除非组织做出结构上的改变，否则它们仍将继续“挣扎”以成功实施项目，即使项目已经被明确定义，并应用了到目前为止本书介绍的一些最佳实践。我们将一一研究这些挑战，并通过研究示例来了解组织应如何克服这些挑战。

1. 对高层领导者问责不力，治理不足

当今的组织需要治理，这包括引入一个监督跨部门项目的机构，以提供整个项目组合的进度和问题的统一视图，并对项目的实施和价值创造负责。因为战略项目需要强有力的高管发起人，高层领导者必须准确地知道自己在这个关键角色中被寄予的期望，并且必须最终对项目的成功负责。

即使是最有经验和最受推崇的组织也可能因问责和治理不善而犯错。例如，波音737MAX旨在保持波音737在其细分市场中的竞争力，并保持波音公司在商用航空领域的强势地位。

尽管人们对旧设计如何适应新变化存在疑问，但波音737MAX还是于2016年首次试飞，并于2017年开始向航空公司交付，其销售势头十分强劲。但遗憾的是，许多读者都知道，该机型的客机于2018年10月（印尼狮航610航班）坠毁，造成189人丧生。报告显示，由于传感器故障以及随后飞控系统的干预，飞行员失去了对客机的控制。虽然飞行员的培训问题最初被认为是主要原因，但2019年3月的第二起致命事故（埃塞俄比亚航空302航班）突显了客机设计和整个项目可能存在的更深层次的问题。

为防止事故的继续发生，当月下旬，全球近400架该机型的客机均已停飞。2020年1月，波音公司的内部电子邮件被曝光，导致了对该项目的持续争论："这架客机是由小丑设计的，而小丑则由猴子监督。"糟糕的问责机制、缺乏治理，以及技术决策中不成比例的财务考量都灾难性地破坏了本应是世界一流的项目。

解决方案：为每位高管分配一个战略项目，并让其负责交付收益

举一个很好的例子。2019年，一家领先的瑞士生物技术公司为其战略项目加强了高层领导者的问责机制。首席执行官理查德为他的高管团队设定了一个目标：在3年内将收入增加10亿瑞士法郎。在大多数组织中，首席执行官必须要求每个业务单元和部门按一定比例压缩成本并提高收入。然而，他做出一个不寻常的举动，理查德向他的13名高管分别提出挑战，要求他们提出一个在3年内至少产生1亿瑞士法郎的创新项目。如果项目的目标和初始的商业论证都是明确的，他将为每个项目提供资金。

作为挑战的一部分，学习和发展团队为高管团队制订了一个学习计划，向领导者传授项目管理和项目发起的基础知识。学习计划还包括有关领导力、财务、团队发展、沟通、该公司的自身业务（例如，正在开发的新产品）和未来技术等课程。该计划需要参与者的坚定承诺，因为在该计划中一年有3次为期4天的会议。这对公司来说是一笔巨大的投入，但也是一个巨大的发展机遇。该计划清楚地表明了首席执行官对投资人才的坚定决心，他要通过卓越的项目来实现他的雄心壮志。

参与计划的高管需要同意对其项目承担的全部责任，使用他们最好的资源，接受培训，并投入足够的时间来让项目成为现实。为了监控进度，首席执行官成立了治理委员会，每月召开会议，讨论项目的状态，每季度

进行深入探讨，以确保实现预期收益。虽然不是所有的项目都按计划进行（截至2020年，13个项目中有9个步入正轨并开始产生显著收益），但公司有望在首席执行官提出的3年期限内将收入增加10亿瑞士法郎。

2. 纪律松懈，缺乏专注

通常，我们都喜欢启动项目，但不喜欢坚持到底。我们需要纪律来克服障碍，完成困难的工作，并将项目推向终点。我们发现，很难终止延迟的项目以及不再相关或偏离目标的项目。如果没有源自高管（受PMO激励）的纪律约束，组织中存在风险的项目数量将持续增加。

在当今瞬息万变的商业环境中，决定投资哪些项目的惯用方法已经基本过时。根据认知心理学家、企业家加里·克莱因（Gary Klein）的说法，在可预测的结构化的情况下，用于决策的传统规则和程序是有效的，但在不可预测的快速突发的情况下则是失效的。克莱因认为经验比分析更有价值。"让组织保持专注，"他说："不要逃避'艰难的选择'，坚持到底。"

解决方案：明确组织的优先事项；通过积极参与和支持项目的实施来凸显纪律

专注会带来秩序和纪律。它需要精力、工作和一些痛苦，而这些恰恰是人们经常试图避免的。如果组织的高管不专注，这将显著增加组织中其他人员不专注的概率。但是，当高管非常专注时，这种注意力会传递给员工，人们的绩效将大幅提升。

失去关注和重新保持关注是乐高公司衰落和崛起的核心。曾经的龙头企业，由于过度扩张和品牌稀释，在21世纪初期，这个玩具制造帝国几乎分崩瓦解。在20世纪90年代中期，该公司进入了向市场推出新产品的疯狂状态，从1994年的109款增加到4年后的347款。在濒临破产的边缘，乐高公司聘请了35岁的顾问克努斯托普，他成为第一位外部培养的CEO。根据克努斯托普的说法："公司正在苦苦挣扎，因为它同时做了太多事情。它失去了专注和核心——以及核心中的能力。能让这家公司比其他公司做得更好的究竟是什么？"他发起了"健身项目"以扭转乐高公司，并通过重新使组织专注来恢复盈利和增长。他希望公司更加以客户为中心（通过在线商店和乐高公司自有商店直接向消费者销售），削减成本，停止非核心项目并专注于核心产品。

3. 员工参与度低

任何转型项目所面临的一个主要挑战就是员工缺乏参与，有时，他们甚至完全抵制新项目。盖洛普公司在《全球职场环境调查》报告中得出以下结论："有85%的员工在工作中没有积极参与。"这意味着只有15%的员工积极参与。当个人没有积极参与时，他们不会发现工作的意义，不会有安全感，也不会做出承诺。在缺乏工作的意义或没有承诺的情况下，员工开始在情感、认知及身体上退出工作。根据盖洛普的调查，这一全球"常态"造成的经济后果约为7万亿美元的生产力损失。

随着我们过去在职场中经历的大量变革，许多人预测，在未来10年，人工智能将带来比我们在过去250年所经历的更多的变革和创新。新冠肺炎疫情进一步加速了这一趋势。这种不断变革的状态导致了变革疲劳，即员工对不断的变革感到厌倦。

解决方案：识别并探讨项目目标，寻找志愿者而不是任命团队成员，让每个人都做出贡献，并认可他们的贡献

要将组织转变为敏捷和项目驱动的组织，你必须有一个能引起员工共鸣的更高目标，激励他们基于信任而积极参与项目，并为项目做出贡献，而不仅仅是因为财务回报。当你为项目选择负责人时，请寻找已经有影响力的人。他们往往是天生的沟通者，本能地知道如何将急需转型带来的好处“推销”给同事。花些时间确保那些没有直接参与项目的人员也能了解项目及其好处，跟进各种建议和创意。在得到肯定时，人们能受到激励，因此与每个人分享好的结果很重要。

了解领先公司如何让员工参与，并应用相同的原则让团队成员参与你的转型项目。根据卓越职场研究所的调查，员工参与度最高的公司是以下三家公司。

- 希尔顿。员工相信公司会为他们投资，并鼓励他们的创业精神。
- Salesforce。据公司员工称，该公司以行动支持其言论。
- 韦格曼斯食品超市。员工称赞它是一家可以通过众多发展和学习机会“实现美国梦”的公司。

在一个包容、有影响力、能激励和鼓舞人心的环境中，参与具有远大理想、更高目标、有明确的固定期限的项目，这是降低成本的最佳方法。

4. 过度分层和孤岛式组织

项目不是孤岛——不能孤立地执行。项目是在一个频繁影响其实施的组织中进行的。正如第1章所述，组织结构需要反映从经营业务到变革业务的根本转变。通常，管理层会低估或完全忽略这一要求，组织无法随着业务驱动因素的变化而快速发展（或适应），因此，许多项目都会失败。

在大多数层级组织中，部门的设置并不是为了协同工作。相反，它们经常受到内部竞争和孤岛思维的影响。部门领导者投资建设自己的小王国，当他们需要与跨部门的战略项目共享资源（尤其是他们最好的资源）时，他们常常会感到困难。

解决方案：建立更扁平的组织，并为战略项目提供完全的自主权

前文讨论的3家领先的中国公司说明了如何创建更敏捷和项目驱动的组织。在西方国家，也有一些例子。在21世纪初期，德国大型跨国公司西门子着手改变其旧的、孤立的组织结构，在柯菲德的领导下，为其内部管理咨询集团（SMC）下放更多权力。SMC的成立是为了制订并监督企业振兴和业务改进计划。在柯菲德的指导下，SMC从一家小型的企业成本中心转型为一家利润丰厚且受人尊敬的咨询公司，在标杆管理、项目管理、业务流程再造和创新方面建立了前沿实践。柯菲德亲自领导了多个全球西门子工业集团的项目，从这些经历中，他对西门子公司的多个部门有了广泛的了解，也频繁展示了他在实现目标方面的专业知识。随着该部门成功地将西门子公司转型为更加以项目驱动的敏捷组织，2005年，柯菲德被任命为西门子公司的首席执行官。

5. 非战略性或不负责的PMO

PMO的最初目的是在项目的管理任务中支持项目领导者和项目团队，例如，跟踪时间表，维护问题日志和查找进度报告所需的信息。此后，该角色演变为负责制定和实施项目管理政策和标准的办公室。讽刺的是，

PMO对控制和管理任务的过度关注，阻碍了组织变得更加敏捷或项目驱动。所有这些都让人们对PMO的价值产生了负面看法，并经常导致PMO被撤销。这些传统的PMO是针对层级结构设计的，它们是组织结构图中的另一个方框。随着组织转向更扁平和更基于项目的结构，PMO也必须随之得到演变。

解决方案：将PMO转变为战略实施办公室，使其成为变革的催化剂

我的研究表明，有52%的公司建立了项目管理部门，但只有23%的公司拥有PMO，而PMO是协调公司向基于项目的组织转型的引擎。新版PMO与高管团队挂钩，更加注重价值创造。其角色已经演变，包括推广和建立最佳实践，培养能力，支持高管设定的项目优先级，以及执行最具战略意义的项目。最先进的PMO已经与战略规划部门合并，成为一些公司所说的战略实施办公室。最先进的PMO还拥有一批项目经理，他们通常是公司最优秀的人才，负责领导最复杂和最横向的举措。PMO通常向CEO报告，因此有时也被称为CEO办公室。如今，大多数大型组织都设有CEO办公室。

6. 项目实施的方法和能力不足

几十年来，组织缺乏用于管理项目的通用及标准方法。项目通常在没有详细商业计划的情况下启动。在项目开始之前成本就已经确定，但在项目开始之后没有得到适当的跟踪。每个项目经理都有自己的“食谱”（参考标准）和做事方式，导致对如何实施项目缺乏一致意见。由于没有统一的方法，组织无法有效地或统一地培训其项目经理和项目团队。

后来，许多组织以“一刀切”的心态开发并实施了一套标准的或瀑布式的项目管理方法，这意味着所有项目都需要遵循相同的方法、相同的项目生命周期、相同的模板等。从20世纪80年代到21世纪初，人们关注的焦点是这些传统的瀑布式方法；到21世纪10年代，焦点转向敏捷方法。今天的大型项目集很难在计划、进度和预算的需求与不断适应和变更的需求之间取得平衡。到目前为止，“规模化敏捷”（在企业级别实施敏捷实践）仍在艰难“探索”。然而，正如第3章所述，正确的方法取决于项目的规模、复杂性和不确定性（有时涉及多种方法或混合方法）。

解决方案：使用瀑布式、敏捷等方法，扩展项目管理工具包并使其多样化

今天，我们都知道“一刀切”是行不通的。你不能只用一种方法来处理组织中的所有项目和变革。在未来10年中，项目实施方法将演变成一套工具，其中包括敏捷实践、传统项目管理实践，以及设计思维、创新、精益创业、项目集管理和变革管理。根据项目的类型，项目经理应该能够同时应用一种工具或不同的技术。组织需要围绕各种实施方法为其项目经理和员工制订发展计划。

在快速增长的市场，上市时间对于捕捉新需求至关重要。由于移动通信市场的蓬勃发展，比利时领先的移动电信提供商Proximus在21世纪的前10年间经历了项目数量的显著增加。当时，Proximus平均需要18个月才能将新产品推向市场，所用时间是更具活力的竞争对手（如法国运营商Orange）的两倍多。Proximus的CEO明白事态的紧迫性，于是启动了一个项目以提高其项目实施的成熟度。Proximus为项目经理和高层领导者推出了一项全球培训计划：这是一个混合项目管理框架，包括多种方法，并为项目经理提供明确的职业发展路径。该项目在一年内就实现了目标，之后

Proximus能够在不到9个月的时间内推出新产品。在整个项目期间，该项目被视为重中之重，而CEO的参与和持续支持也对实现这一令人印象深刻的结果至关重要。

7. 不能反映项目成本和收益的财务模型

项目管理中最大的缺点可能是项目经理未能跟踪项目所带来的收益。通常，可测量的事项就可以完成，容易测量的事项更有可能被认为是重要的。在大多数组织的财务系统中，跟踪项目的收益和成本是极其烦琐的，这一点毋庸置疑。测量投资的收益也是一项曲折的工作。在大多数组织中，员工仅将部分时间用于项目工作，其余时间则分配给运营工作。

更重要的是，许多组织的标准年度预算周期根本不符合其项目的需求，这些项目有着各种各样的资金周期。组织几乎不会为组织范围内的业务变革活动制定预算。一些组织按部门预测项目成本，但很少为符合整个组织最大利益的项目制定预算。两套最重要的会计准则（美国一般公认会计原则和国际会计准则）都没有明确规定如何计算项目成本，以及如何报告项目收益。

解决方案：将项目投资纳入预算周期，增加对项目收益的关注

扎实的项目管理文化，以跟踪项目收益和成本为重点，都可以帮助组织克服这些缺点。你应该有一个正式的流程来验证项目的基本原理、目标和商业收益，以更好地控制你投资的项目。你可以通过独立验证来克服决策偏差，尤其是针对乐观的商业论证。将项目计划的重点放在何时交付收益（而不是传统的可交付物和输出）和如何跟踪这些收益上，由此，项目领导者将提高创造价值的可视性。公司股东、董事会，甚至财务分析师都将开始要求获得与战略项目、高管团队关键投资有关的信息。

法国巴黎银行是对传统年度预算周期进行重大变革的早期应用者。这包含了两种预算的概念：一种用于运营银行，另一种用于变革银行。两个预算的估算将同时进行，但由于项目往往遵循自己的时间线（大多数项目不会在年底完成），这种双重安排将提供更大的灵活性。这一调整还提高了成本、投资和预期收益的可视性，并加强了问责机制。

此外，从2015年年度报告开始，法国巴黎银行开始向股东报告其最重要的项目。这是一项对重要项目提高认识的重大举措。同时，这也在很大程度上为项目经理进行了赋能，因为其项目的重要性已广为人知，并且已经向关键干系人做出了外部承诺。难怪在“老牌”的传统西方公司中，法国巴黎银行是能够不断适应变化的最先进的公司之一。

8. 监督项目实施的系统和工具不足

今天，大多数组织都有成熟的系统来管理它们的日常运营，但它们往往缺乏一个集成的软件来管理其数百个项目。许多组织仍在使用微软公司的Project或稍微更高级的软件进行项目组合管理，这通常只是为了描述项目计划及其主要里程碑。单个项目之间没有关联，无法获得项目组合的合并或实时视图，包括实际支出、资源可用性或实现的收益。

考虑以下真实的情况：一家大型制药公司当前有540个项目，耗资约2.56亿欧元，涉及4780名员工（公司共有员工20000名），但该公司没有工具来监督项目的状态、成本或对其战略实施的贡献。鉴于公司无法知道其项目组合的执行绩效，它如何才能做出良好的项目决策或投资决策?

解决方案：利用技术来监督项目实施，从项目组合中获得收益

随着PMO以及第10章所描述的项目组合管理实践的兴起，项目组合的监督开始展现了一些透明度。在接下来的几年里，新一波项目组合管理软件将紧随其后。

2019年，随着几项重大改革（如生物伦理法案的审议、养老金改革协商流程的开放等）的到来，法国政府与其他政府一样，正在开展数千个项目。为确保取得充分的进展并有效地利用公共资金，马克龙总统的团队开发了一个应用程序，使他能够实时监督正在进行的改革的进展或其有效性。这样的应用展示了将技术与项目管理相结合会如何催生新的组织能力。

在本书的第3部分中，我们研究了当今项目管理中最佳实践的个人和组织能力。我们已经看到成为一名有效的项目经理和高管发起人需要什么，包括努力工作和持续学习，当然，任何有决心的人都可能成功。我们还学习了如何通过目标层级来选择项目并确定项目的优先级，以及如何在并行实施和跟踪多个项目的同时储备丰富的创意。在本章中，我们看到了组织结构如何影响（正面或负面）项目的实施。组织需要摆脱传统的层级结构并克服成功完成项目所面临的最常见的一些障碍。为了在瞬息万变的世界中取得成功，组织需要变得更加敏捷、更加以项目为导向，正如本章介绍的中国企业案例或创业模式一样。

到目前为止，本书一直立足于当下。对于书中提到的每个观点，你或你的组织随时都可加以利用。在本书的第4部分中，我将改变我们的视角，着眼于项目管理是如何继续发展的，以及它在未来将如何被彻底重塑。从项目管理的角度审视危机管理、多样性、人工智能、可持续性等主题，我们会发现，项目经济的兴起才刚刚开始。

第 4 部分

通过项目创造更美好的未来

12

第12章 用项目管理更美好的未来

未来项目管理中的创新与颠覆

既然我们理解了为什么项目管理在变革驱动的世界中已经成为一门重要的学科，以及如何更成功地实施项目，那么是时候开始展望未来了。在本章中，我们将了解项目和项目管理如何与全球四大趋势相交叉，这些趋势影响着全球各个组织。在未来10年，这些趋势将在高层领导者的议程中占据重要位置（或者已经包含在其议程之中）：危机管理、多样性、人工智能和可持续性。

这是一个令人难以置信的例子：2020年12月，英国政府推出《国家基础设施战略》，说明了这四大趋势如何体现在一个由项目驱动的战略举措中。600多个基础设施项目和项目集的管道代表着4250亿英镑的投资，其中2970亿英镑将在未来5年内投入使用。支出包括大型住房项目、重建项目，以及学校、医院、监狱等关键社会基础设施项目。这个庞大的举措并不仅限于实施项目；它化解了新冠肺炎疫情带来的危机，充分利用了多样性，引入了新技术并增强了可持续性。英国前首相鲍里斯·约翰逊说："我们必须重建得更好，而不是像以前一样。”

该战略举措的各种项目将创造财富及数千个工作岗位，以修复新冠肺炎疫情之前就存在的一些“伤疤”。这项投资推动了新的思维多样性，改变了人们对项目的评估方式，以支持绿色能源等可持续发展要素，从而在2050年前实现英国碳中和目标。这些项目包括引入更智能的技术，为干系人提供更多的协作机会来测量并推动改进的交付绩效，同时减少官僚主义的层级。很快，未来的创新项目就会与此相似，超越传统的项目范围和目标，通过更广泛的和更巨大的影响来创造一个更美好的世界。

在本章的4节中，我将从当今项目管理的角度来审视这些大趋势，然后预测未来。我将通过以下步骤结束全书，以迈向未来。

危机管理即项目管理

我们都记得“9·11”事件和2008年金融危机，它们在几个月内消灭了数百万个工作岗位，但我们未经历过与新冠肺炎疫情相似的事件。在全球范围内，新冠肺炎疫情的影响速度及其严重程度都是前所未有的，不仅对数百万人的健康、世界各地的医疗保健系统产生了影响，而且对全球经济和社会也产生了巨大影响。在全球停摆后的几周内，很显然，商业和工作的本质将永远发生改变。

另一个动态因素也在发挥作用：从运行组织活动到变革组织活动，都立即发生了根本性的转变。突然间，项目无处不在。在工作、生活和新闻中，危机管理和项目管理是一回事，这一点比以往任何时候都更加明显。无论在何处，我们都能看到大大小小的令人难以置信的项目：医院在几周内建成；学校转向在线教育；私人和公共组织转向远程办公；大批量生产口罩；在杂货店、银行和餐馆安装防护罩；父母甚至在居家教育孩子的同时一起规划他们的工作项目。

现在：关于项目，新冠肺炎疫情教会了我们什么

这些项目展示了现代项目管理的一些积极方面，也暴露了过时方法的缺点。在新冠肺炎疫情中，一项惊人的成就是开发了新冠病毒的疫苗。通常，新疫苗的生产和推出需要制药公司会花10~15年的时间。大多数专家怀疑，是否能以更快的速度开发出新冠病毒的疫苗，在这种情况下，通常竞争激烈且彼此保密的公司会坐在一起寻找解决方案。重要的外部干系人，如美国食品药品监督管理局、欧洲药品管理局，通过降低对疫苗开发的严格要求来为此做出贡献。很少支持制药公司的政府也为疫苗开发提供了数十亿美元的补贴。总而言之，这些变化表明，当关键干系人在高风险项目上进行合作并呼吁紧急采取行动时，他们可以突破传统的做事方式并交付难以想象的成果。

截至2020年底，疫苗的开发似乎收获了一个圆满的结局。据推测，鉴于疫苗的问世，人们的生活将很快得以恢复正常。然而，疫苗的推出也让我们想起了另一个项目管理的教训：很多政府只考虑可交付物（疫苗），而不是收益（接种人群），以及计划不足和资金缺乏的疫苗推广、宣传活动和注册网站。在许多国家，疫苗推广的速度十分缓慢。这不仅令人沮丧，而且也不公平，甚至很多应投入使用的救命疫苗都过期了。分发疫苗本应该是容易的部分，但事与愿违，许多政府陷入了以下假设的经典问题：一旦交付了可交付物，收益自然就会显现出来。

正如本节的标题所言，危机管理即项目管理。本书介绍的主要概念在危机中依然是必不可少的，包括项目画布。在危机中所需的快速决策不应该使我们陷入项目管理的坏习惯。倘若如此，在未来的危机中，项目的生命则危在旦夕。

未来：管理正在发生的一系列危机

新冠肺炎疫情后的重建在人类历史上将是前所未有的，可能需要10年时间。麦肯锡咨询公司的齐亚德·卡西姆（Ziyad Cassim）及其同事声称，政府仅在危机的前两个月就宣布了10万亿美元的重建资金，这个数额是2008年金融危机整体应对措施的3倍。这些资金专门用于数百万个项目，这将需要数百万名项目经理和高管发起人。

此外，人们一致认为，在不久的将来，新冠肺炎疫情不会是领导者需要面对的最后一场全球危机。近年来，自然灾害急剧增加，专家们早就发出警告，这是全球气候变化的征兆——加利福尼亚和澳大利亚肆虐的山火、欧洲的热浪，以及美国南部破纪录的飓风。

领导者需要习惯在危机发生后管理危机。2015年至2018年，南非开普敦的干旱就是一个例子。在此期间，西开普省的降雨量是长期平均降雨量的50%~70%。2017年，许多降雨量记录都打破了有史以来的最低纪录，这座城市面临着非常现实的缺水问题。气候变化加剧了人口增长和创纪录的干旱，造成了世界上最严重的城市水资源危机之一，几乎导致家庭和企业用水中断。政府呼吁市民减少用水量，但超过一半的市民无视这些倡议。官员们犯了一个越来越普遍的错误：他们认为未来的降雨模式会与过去相似，或者至少不会变化太快。

另一个例子是2021年2月的得克萨斯州极寒天气。极端天气使电力系统瘫痪，导致数百万人遭遇停电、停暖和断水。这些危机为在未来危机期间参与领导重大项目的人员提供了一些有针对性的经验：

- 如今，气候变化和更广泛的可持续性问题可能引发危机，需要对政府和私营部门的各种项目进行变革。
- 任何规模的项目和项目集都需要能够通过系统方法理解和管理的领导力，该方法能认识到人员、行为、流程和技术的复杂性与相互关联性。
- 应更加关注社会关系在各系统中的重要性。伙伴关系和适应性管理是建立稳健、灵活系统的核心。
- 项目领导者需要考虑更灵活的选择，以便更迅速地应对未来的危机。例如，项目领导者可以为客户提供减少消耗的激励措施，在危机发生时，使系统可以在短时间内提供所需的能力。
- 项目领导者需要收集和理解数据，并制定以数据（以及缺乏数据或不确定性程度）为依据的决策方法。
- 项目领导者在设定项目目标时应该保持清醒，不要总偏爱高效的和低成本的解决方案，而要考虑弹性的和可持续的解决方案。

在危机管理中，一个常见的陷阱是执着于回到危机前的世界。许多项目领导者无法预测和理解危机是如何改变潜在的观念和行为的。换句话说，恢复项目需要建立新常态，并以此为导向，而不是恢复到危机前的生活。

波士顿咨询公司最近的研究表明，大多数公司都对近期的威胁做出了反应——制定快速响应和业务连续性措施，在预期经济衰退时削减成本，并评估反弹情况。然而，即使在危机发生几个月后，也很少有公司采取行动来评估观念和客户行为的永久性转变，并分析由此产生的机遇。

正如我们所见，危机也会带来巨大的机遇。新趋势的出现打破了传统的行为，允许组织进行彻底的变革，并频繁地引入复杂且更灵活的技术应用。明智的组织会设法抓住这些时机并相应地选择它们的项目。

下一步：危机管理的3个阶段

在危机中，领导者的工作不仅仅是管理组织。领导者必须通过项目来确保组织的生存。在危机期间，领导者和项目经理应该关注3个阶段并采取相应的行动。在每个阶段，都要求领导者转变至项目思维：

1. 立即选择并启动风险减轻项目。危机管理需要顶级的项目领导力。
2. 停止项目、取消项目的优先级和延迟项目，以将资源转移到关键举措上。坚决停止项目，迅速转移资源。
3. 利用新机遇，为新常态做准备，重新制定组织战略。重新聚焦和重新构想组织的项目。

阶段1. 危机管理需要顶级的项目领导力

在正常情况下，管理层将在几个月内讨论一个创意或一个潜在的项目。在批准项目，分配资源和预算之前，采取行政措施准备商业论证。

在危机中，领导者必须快速思考并更快地做出决策。需要将所有相关的干系人聚在一起，以识别并承认危机的存在。他们需要选择组织应立即启动的新项目，以克服或减轻危机对其业务和员工所造成的影响。随着时间的推移，特别是在新冠肺炎疫情的危机期间，一些风险减轻项目可能不会成功；领导者需要及时调整方向。在前所未有的情况下，时间至关重要，领导者干预的时间越长，不作为的影响就会越严重，代价也就越高昂。

一些案例展示了在遭受新冠肺炎疫情影响后，有些公司已经启动了一些项目，以迅速进行调整，从而减轻影响，甚至利用危机。中国化妆品零售商林清轩的高层领导者需要找到一种解决方案来吸引不再光顾其门店的顾客。新冠肺炎疫情的直接影响导致其销售额暴跌90%，高层领导者必须找到快速的解决方案来应对突发危机带来的巨大影响。幸运的是，在过去的3年里，公司积极地拥抱数字化转型，收获了600多万名粉丝。2020年2月14日晚，仅用了几天的准备时间，公司就与其百余名导购员发起了一场大型的直播购物活动。有6万多人在线观看了直播，期间，公司销售了40多万瓶山茶油。大胆的领导举措得到了回报，最终，2小时内的直播销售额相当于4个零售门店在1个月内的总销售额。

在2020年年初的短短几周内，全球航空旅行量下降了96%。航空公司的领导者需要找到生存之道。由于客机上的乘客和行李都很少，客机的货运能力自然增强，这与在线订购商品的需求增加是密切相关的。维珍航空的领导层迅速决定将业务重点转移至货运航班，提供无与伦比的货运航班网络，在2020年4月和5月，共运营了1400余架货运航班。

阶段2. 坚决停止项目，迅速转移资源

要添加新项目，领导者必须尽快释放产能和资源。在正常情况下，除了日常业务活动，员工和管理层都被各种计划排满，执行着数十个甚至数千个项目，几乎没有多余的产能。在危机中，必须停止一些项目，以便为新项目让路。

在正常情况下，停止一个项目可能需要几周甚至几个月的时间。在危机中，关闭一个项目几乎应该立即完成。在选择风险减轻项目时，领导者还必须决定取消哪些正在进行的项目，搁置哪些项目，以及哪些项目应该

继续进行。

根据我的经验，在标准情况下，一个组织可以停止大约50%的项目，而不会对业务产生短期影响。然而，在危机情况下，领导者的目标应该是停止大约80%的项目。

在危机初期，领导者不仅要表现出敏捷、快速执行和快速决策的能力，还要表现出深谋远虑和稳如磐石。团队需要知道，在接下来的几周和几个月内，组织的重点在哪里。如果领导者难以做出决策或沟通，整个组织都会受到影响。

阶段3. 重新聚焦和重新构想组织的项目

在组织从突如其来的影响中稳定下来后，就应该立即开始最后一个阶段。领导者必须将工作重点从灾难应对转向为危机后的恢复做准备。在这方面，危机项目管理与立即响应一样具有挑战性。除了在前两个阶段所做的工作，领导者还必须确保组织中有一小部分人员正在执行特定的项目，以应对新的短期机遇和长期战略。

重新聚焦和重新构想业务的项目通常会回归到商业成功的起点，但并非总是如此。有时，项目的目标是重塑业务，并创建新的商业模式，以为新常态做准备。

对于重新聚焦，最著名的案例是1997年史蒂夫·乔布斯回到苹果公司时所做的事情。乔布斯坚决停止了项目并转移了资源。他取消了30多款产品，重新专注于4款产品（2款笔记本电脑和2款台式机），并撤回了公司约80%的项目——所有这些项目都与他的愿景，以及专注于核心能力的苹果公司新战略无关。乔布斯的方法是当今领导者所期望的，这可以帮助他们克服全球健康危机和经济危机，这将是21世纪企业的持续特征。

迪士尼公司也为我们提供了一个重新构想的良好案例。在2020年之前，迪士尼公司在流媒体世界中并不是一个举足轻重的角色，流媒体世界一直由奈飞公司主导。当新冠肺炎疫情为重新思考流媒体服务“创造”了机会时，迪士尼公司将现代流媒体与传统的营销概念相结合。与奈飞公司一次性发布完整剧集不同，迪士尼公司重新采用每周更新剧集的传统方式，让人们在周末谈论剧集并制造话题。迪士尼公司还通过流媒体平台发布故事片，并引入了分级定价——更多的重新构想。在一年多的时间里，“迪士尼+”的订阅用户数量猛增，接近9500万，几乎达到奈飞公司10年来总用户数量的一半。如果没有这场危机，迪士尼公司不太可能如此迅速地重新构想其业务。

这3个阶段将指导你度过任何危机。如果你采取行动，做出艰难的决策，进行沟通，转移资源，确定优先级，并通过有效的项目管理来使组织重新聚焦核心业务，你和你的组织就更有可能成功地度过危机。但是，你需要立即采取行动。从项目领导力的角度来看，这对领导者来说是一个独特的机会，可以采取行动，进行提升，培养能力，并朝着成为更敏捷的组织迈进。通过鼓舞人心的项目来实现上述一切是最好的方法。

多样性（思维的多样性）和项目成功

当今，多样性的重要性毋庸置疑。越来越多的组织认识到多样性、包容性和公平性是不容忽视的道德问题。对于项目领导者来说，在团队中促进多样性是一项基本的职责。另外，有效的多样性和平等实践也会带来商业收益。研究表明，与缺乏多样性的团队相比，多样性团队能够提出并交付更多的创新型解决方案。根据PMI的《职业脉搏调查》，有88%的项目管理专业人士表示，拥有多样性的项目团队可以增加价值。

项目本身就鼓励多样性：项目经理需要定期与不同背景、文化、性别和年龄的人员一起工作。项目经理需要将所有这些人员组成团队，并利用这些不同的经验和观点。遗憾的是，对于项目团队以及项目本身的多样性会如何促进整个组织的多样性，我们还没有清晰的理解。

现在：鼓励多样性团队和多样性思维

对于任何一个项目或组织来说，发散性思维都是最有价值的资产之一。项目工作人员的经验越多和格局越大，找到富有想象力的创新解决方案的机会就越大。思维的多样性会降低战略受群体思维影响的风险。

简而言之，劳动力多样性是思维多样性的最大驱动力。这意味着，要确保你的组织由各种各样的人员组成，并且你的组织认可并建设这种包容和心理安全的文化。

在多样性赋能项目组织方面，几个有用的步骤如下：

- 与干系人群体建立融洽的关系，对他们展现同理心，让干系人看到他们的意见在组织或组织的思维方式中得到了体现。
- 扩大潜在候选人的人才库。
- 培养全方位的思维能力，如蓝天思想家、问题解决者、完工收尾者等。
- 打造雇主品牌，建立一个公平和支持型的工作场所。
- 降低群体思维的风险。

- 产生更广泛和更具创新性的选择。

同质化的项目团队不可能为多种多样的干系人提供服务。联想公司是全球最大的个人电脑供应商，专注于创建将多样性和包容性融入公司基因的项目集，联想公司的努力使其在LGBTQ平等企业指数中获得了完美的100%认可。用公司首席多样官康友兰的话来说：“为全球客户群体服务不能仅依靠开箱即用的思维，因为你面对的不是1个箱子，而是100个不同的箱子，甚至是100万个不同的箱子。这涉及多样性的各个方面，我们依据不同的心态、技能和文化背景来提供广泛的技术。”

实现思维和行为的多样性是一种组织文化的现象。这关于人们在组织中做事的方式。这样一来，你不能简单地通过培训员工、招聘或使用外部顾问来导入人力资源。这需要你做的每件事情背后都有一个深思熟虑的意图，这需要时间。

英国研究机构工作基金会的一份报告提出了制定多样性战略的3种方法。

- 包容性的多样性。通过招聘策略，你可以确保你的团队更能代表不同层次的人群。其目标可能涉及在董事会中增加女性席位或让残障人士占员工总数的5%等。
- 包容性流程。管理招聘和受雇人员的进步、发展和可见性的基本组织流程应该使组织能够从其多样性中受益。
- 包容的文化和氛围。这种方法创建了一种让人们感到舒适和受到尊重的文化（不考虑个体差异、才能或个人特征）。

这3种方法同样也适用于项目。伦敦地铁“伊丽莎白线”是一个横跨城市东西连接伦敦与其他地区的大型项目。在项目早期，项目领导者就是多样性的拥护者。2013年，项目领导者推出了平等和人才战略，其中包括让所有团队负责交付与平等和多样性相关的成果。在实践层面上，这意味着，所有董事和高管都有责任将其工作领域中的平等和多样性要求作为其目标的一部分。

实施该战略涉及以下几个步骤：

- 监督和报告“伊丽莎白线”项目的平等和多样性的程度。
- 鼓励“伊丽莎白线”项目的高管、投资委员会、董事会领导并承认平等和人才战略。
- 重新设计合同并梳理合作伙伴关系，在其供应链和采购中嵌入多样性和平等性。
- 开发和实施绩效保证框架以评估承包商的合规性。
- 执行诸如“年度尊重周”等沟通举措，以提高员工的多样性意识并庆祝员工的多样性。

“伊丽莎白线”项目表明，改变对多样性的认识需要时间，但会对组织文化产生积极且持久的影响。

未来：项目多样性导致组织多样性

所有成功的项目都涉及变革和发展，许多评论家认为，大型公共项目是社会变革和改善的引擎。寻求在多样性方面取得迅速进步的组织可以通过复制一些公共部门的举措来促进其自身的转型。英国政府的国家基础设施战略在其转型目标中毫不含糊：“该战略中的项目，包括270亿英镑的公共资金，将创造财富及数千个工作岗位，以修复新冠肺炎疫情造成的一些伤疤。”

这项投资推动了一种全新的多样性思维，强调了它确实改变了重大决策的制定方式。

- 通过英国《国内市场法案》提高英国政府在苏格兰、威尔士和北爱尔兰直接投资的能力。
- 通过《绿皮书》审查改变项目评估方式，以支持提升。
- 在英格兰扩大权力下放，并在西约克郡实施权力下放协议。
- 截至2030年，将22000名公务员迁出伦敦和东南部。

不可思议的是，任何项目管道都可以推动这种彻底的变革，同时不用拥抱或创造不同的方式来思考项目结果和交付过程。在英国战略的宏伟蓝图中，这些项目目标将推动这一转变。

另一个通过项目实现多样性的大胆举措来自Mindflash，这是一家为企业提供在线培训平台的硅谷公司。Mindflash公司的首席执行官唐娜·威尔斯有一个成功的秘诀，即将多样性作为其所有战略项目的主要成分之一。多样性始于组织和项目的最高层，包括有远见的董事会成员、指导委员会成员、风险资本投资者等。“我聘请了专业运动员、餐厅经理和建筑工人，”威尔斯说：“大多数科技公司的高管不会重视这些人。事实上，这些领域更加多样化，这些人的个性、教养和个人经历也带来了更深层次的多样性。” 在你的项目中，团队混合不仅要看起来多样化，而且实际上也要做到多样化，正如Mindflash公司的案例所示。

你可以应用以下这些和其他方法，将项目用作组织多样性和包容性的载体。

- 改变项目组合管理，选择并优先考虑能够实现多样性和创新的项目。组织，与人如出一辙，所做即所成。这种方法将鼓励现有员工在自身行为中对组织的战略方向做出回应，并将吸引那些重视你的工作的候选人。
- 通过聚焦多样性和创建包容性的文化，在项目中建立归属感。与一个组织或一群人建立联系，可以让你觉得自己真正成为自己，这不仅能更多地激发你的参与度和创造力，还可以满足心理需求。
- 较小的项目可能更具创新性。最近，由芝加哥大学与詹姆斯·埃文斯教授合作的一项研究发现，尽管较大的项目团队对推动科学发展很重要，但较小的项目团体会影响它。在发起可能影响多样性实践的举措时，请考虑这一点。
- 建立度量指标，如性别、种族或少数族裔比例及其他规则，以测量你的项目对多样性的影响。与更多的组织分享进展，确保每个人都把多样性放在首位，而不是事后才想到它。
- 具有分布式团队的项目可以促进多样性，吸引来自不同地点的人才——具有不同的口音和工作方式。为了充分利用这种多样性，无论身在何处，项目领导者都必须将团队视为一个有凝聚力和协作性的单位。
- 利用项目在采购、招聘和选择承包商及供应商等方面所代表的权力来建立一个多样性和包容性的组织。

下一步：如何在你的项目中鼓励多样性思维

如前文所述，多样性不仅反映在组织结构和在那里工作的人员上，还反映在你的行为方式上。以下是任何组织都可以快速实施的一些实践示例，以促进项目中的多样性思维。

- 审查鼓励多样性思维的流程。在众多鼓励从项目中学习的组织中，事前分析已成为事后分析的既定替代方案。事后分析往往无法有效地从未遂事件和可能发生的问题中获得经验——当这些问题出现时，项目团队又设法以某种方式回避或弱化这些问题。着眼于未来，即发现最大的“陷阱”可能在哪里以及如何避开它，这可能是一个更加开放的过程，并且可以建立良好的思维习惯。

- 辅导和反向辅导。在辅导新一代项目经理时，鼓励他们运用自己的方法解决问题并寻求自己的解决方案，因为他们知道这会得到高管的支持。还要加入反向辅导，允许新员工向高级别员工传授新技能和不同的思维方式，并将其渗透到组织的管理甚至战略中。

- 多样性和性别平等的教练。在高层领导者的大力支持下，葛兰素史克公司设计了“加速差异化”项目集，旨在促进女性员工在整个组织中的职业发展。为期1年的项目基于3个不同的要素：

  – 个人和小组的教练。

  – 部门经理的发起和参与。

  – 与发起人的公开对话。

小组教练课程允许参与者与同事一起探索领导力方面的挑战，并在安全的空间中给予和接受反馈。

- 在项目的任何阶段引导多样性思维。培养多样性思维的条件甚至可以加入项目人员的聘用流程。在改造伦敦地铁银行站时，英国伦敦交通局的领导层建立了一个特殊的采购流程，潜在承包商提出的任何解决方案都属于他们自己。英国伦敦交通局放弃了“借用”承包商想法的权利，将其“还给”在招标中胜出的承包商。这种策略使潜在承包商提出的解决方案更具创新性和想象力，而英国伦敦交通局也可从中受益。

尽管多样性实践与利润之间的直接相关性仍旧很难梳理清楚，但我们可以从另一个角度来看待它。思考一下继续忽视多样性可能给项目结果带来的机会成本和风险。创建一个真正的多样性组织是否具有挑战性？也许吧。那么它有效吗？绝对有效。对于真正创新、协作和高绩效的团队，投资回报率是他们为组织和社会提供的卓越价值和收益。

技术的作用

项目管理很快会变成什么样，以下是个很好的例子。一家大型电信服务商的CEO正在使用手机App查看组织的7个战略项目所创造的价值。他可以看到其中4个项目已经实现了超过30%的预期收益。

除了查看整体进展，他还可以深入了解他发起的其他项目。不再需要单独的项目章程和项目文件，一切信息都已触手可及。该App会向他推送人工智能工具自动引入项目的所有变更和改进，如新功能或资源的切换。这些自调整基于在项目开始时与项目经理商定的参数。他可以看到项目团队成员的士气和关键干系人的整体认同度。该App能实时显示他需要做出的决策，能对决策进行优先级排序，提供潜在的解决方案，并附带项目经理的建议。在做出任何决策前，CEO还可以与项目经理进行一次视频会议。

现在，项目经理的大部分时间都在教练团队，培养高绩效文化，并与关键干系人保持定期对话。几周前，他决定按照App的建议，应用一些敏捷技术来加快项目的进度，因为有提示表明项目进展略微落后于计划。

在虚拟会议期间，CEO和项目经理讨论各种建议并模拟可能的路径。他们就解决方案达成一致，使落后于计划的项目重回正轨。App会自动更新项目计划，并向需要调整工作计划的不同团队发送指令。团队中的每个成员以及干系人都会收到一条消息，通知他们计划中的变更以及对预期结果的预测。

得益于新的技术和工作方式，一个可能失控甚至失败的战略项目现在又一次走向了成功。

现在：缺乏项目和项目管理的技术解决方案

尽管人工智能还不是项目和项目管理领域的标准技术，但毫无疑问的是，该技术将很快颠覆这一学科。据高德纳咨询公司称，截至2030年，有80%的项目管理任务将由人工智能管理。

如今，大多数项目经理仍在使用微软Project（于1987年推出）或其他类似的应用程序管理项目。这种情况反映了，在改变业务的领域中，技术的发展有多么缓慢。你能想象使用电子表格来运行整个业务和所有操作吗？传统的项目组合管理软件，如Planisware、Planview或Primavera，提供了更高级的功能，但仍没有用上最新的技术。较新的应用程序（如LiquidPlanner或Asana）增强了规划和团队协作，但不能为项目的其他关键要素实现自动化或流程上的改进。

只有当下一代项目管理软件被广泛采用，一些软件工具能够通过算法预测项目的成功率，验证项目范围，并自动创建定义明确的项目计划时，才会发生根本性的变化。

请考虑一下可能颠覆项目管理的重要相关技术：

- 人工智能。计算机科学的子学科，研究计算机系统执行的任务，其智能类似、等于或优于人类（例如，在决策、对象分类和检测、语音识别、翻译和预测方面）。
- 机器学习。专注于开发能够自行访问和使用数据的预测算法，引导机器自行学习并从学习经验中进行改进。
- 自然语言处理。通过使用自然语言数据帮助计算机处理、解释和分析人类语言及其特征。
- 大数据。收集和存储大量信息，然后试图理解这些信息的做法。

未来：人工智能和其他技术将颠覆或改进什么

对于许多项目经理来说，将当前任务的很大一部分自动化可能让他们感到不安，但需要提及的是，人工智能和其他数字技术在带来风险的同时，也带来了巨大的机遇。成功的项目经理将学会运用这些技术来发挥自己的优势，将他们的注意力从技术方面和规划工作转移到更多的增值活动上，从而提高项目的成功率。

例如，保罗·布德罗（Paul Boudreau）在其《将人工智能工具应用于项目管理》中就给出了他的研究成果：少数研究人员和越来越多的初创公司已经开发出算法，能够将人工智能和机器学习应用于项目管理领域。人工智能和其他技术会改善或实现哪些方面的自动化呢?

选择项目并进行优先级排序

本质上，选择和进行优先级排序是一种预测：哪些项目将为组织带来最大的价值? 在做出预测和检测其他方法无法识别的模式方面，人工智能和机器学习的准确性远远超过人类。使用新的智能工具可以带来以下好处：

- 更准确地预测项目成功率，增加良好的投资和减少不良投资。
- 消除决策中的人为偏见。
- 对准备启动的项目进行投资（这些项目必须具备正确的项目基础）。
- 更好地平衡项目组合。
- 更好地了解组织所承担的风险。
- 加快数据收集速度，提高数据质量。

项目管理办公室

如今，数据分析和自动化领域的初创公司正在帮助组织简化及优化PMO的角色。最著名的案例是，马克龙总统使用最新的技术来维护所有法国公共部门项目的最新信息。这些新的智能工具将从根本上改变PMO的运作方式，并带来更多好处：

- 更好地监督项目进展，补充项目经理的意见。
- 预测潜在问题和自动解决若干简单问题的能力。

- 改进项目报告的准备和分发，以及反馈的收集。
- 在为每个项目选择最佳项目管理方法方面更加“精明”。
- 对项目管理过程和政策进行合规监控。
- 通过虚拟助手，实现PMO向项目经理提供支持的自动化，如状态更新、风险评估和干系人分析。

项目的定义、规划和实施

正如本书前文所述，当你开始一个项目时，面临的一个重大挑战就是定义范围。几家科技初创公司正在开发工具来帮助人们完成这项任务。该工具可读取需求和用户故事，它就像一个人，能够执行耗时的分析工作——该工作通常由项目经理及其团队完成。它能解析、解释、测试、交叉引用、测量，然后报告项目范围的众多方面。该工具将揭示潜在的问题，如歧义、重复、遗漏、不一致和复杂性。

在项目的启动阶段，除了范围定义，项目规划是另一项需要大量工作的活动。新的工具可以使用项目数据来推动进度规划过程，并在几分钟内起草详细的计划和资源需求，以及相关的人工或非人工成本。

到目前为止，项目管理自动化最成熟的领域之一是风险管理。新的应用程序使用机器学习模型和大数据技术来帮助领导者和项目经理预测可能被忽视的风险。这些工具已经可以提出风险减轻措施，在不久的将来，它们很可能可以自动调整计划以避免某些特定类型的风险。

一旦项目开始，项目经理就必须通过定期的项目审查来报告并维护项目信息（进度、成本、风险等）。目前，项目报告主要是手工生成的，涉及一些重复性的任务，例如，收集、质疑和验证项目状态信息的准确性；发送提醒；将所有信息整合至为项目团队、高管或指导委员会定制的报告。这些任务不仅耗时，而且报告中提供的数据和事实往往至少是几周以前的。在未来几年，我们将看到交互式的可视化工具，这些工具使用机器学习模型和实时信息以在项目出现问题之前识别它们，并以清晰、客观的方式显示项目状态、取得的收益、潜在的下滑及团队情绪。

测试系统和软件

在大多数项目中，测试是另一项基本任务，项目经理需要尽早且频繁地进行测试。今天，很难找到一个缺少多个系统或软件类型的项目，这些系统和软件类型必须在项目上线之前进行测试。英国伦敦的“伊丽莎白线”项目在其早期被誉为良好工程的典范，但由于测试不足，在系统集成方面遭遇失败。在最初的失败后，项目团队开发了“伊丽莎白线”项目集成设施，这是一个全自动的场外测试设施，在提高系统的效率、成本效益和韧性方面已被证明是非常有价值的。系统工程师亚历山德拉·肖尔-斯坦伯格描述了该设施的一些特性：“已经编写了一个庞大的系统自动化库，可以实现复杂的设置，准确地执行健康检查，长时间进行耐久性测试，以及实施重复性测试。”严格的审查可以全天候地进行，并且不存在操作员持有偏见的风险。

项目经理的角色

技术带来了很多变革，其中一些重大的变革将影响甚至重塑项目经理和项目发起人的角色。若如高德纳公司估算的那样，到2030年，当前项目管理（和PMO）80%的任务将被取代，那么项目经理需要接受这些变革并利用新的技术。目前，我们将跨职能的项目团队视为一群个体，但很快我们可能就会将其称为一群人类或一群机器人。这并不意味着人类项目经理会消失，正如第9章所探讨的，未来的项目经理需要培养强大的软技能、领导力、战略思维和商业敏锐度。项目经理将专注于交付预期收益，并确保收益与战略目标的一致性，而不是从事行政管理工作。项目经理还需要深入了解技术，一些组织已经将人工智能应用到教育和认证项目中。

下一步：数据挑战

用于管理项目的人工智能和机器学习算法将需要大量与项目相关的数据才能有效地发挥作用。创建机器学习算法所花费的约80%的时间都集中在数据收集和数据清理上。如果数据可用且管理得当，这将为组织提供巨大的价值。反之，你的组织可能永远不会实现人工智能转型。

数据有两种主要类型：结构化数据（具有明确定义的易于搜索的模式）和非结构化数据（缺乏易于搜索的模式）。数据清理的目的是，将原始的非结构化数据转换为结构化数据，以便机器学习算法可以使用这些数据形成模型。组织可能保留许多历史项目数据，但遗憾的是，数据可能以不同的文件格式存储在数千个文档中，并分散在不同的系统中。这些数据可能是过时的，可能使用了不同的分类法，并且可能包含异常值和差值。

必须通过自然语言处理来将单词或短语转换为可用的数据，这种转换增加了另一层复杂性。幸运的是，有很多软件工具和专业供应商能够扫描数据库并查找非结构化数据。你可以通过使用清晰、简洁的分类来将项目的数据结构化，从而加快人工智能转型（任何数据开发人员都可以更轻松地使用这些分类来训练未来的机器学习算法）。

在急于接受新的数据应用程序之前，你应该花一些时间来探索几个问题：

1. 你有多少数据?

2. 数据的相关程度如何?

3. 数据的通用程度如何?

4. 如何验证数据?

5. 目前收集了多少种数据格式?

6. 你生成了多少数据，你的供应链生成了多少数据（这可能产生访问权和所有权的问题）?

7. 差距在哪里?（通常，组织擅长收集某些容易生成的数据，但很难收集其他关键领域的数据。）

8. 你想达到什么目的?（允许人工智能应用程序抓取大量数据并识别模式确实有价值，但在大多数情况下，人工智能的设计需要考虑到目的。）

9. 数据环境的变化有多快，你将如何跟上?

10. 你预计对数据、分析和自动化的访问将如何改变你的业务?

如果你正在认真考虑将人工智能应用到项目和项目管理实践中，以下问题将帮助你评估决策。你准备花时间准确地盘点所有项目（包括最新的状态更新）吗？你可以投入几个月的时间来收集、清理和构建项目数据吗？你是否下定决心放弃旧的项目管理习惯（如月度进展报告）？你是否准备在项目管理社区开展培训，以使更多的人使用这项新技术？他们是否愿意学习，并从根本上改变他们管理项目的方式？你的组织准备接受和采用这项新技术了吗？高层领导者是否愿意等待几个月，甚至一年，才看到自动化带来的收益？如果所有这些问题的答案都是“肯定”的，那么你已准备好开始这一开创性的转型。如果有一个或多个“否定”的答案，那么在继续行动之前，你需要将这些问题的答案转变为“肯定”。

可持续发展的革命

如今，围绕气候变化、平等、资源枯竭、人权和其他紧迫的可持续发展问题来设定目标已成为商业主流。可持续发展的革命是另一项大规模转型，它将通过成功的项目和有效的项目管理来实施。当下和未来几十年，项目经理和高管发起人将成为采用可持续实践、过程和成果的主要干系人。

现在：这个时代的巨大挑战

宝洁（P&G）公司的顶级营销人员马克·普里查德（Marc Pritchard）最近描述了这家全球最大的消费品公司采用可持续发展来转型的一些深刻见解。或者，正如他所说：“让宝洁公司成为一股向善的力量和一股成长的力量。”作为公司全新的“展望2030”计划的一部分，宝洁公司承诺，在2030年之前实现所有包装完全可回收或可重复使用。宝洁公司还计划使用完全可再生能源，届时将实现零净浪费。宝洁公司与Brands for Good联盟合作，力求利用其70亿美元的年度广告预算来教育和激励消费者遵循可持续的生活方式。

宝洁公司并不是唯一这样做的公司。可持续发展显然已成为我们这个时代最重要的挑战之一，也是每位CEO日常工作事项中的优先议题。大公司不会讨论环境和社会问题是否影响公司的底线。许多公司所做的已经远远超出了这点，他们拥抱可持续发展的三重底线：经济发展、社会发展和环境保护。世界各地的组织——要么出于自身目的，要么出于股东、监管机构，甚至是要求越来越高的客户目的——都在设定可持续发展目标，并将若干联合国可持续发展目标作为其战略目标的一部分。

未来：可持续发展的项目管理

尽管各类研究人员已经探索了可持续发展和项目管理之间的关系，但当前的项目管理标准只反映了对项目成功的狭隘看法。《PMBOK®指南》中有这样的描述："项目成功的测量标准应该是在范围、时间、成本、质量、资源和风险的约束下完成项目。"传统项目管理所建议的可预见性和控制水平集中在控制时间、预算和质量上，这与全球和长期的变化是不相容的。

好消息是可持续发展资源的数量正在增长。以下是一些实例。

- P5标准和方法论。根据绿色项目管理（Green Project Management）的迈克尔·杨（Michael Young）的说法："P5标准是世界上第一个将项目、产品、人、地球、利润的可持续发展要素结合在一起的标准…… P5基于三重底线的要素，从成熟度和效率的视角来测量项目目标、可交付物、预期生命周期、服务和项目过程。"

- 联合国可持续项目一致性工具。为发展专家提供现实和实际行动的资源，以通过可持续项目和包容性项目来确保联合国可持续发展的目标。目前，该工具旨在研究两种项目类型：基础设施和采购。

- 可持续材料交换。"多余材料交换"（Excess Materials Exchange）网站是一个展示材料的经济价值和生态价值的平台，可帮助项目经理以更高效和可持续的方式交付解决方案。该平台还能够交易项目的副产品或废弃物，以加速全球向循环经济的过渡。

- “英国重大项目研究会” 可持续发展工具包。收集了一些当前可用的最佳信息分析工具、行业思想领袖名单和指导资源。该工具包旨在帮助项目管理专业人士将可持续发展和循环经济原则融入重大项目的交付。

作为项目经理和高管发起人，可持续项目管理要求我们拓展思维。贾斯珀·范登布林克的图形（见图12-1）从当地和全球社会的角度及放大的时间区间说明了可持续项目管理的更广泛背景。项目的背景与组织的战略有关，也与整个社会有关。就时间区间和范围而言，你的项目成果会有多深远的影响？

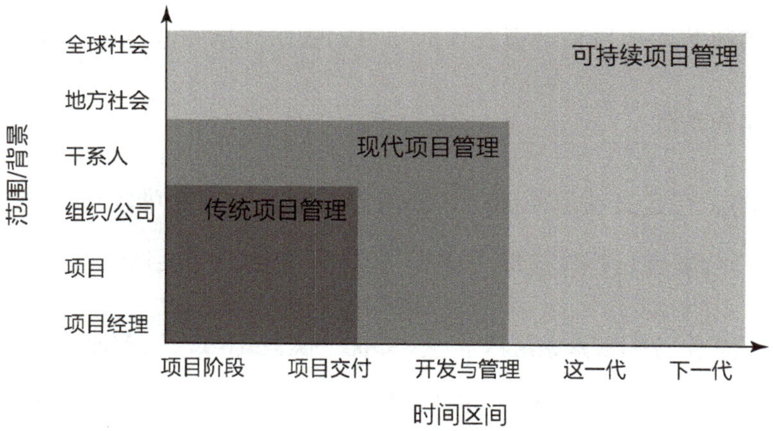

资料来源：贾斯珀·范登布林克，《可持续项目管理：超越项目》（2009），经许可使用。

图12-1　可持续项目管理：更广阔的视野和更宏大的背景

与之前探讨的人工智能转型一样，可持续项目管理需要重要的投资和显著改变工作方式的意愿。可持续项目管理的优势是，可持续发展不需要新技术——我们现在就可以开始！

下一步：可持续发展的3个必要条件

项目管理对可持续商业实践的贡献涉及3个重点领域：（1）采用可持续的实践，（2）交付可持续的成果，（3）设计和执行可持续项目。接下来，我们将研究这3个领域。

采用可持续的实践

可以将可持续项目管理定义为："对项目交付和支持过程进行规划、监督和控制，同时考虑项目生命周期的资源、过程、可交付物和影响的环境、经济和社会等方面，旨在为干系人实现收益，并以透明、公平和合乎道德的方式执行，包括干系人的积极参与。"

可持续项目管理可以使用项目画布进行组织。以下是对这9个构建模块的指导，这将帮助项目领导者在任何项目的生命周期中嵌入可持续实践。

可持续的基础

- 目的。在定义项目原因时，请考虑项目目的是否可以与一个或多个可持续发展目标相关联（详见插文"可持续发展目标"）。
- 投资。资源和预算通常基于"少即优"模型或MEAT（Most Economically Advantageous Tender）原则，即最具经济优势的投标。可持续发展往往伴随着更大的短期代价，因此需要一套不同的标准。在为可持续项目起草商业论证时，应包括最可持续的元素，如可回收的产品、可持续的供应商和报废成本（即使它们的成本高于不太环保的成本）。这种思维方式的转变对于引入可持续项目管理实践至关重要。

- 收益。作为描述收益和项目成功的一部分，请务必将所有积极影响与可持续发展的三重底线收益联系起来：经济发展、社会发展和环境保护。

可持续发展目标

联合国可持续发展目标为我们提供了一个既定框架来理解与可持续发展相关的复杂杠杆。这些目标指向了可持续项目管理的一个重要元素：建立本地化能力。实现所有成员国在2015年商定的这些目标将“创造一个全面可持续发展的世界”，联合国将其定义为“社会公平、环境安全、包容、经济繁荣和更可预测”。全球目标共有17个：

- 无贫穷
- 零饥饿
- 良好健康与福祉
- 优质教育
- 性别平等
- 清洁饮水和卫生设施
- 经济适用的清洁能源
- 体面工作和经济增长
- 产业、创新和基础设施
- 减少不平等
- 可持续的城市和社区
- 负责任消费和生产
- 气候行动
- 水下生物
- 陆地生物
- 和平、正义与强大机构
- 促进目标实现的伙伴关系

就像世界一样，这些目标也是相互关联的，因此，在所有目标上取得进步将比仅实现其中一些目标所产生的影响更大。

有可持续意识的人员

- 发起人。发起人应该对可持续发展有强烈的“亲和力”，了解其基本要素，并做好准备挑战一些旧的做事方式和传统的组织思维方式。

- 干系人。在处理干系人的需求和期望时，可持续发展应该是一个经常被讨论的话题。识别可持续发展的坚定倡导者，并让他们参与到项目中（可以让他们加入指导委员会，也可以让他们加入你的核心团队）。

- 资源。作为项目经理，你应该了解可持续发展的基本要素，让可持续发展的主题专家参与进来，并在定义和实施项目时考虑可持续发展的影响。你可以在项目团队中将可持续发展的社会方面（例如，工作与生活的平衡、平等的机会和个人发展）付诸实践。

可持续的创建

- 可交付物。在定义范围时应用生态设计原则：所交付解决方案的构建、使用和废弃方式不会对环境造成重大威胁。当团队设计项目可交付物时，使用可持续性材料和供应商也是一个重要因素。

- 计划。可持续性规划意味着尽可能高效地调度和排序，最大限度地减少浪费和环境影响，降低交付成本，更好地利用资源，寻找提高劳动力技能的机会，在贫困地区创造就业机会，并考虑大规模生产的经济性。在制订计划时，你需要在项目停止交付或生命周期结束阶段，查看所有组件的耐用性、可重用性和可回收性。

- 变革。可持续项目强调对激励的创造性运用，其中包括外在回报（薪酬和福利）、内在回报（来自工作本身的满足感和使命感）以及社会回报（与他人合作或有归属感的益处）。这些项目还创造了一个心理安全的环境，鼓励人们畅所欲言，挑战或提供替代解决方案（或更好的做事方式）。可持续项目的领导者应遵循透明和担责的原则，就项目进行积极和公开的沟通，并涵盖其社会和环境影响。

交付可持续的成果

领导者面临的一个挑战是，无法只选择具有完全可持续成果的项目。如第10章所述，组织通常需要混合项目来实现其战略目标。一些资源应该投资于特定的可持续项目，例如，不再使用不可回收的塑料材料。同时，组织必须继续投资于产品开发、重组、收购、扩张，以及构成业务活动的其他项目。为对可持续发展产生积极影响，我们需要为发起人和项目经理寻找新的指导方针，以增加其项目对可持续成果和收益的关注，就像P5标准一样。

项目领导者必须认识到，不仅项目的交付会对可持续发展产生积极或消极的影响，而且项目产生的可交付物也是如此。例如，我们通过项目创建的资产可能在其运营、维护或最终退出时对环境造成破坏。

你也不能因为某些东西是数字的而不是实体的，就认为它不再对环境构成威胁。科技栏目记者安德鲁·格里芬说："IT行业的碳足迹与整个航空业大致相同（约占总碳排放量的2%），庞大的数据仓库遍布世界各地，会消耗与大城市一样多的电能。"尽管存在这些挑战，但仍有一些方法可以帮助我们，使业务驱动的项目交付更可持续的成果和收益。项目领导者需要跳出传统的项目收益思维。将三重底线和可持续发展目标加入优先级排序和对项目选择的讨论，这是一个很好的起点。整合可持续性需要转变项目管理的范围，要从管理时间、预算和质量转向管理社会、环境和经济影响。

设计和执行可持续项目

当人们谈论项目的可持续性时，通常会出现这个问题：既然绿色生态和可持续发展总是要花钱的，那么让业务领导者接受这种支出是不是很困难？然而，可持续项目成本更高的想法更多的是谬见，而不是现实。很多与可持续发展相关的项目可以节省资金，即使在短期内也是如此。例如，有些项目可以提高效率，节约能源或减少浪费。当然，也有些项目可能花费更多，如生态设计、可持续性采购或者提高供应链中员工的生活水平和薪资。而对于这些项目（无论是提供快速回报还是长期价值），都应算是投资，而不是成本。它们与我们在营销、研发或其他需要战略思维的业务领域做出的投资选择没什么不同。正如安永会计师事务所所报道的那样，处理数据的人员与处理可持续发展问题的人员之间的隔阂正在瓦解。

如今，高管们要回答投资者（如贝莱德公司和先锋集团——这两家投资公司在可持续发展方面所做的工作都可圈可点）的问题，例如，投资者想知道他们投资的公司将如何应对气候风险？今天，可持续项目创造商业价值是毋庸置疑的。有些项目会比其他项目更快地收获回报，确实，这与商业价值有关——更低的成本和风险、更多的创新以及提升的品牌价值，但这些也都关乎建立更美好的组织。

可持续发展的商业论证不应再受到质疑。联合国商业与可持续发展委员会估计，可持续发展目标带来了12万亿美元的机会，包括节约的成本与增加的收入。根据该委员会的说法，“如果收益在整个经济系统中都能得到体现，并伴随着更高的劳动和资源生产率……那么，实现可持续发展目标的总经济回报可能是原有基础的2~3倍——总回报是巨大的”。

除了简单地了解可持续项目并为其提供论证，项目领导者还必须做好准备，以应对其复杂性。德拉克斯电站是目前英国最大的碳捕获项目。该电站燃烧生物质（主要是木屑颗粒），除了发电，它还计划精炼碳排放以制造高级液态二氧化碳，这将有助于制造碳酸氢钠（小苏打）。遗憾的是，在项目真正开始取得进展之前，其绿色信誉就严重受损。一些指责表明，该电站目前要从美国南部森林进口数百万吨木屑颗粒，这将使世界上一些最具生态价值的森林处于危险之中。

每个项目都会产生影响，高管发起人和项目经理的作用是使其成为积极的影响。遵从三重底线背后的心态也应该是，通过项目创建一个更美好的世界。

结　论
项目宣言

项目经济的出现是一次前所未有的变革，对组织与文化产生了深远的影响。基于项目的工作成为推动变革和进步的引擎，如今，项目是创造价值的基本模式。项目管理已被重新定义，它不再仅仅关注可交付物，而是强调目的和收益——随着项目范围的扩大，项目经理和高管们需要更紧密的合作。最终，在2020年，项目登上了世界舞台的中心。这场新冠肺炎疫情表明，人人都可以是项目经理，每位领导者都可以是高管发起人。

本书聚焦于两个目标。首先，本书审视了项目的过去、现在和未来，以帮助你了解项目经济是如何形成的，以及为什么不能忽视它。我希望本书能帮你打开思路，让你以一种全新的、更全面的方式来思考项目。

其次，本书还为你提供了有助于项目取得成功的实用技能和工具。从更好地定义项目目的，到加速实现收益，再到建立一个有组织、有纪律的项目组合，我希望你已经掌握了作为成功的项目领导者所需的技能。

当我们读到本书的结尾时，还需要关注另一个方面：项目管理中的人类和个人因素。任何人都可以通过学习成为项目领导者，任何性格和背景的人都可以在最恶劣的条件下坚持不懈，通过项目实现梦想。当项目有宏大的目标、高远的目的及明确的期限时，人们往往会更清楚地记住这些项目，而不是他们职业生涯中的其他事项。他们最引以为豪的是他们所从事的项目——通常是成功的项目，但也包括失败的项目。伟大的项目不仅能让世界变得更美好，也能让工作变得更美好。

人们越来越担忧：很多工作将被机器人和人工智能取代。但好消息是，基于项目的工作仍是以人为中心的。项目不能用机器进行；项目需要人类来完成工作。人们必须围绕项目的目标聚在一起，划分工作，建立联系，互动，并解决情感方面的问题，以创建一个高绩效的团队。技术，尤其是人工智能，一定会在项目中发挥越来越大的作用，但技术不会抢走工作，而是将人们从项目管理的行政和重复元素中解放出来，让我们成为更好的项目领导者。它将改进项目的选择，帮助我们更好地规划项目并预测潜在的风险，以增加成功的机会。技术仍应该是项目的“推动者”，而不是项目的目标。正是你我这样的人类，而不是机器人，将引领项目的变革。

项目宣言：项目经济的指导原则

我们已认识到项目对社会和整个人类的重要意义，以及有更好的方法来成功实施项目并帮助他人也这样做。通过这项工作：

1. 我们认识到，政府通过项目实施政策，国家通过项目发展，社会通过项目进步。我们相信，创意可通过项目变为现实。如果有一天贫困从地球上消失，那将是通过项目实现的。

2. 我们相信，项目是政府、企业和个人之间的通用语言，从最高管理层到管理自己职业和人际关系的个人。
3. 我们正在揭示一个巨大的全新颠覆。由于变革加速这一新的现实，生活中越来越多的领域由项目驱动，组织中越来越多的工作正在成为项目。因此，项目正成为每个人的职业和个人旅程中必不可少的元素。
4. 在日益自动化和智能化的世界，我们将项目视为最以人为本的工作方式。
5. 我们相信，组织的敏捷性是通过项目来实现的，项目可以打破孤岛，减少管理层级，打造高绩效团队。
6. 我们认识到，初创企业和组织通过项目进行创新，成长，转型，创造长期价值，并实现其愿景和战略目标。创始人、企业家和CEO是最终的项目领导者。
7. 我们认为，生活是一组项目。学习变成了项目，事业也变成了一系列的项目。
8. 我们的首要任务是，更好地交付项目，降低失败率，为个人和组织创造更多的价值，并为经济和社会创造更可持续的发展。
9. 我们注意到，项目和项目实施很少受到关注，它们被领先的商业思想家、管理方面的出版物及商学院忽视。我们认为，在过去的几年中，这一问题正在得以纠正。
10. 我们认为，对于学生或成年人来说，基于项目的教育是最优、最持久的学习体验。
11. 我们寻求对项目和项目实施能力的认可，这是所有管理和领导职位所必需的；我们希望它成为每所高校或本科课程的一部分；我们的目标是，在每所商学院和MBA课程中教授它。

12. 我们声明，项目和项目实施应被视为一种职业。

资料来源：安东尼奥·涅托-罗德里格斯，《项目宣言：项目经济的指导原则》，领英，2019年10月3日。

我对社会的呼吁以及写作本书的目的是，让组织、领导者、政治家和每个人，在全新的数字和项目驱动的经济中，培养转型和发展所需的能力。提高项目成功率的潜力是无限的，它可以在社会、环境、教育及其他层面为我们的世界增加价值数万亿美元的福利。

为传播这一呼吁，我在2019年撰写了《项目宣言》，此后，得到了数百名专业人士的认可。《项目宣言》的目的是阐述项目经济的指导原则。如果你也认同项目是个人发展和持续创造价值的关键，是组织在当今不断变化的世界中应对并蓬勃发展的唯一途径，那么现在就是付诸行动的时候了。请遵守该宣言，并与你的同事和组织中的人员分享。有关《项目宣言》的更多信息，可以访问PROJECTSNCO网站。

与你的项目一起成功

我们已经完成了这个项目，但本书只是交付物。现在，你已经做好了准备，在变革驱动的世界中取得成功。本书的目的是，使你和你的组织更加成功，显著提高项目绩效，以产生更多的价值。传播本书的收益并帮助我实现本书的目的则需要依靠你了。

通过实施项目画布，你的组织将更清楚地了解战略项目，以及如何实施它们。不仅如此，项目画布还将给你带来所需的敏捷性，以更快地应对来自竞争和市场机会的变化。你的员工将看到更多成长和发展的可能性，从而提高他们的参与度并为组织的长期成功做出贡献。你和你的管理团队将成为新项目经济的领导者。作为个人，你现在拥有将创意变为现实的工具，确保将它们纳入常规工作。如果你这样做了，你的项目——无论是工作上的还是生活上的——肯定会更加成功。

我希望你能与我一起走上成为项目领导者的道路。

祝你旅途顺利！

附　录
收益卡片

收益卡片将帮助高管发起人和项目经理识别其项目的主要收益和主要影响。如前文所述，每个项目都会为不同的干系人带来不同的收益。项目领导者必须在项目过程的早期识别每个主要干系人对项目主要收益的期望。在项目指导委员会正式确认收益后，他们应该就项目的三大收益达成一致意见。

收益	描述	示例	测量
增加收入	❑ 新产品 ❑ 新服务 ❑ 新渠道 ❑ 收购 ❑ 扩张 ❑ 其他	❑ 增加销售额 ❑ 增加订阅量 ❑ 更高的价位 ❑ 增加利润	百分比；财务

续表

收益	描述	示例	测量
减少成本	❑ 自动化 ❑ 技术 ❑ 冗余 ❑ 重组 ❑ 外包 ❑ 其他	❑ FTE（全职员工）节省 ❑ 更快的流程 ❑ 更高的准确性 ❑ 减少欺诈	全职员工人数；财务
提高生产率	❑ 提高效率 ❑ 增加产量 ❑ 自动化 ❑ 技术 ❑ 减少违约 ❑ 改进质量 ❑ 其他	❑ 更大的产量 ❑ 更多的利润 ❑ 减少浪费 ❑ 减少返工量 ❑ 更强的客户响应能力	百分比
战略目标	❑ 对战略的贡献 ❑ 其他	❑ 市场领导者 ❑ 技术领导者 ❑ 进入新市场 ❑ 引入新产品或服务 ❑ 转型或调整业务的潜力 ❑ 提高韧性 ❑ 更强的变革能力	百分比；财务；声誉
声誉和合规	❑ 干系人对业务健康的看法 ❑ 监管机构对商业诚信的看法 ❑ 其他	❑ 增强韧性 ❑ 提高竞争力 ❑ 提升价值和地位 ❑ 增加合约杠杆 ❑ 降低合同成本 ❑ 更高的员工满意度	股价；市场报告；监管机构报告；内部审计报告；合同条款
可持续性	❑ 组织、组织的产品、组织的项目或项目集的经济、社会和环境韧性 ❑ 其他	❑ 提高企业声誉 ❑ 降低战略风险 ❑ 增强韧性 ❑ 更强的变革能力	百分比；财务；股票价值

续表

收益	描述	示例	测量
客户满意度和体验	❑ 客户或用户对企业或其产品的态度 ❑ 其他	❑ 提高企业声誉 ❑ 提高竞争力 ❑ 更强的韧性 ❑ 更高的员工满意度 ❑ 更高的价位 ❑ 更多的回头客	百分比；净推荐值；客户转化率和流失率；合同的数量和价值
市场份额	❑ 由组织或产品控制的市场份额 ❑ 其他	❑ 更多的决策自主权 ❑ 更大的生产能力 ❑ 更强的购买力 ❑ 更大的规模经济	百分比；财务
组织文化	❑ 与驱动员工和干系人行为相关的组织价值观和信念 ❑ 其他	❑ 更强的变革能力和更快的变革速度 ❑ 更强的韧性 ❑ 更高的生产率 ❑ 更高的员工满意度 ❑ 更好的战略 ❑ 更强的创新能力 ❑ 提高风险承受能力 ❑ 提高沟通透明度	股价；市场和监管报告；员工满意度；合同的数量和价值；项目绩效和收益实现
员工满意度	❑ 员工对工作和组织环境的态度 ❑ 其他	❑ 提高雇主品牌参与度 ❑ 提高声誉 ❑ 更好的员工身心健康 ❑ 降低事故或未遂事故的程度 ❑ 提高生产率 ❑ 提高创新和风险应对能力 ❑ 降低招聘成本 ❑ 改善供应商和客户关系	财务（保险、招聘和员工缺勤的成本）；员工满意度调查
员工参与	❑ 员工对雇主业务成功的承诺 ❑ 其他	❑ 更强的韧性 ❑ 提高生产率 ❑ 提高创新和风险应对能力 ❑ 减少返工和浪费的成本 ❑ 更高的项目成熟度 ❑ 更透明的沟通	员工敬业度调查；每位员工的生产率

当报告收益进度时，收益卡片也可以用作跟踪器和交流工具。

收益	负责人	日期	类型	一致性
收益的描述应尽可能容易理解和量化	负责提供收益的人	预计实现收益的日期	收益将贡献的业务领域（例如，收入增加）	关键干系人对收益的共识程度